A
History
of
Writing

文字的
故事

[新西兰]
史蒂文·罗杰·费舍尔
—— 著

孙宝国 —— 译

从结绳记事　到未来文字

浙江人民出版社

图书在版编目（CIP）数据

文字的故事：从结绳记事到未来文字 /（新西兰）
史蒂文·罗杰·费舍尔著；孙宝国译. — 杭州：浙江
人民出版社，2024.5
　　ISBN 978-7-213-11423-6

Ⅰ. ①文… Ⅱ. ①史… ②孙… Ⅲ. ①文字—历史—
世界 Ⅳ. ①H02

中国国家版本馆CIP数据核字（2024）第061218号

浙江省版权局
著作权合同登记章
图字：11-2020-350号

A History of Writing by Steven Roger Fischer was first published by Reaktion
Books, London, UK, 2001 and 2020. Copyright © Steven Roger Fischer 2001
and 2020.

文字的故事：从结绳记事到未来文字

［新西兰］史蒂文·罗杰·费舍尔　著　孙宝国　译

出版发行：浙江人民出版社（杭州市环城北路 177 号）

　　　　　市场部电话：（0571）85061682　85176516

责任编辑：方　程

特约编辑：王子佳

营销编辑：童　桦　杨　悦

责任校对：杨　帆

责任印务：幸天骄

封面设计：海云间

电脑制版：北京之江文化传媒有限公司

印　　刷：杭州丰源印刷有限公司

开　　本：710 毫米 × 1000 毫米　1/16　　印　　张：23.5

字　　数：320 千字　　　　　　　　　　插　　页：4

版　　次：2024 年 5 月第 1 版　　　　　印　　次：2024 年 5 月第 1 次印刷

书　　号：ISBN 978-7-213-11423-6

定　　价：90.00 元

如发现印装质量问题，影响阅读，请与市场部联系调换。

目 录

CONTENTS

前　言

Preface

这部书旨在为希望对书写的精彩故事有一个总体和最新了解的读者提供一个有益的入门工具，中心主题是世界上主要的书写系统及其文字的起源、形式、功能和演变历程。

不同的社会有不同的书写。自直立人以来，古人类似乎通过建立基于语音的社会来区别于其他生物。现代智人与早期人类的最大不同在于他们生活在一个识文断字的全球社会。地球上曾经只有几千人在从事书写这一专业领域，而如今全世界约有 85% 的人都能读书写字。所有的现代社会都建立在书写的基础之上。

大多数曾经存在的书写系统和文字现在已经绝迹了。埃及象形文字是最古老的象形文字之一，如今仅存于拉丁字母中，而英语和其他数百种语言又是用拉丁字母来表达的。（例如，英语中的 m，实际上源自古埃及语的辅音符号 n，意为波浪。）由于一系列偶然的演变，拉丁字母成了世界上最重要的书写系统之一。虽然它仅是语言的载体，但其寿命可能比地球上大多数自然语言都要长得多。今天的人类如何书写，以及书写对新兴的全球社会的更大意义，可以通过理解书写从何处来、向何处去来找到答案，这也正是本书的主旨所在。

书写令人着迷。近 6000 年来，每个时代都拥抱着这个奇迹，它无疑是社会上最博学和最有趣的工具。在今天，古代文字尤其引人入胜，因为我们可以通过这些绝迹已久的语言与古人交谈。在这里，书写成了终极时间机器。所有的书写都是一种技巧和一种不完美的策略，看起来像是一种重塑人类语音的工具。人类有无数的方法可以实现表达。历史已经将人类表达问题简化和细化为少数几个"最佳"解决方案。然而，读者们将会明白，随着社会发现新的需求和新的回应，表达的简化和细化的历史进程仍在继续。正是由于这个原因，书写系统和文字的变化永远在路上，尽管步伐比它们所传播的语言要小得多。

书写不仅是伏尔泰所概括的"声音的绘画"，它的表现形式日益丰富，既是人类知识的终极工具（科学）和社会文化的媒介（文学），也是民主表达和大众传播的手段（新闻），其本身还是一种艺术形式（书法），等等。今天，完全基于电子通信的书写系统正在迅速地侵入迄今为止一直基于语音的书写领域。计算机现在可以通过联网"编写"消息和整个程序。与此同时，计算机也在精心设计着自己的新系统，这些系统超越了人们所理解的"书写"一词描述的一切。甚至用于书写的物质也在发生变化，人造屏幕上的电子纸已和纸一样薄，有一天可能会取代纸这种似乎无处不在的物质，而纸已经取代了羊皮纸。书写随着人类的进步而演变，它是衡量人类发展的一个标尺。

我希望这本书能阐明几个关于书写的重要观点。不是某一个人"发明"了书写，也许也不是某一个人独立地"再造"书写，无论是在中国还是在中美洲。所有的书写系统似乎都在表达需要的早期原型或系统的基础上发展而来。这些原型或系统用图形描绘人类语言的想法、具体的实施方案，所使用的图形符号在后世被不断地借用、改编或转换，以适应不同语言和社会的需求。

埃克塞特大学的杰里米·布莱克和瑞科图书有限公司的迈克尔·利曼在不到一周的时间里分别提议我写这样一本书，并提出了宝贵意见。在此向两位深表谢意。

　　本人从事文字学和语言学工作超过 30 年，其中 18 年致力于古代文字破译（特别是克里特岛和复活节岛的文字），这让我结识了不少研究古代铭文的金石学专业的杰出学者。这本书的完成需要致谢的人太多了，恕无法在这里一一列举，但我想特别提到几位以独特方式在我生命的羊皮纸上留下不可磨灭印记的人：托马斯·巴特尔、小埃米特·L.贝内特、威廉·布赖特、尼古拉·布蒂诺夫、约翰·查德威克、布莱恩·科利斯、伊夫·迪乌、保罗·富尔、伊琳娜·费多洛娃、尤里·克诺罗佐夫、本·利夫、雅克·莱森、弗里茨·沙赫尔迈尔、琳达·谢勒、戴维·斯图尔特和乔治·斯图尔特。

　　我个人还要感谢戴维·阿滕伯勒爵士的热情鼓励。

　　最后，我还要特别感谢塔基。

史蒂文·罗杰·费舍尔

于新西兰怀赫科岛

2000 年 10 月

第一章　从刻痕到字板

书写的历史应该建立在对"书写"构成要素的理解之上。该命题并不简单。大多数读者只熟悉一种辅音和元音的字母书写系统，即用墨水从左到右以线性方式将字母分隔开来，他们只模糊地意识到书写世界可能包含更多的内容。

　　一般来说，人类的思想交流可以通过许多不同的方式来实现，言语只是其中之一。在其他用途中，书写只是人类言语的一种表达形式。然而，现代社会似乎把这种独特的交流方式发扬光大了。或许部分原因是，作为外在现实的表征，通过图形艺术进行交流似乎比言语交际更具客观性和实质性。[1]即使是抽象的见解也可以通过这种"固化的符号系统"以图形方式表达出来。这个系统出现的根源在于满足人类为了在一定的时间或空间上，与自己或他人进行交流而存储信息的基本需求。

　　既然一个人只了解书写现在的样子，那么给它下一个包含了所有的过去、现在和将来的内涵的定义，不仅很难，而且是不得要领的。在"完整的"书写中看到的"可以用来传达任何和所有思想的图形符号系统"[2]这一表述，是没有实际意义的；还有认为书写是"言语的图形对应物，永久或半永久的口语固定形式"[3]，这同样不明确。这似乎也忽略了书写的意义。我们现在关于"书写"最常见的定义是：书写是标准化标志（字符、符号或符号组成部分）的序列，以图形方式部分或全部地再现人类言语、思想等。在过去，一个表达系统在这方面做得有多好，是由每个社会变得更复杂时的相对需求决定的。但这个定义仍然是一个相当特殊的有限定义。

也许最好能够避免正式定义的"陷阱"，因为书写在过去、现在和将来都是不同的东西。无论就不同的族群来说，还是就不同的时代而言。相反，为了这个文字史的直接目的，人们或许应该解决什么是"完整的书写"这一更相关的问题。"完整的书写"应同时符合以下三个标准：[4]

1. 必须以交流为目的；

2. 必须包括在耐用或电子界面上的人工图形记号；

3. 必须使用与发音相关的记号（系统地安排重要的语音）或电子程序，以实现交流。

每一个构成早期书写的图形表达，只要满足这三个标准中的一个（不一定是全部），就可以被视为广义的"书写"，尽管它仍是"不完整的书写"。某种形式的交流正在发生，尽管它是有限的、局部的或模棱两可的。

书写不是凭空产生的。它的神圣起源一直是许多人喜欢的老生常谈。事实上，这一虚构的故事在欧洲一直流传到了 19 世纪，至今仍为美国和伊斯兰国家的某些群体所接受。有些人断言，满足上述三个标准的书写是由乌鲁克的苏美尔人在公元前 4000 年中叶"发明"的，他们有意识地寻找更好的方法来处理复杂的记数问题。另一些人则认为书写是集体智慧或偶然发现的结果。有一些人认为，由于各种原因，完整的书写有多种起源。还有一些人断言，完整的书写是早期书写在广泛贸易领域长期演变的产物。

在书写的历史上，当然没有通常表达意义上的"进化"。书写系统不会在自然过程中自动改变，它们是由人类主体通过提炼现有各种各样的资源，为实现具体目标而制定或改变的。[5]也许最常见的目标是以图文方式最大限度地再现书写者的言语。一种书写系统的文字在数百甚至数千年的时间里不断发生微小的变化，这最终会导致这种文字在形式和用法上与早期相比产生巨大的差异。

在完整的书写出现之前（即在满足所需三个标准之前），很多进程都与书写相似。然而，把这些进程称为"原始书写"[6]，也许就赋予它们一个不应得到的而且从未实现过的地位或角色。另一方面，象形文字（图画书写）和表意符号（词式书写），可以无可非议地称为"前书写"。20世纪30年代，美国语言学家伦纳德·布龙菲尔德详细阐述了19世纪日耳曼语的推测，将"图画书写"和"真正书写"区分开来，后者也满足了某些基本标准（符号必须代表某种语言元素）。[7]原始的"会意文字"（图形标记不借助语言来传达意义）和"完整的书写"之间亦有区别，只有后者才被视为"真正"意义上的书写。[8]

无论一个人对早期的书写持何种立场，图形表达似乎是一个古人类现象，最早的"雕刻"出现在大约10万年前，甚至更早。然而，我们的祖先留下的那些有规则的一系列切割的点、线或影线标记（据说是计数或历法）并不能表明它们与清晰的语言有联系，尽管这些"原始抄写员"确实能像我们今天一样流利地说话。

在真正的书写形式之前，人类会利用丰富的图形标记和各种记忆工具存储信息。岩画上一直有各种通用标记，如人形、植物、动物、太阳、星星和彗星等，还包括不胜枚举的几何图案。在大多数情况下，这些都是物理世界最常见事物的图形再现。与此同时，助记工具也被用于语言语境中，如绳结、图符、刻痕的骨头或杖、留言棒或板、吟诵的翻绳游戏、彩色鹅卵石等，将物体与语言联系起来。几千年来，图形艺术和助记工具在特定的社会背景下的关系日益紧密。

最终，两者合而为一，成为图形助记符号。

第一节　结绳记事

　　古代世界最常见的记忆方法之一是结绳记事，它至少可以追溯到新石器时代早期。[9]这种记录可以是单线上的简单结，也可以是附在高阶绳上一系列复杂的彩色结。随着印加人的"奇普"（quipu，图1-1）出现，绳结记事达到其发展的巅峰。这些组成了一个复杂的计算方法，即不同的结在不同的位置描绘了数量值，结的颜色据称代表着独特的商品。

　　古秘鲁的印加人几乎完全使用助记符来达到书写在其他社会相同或相似的语境中所达到的效果。印加人有几种不同类型的绳结来记录他们帝国日常和长期的商业交易和进贡。每个结都有一个特定的小数（在某个地方没有结意味着"零"）。例如，一个结、两个结、七个结从上到下依次叠加，表示数字"127"。因此，"百""十"和"个"的概念就有了特定的绳索位置。一串一串的结可以用求和绳扎起来。有一群专门的奇普书吏监督和管理这个高度复杂而高效的系统。甚至在16世纪被西班牙征服之后，奇普仍作为日常记录方法被保留下来。

　　虽然不像印加人的奇普那样精致，但从阿拉斯加到智利等地都发现了类似的史前奇普。可以说，结绳记事的"书写"方式是环太

图 1-1 一位印加帝国会计的奇普。引自菲利普·瓜曼·波马·德阿亚拉的《新纪事与善政》（*Nueva crónica y buen gobierno*），约 1613 年

平洋地区的土著记录系统。例如，马克萨斯群岛东南部的游吟诗人（tuhunaʻoʻono）用椰子纤维编织成束，上面系有被称作陶马塔（taʻomata）的小结，用来枚举世系。在大溪地以南、南方群岛中的拉伊瓦瓦岛上，家谱是用木槿树皮绳打结记录下来的。类似的现象在世界各地都可以找到。在西徐亚战役中，波斯国王大流士让希腊盟军守卫一座后桥（rear bridge），并指示他们每天解开有 60 个结的一条皮条上的一个结，如果他们在大流士回来之前把 60 个结都解开了，他们就可以乘船回希腊。相较于简单的账目棍和刻痕棒，绳结记事的类型更加多样和复杂，而且"删除"和"重写"都很方便，只需重新打结即可。

一些学者声称，这些打结的线或绳是唯一一种起源于安第斯山脉的原始"书写"形式。[10] 那里显然也存在语音书写（见第六章）。打结的线绳不构成书写，只起记忆提示的作用。虽然绳结的目的是交流，但它们不是在耐用界面上传达的人工图画记号，而且它的使用与清晰表达言语没有形成约定俗成的关系。

第二节　刻　痕

树皮上的斜纹，就像放置在坟墓上的石头；树枝在小径上重新排列，或者岩石表面上的赭石手印，都代表着"思想的传递"。也就是说，他们和别人交流的东西超出了直接听见的范围。在这里，记号和助记符经常结合在一起，产生了作为助记符的记号。这个想法非常久远，可能比已知最早的洞穴艺术还要古老。

可能甚至直立人就已经使用刻痕作为记忆工具了。在德国毕尔曾斯勒本发掘出距今至少41.2万年的文物，即几块骨头以一定的间隔显示出刻画的线条，它被发现者解释为有意的"雕刻"（也就是某种图画标记）。很明显，这些刻痕是记号。

大约在10万年前，智人工匠们在石头和骨头上刻画的记号存在着细微但一致的差异，表明这应该是有意为之的结果。在南非著名的布隆伯斯洞穴中发现的两块精心绘有十字图案的赭石，对发现者来说意味着找到了智人标记思维的早期证据。其他早期文物，如非洲扎伊尔（今刚果民主共和国）的伊尚戈骨（Ishango Bone，图1-2；另见图8-4），显现出在一段时间之内刻画了一系列类似记号。如果计算一下，一些人工制品上的记号数量似乎与月亮周期一致。

当然，其他的解释也是可能的。这里重要的是，数万年前，无论图画标记多么原始，可能出于某种原因，它记录了人类的某种感知。这就是信息存储。

在更近的史前族群中，刻痕的作用与绳结相同。例如，被欧洲占领之前的新西兰毛利人的"家谱板"上有刻痕，每个刻痕代表一个祖先的名字。这些是简单的记忆辅助工具，与传统上的清晰表达无关。

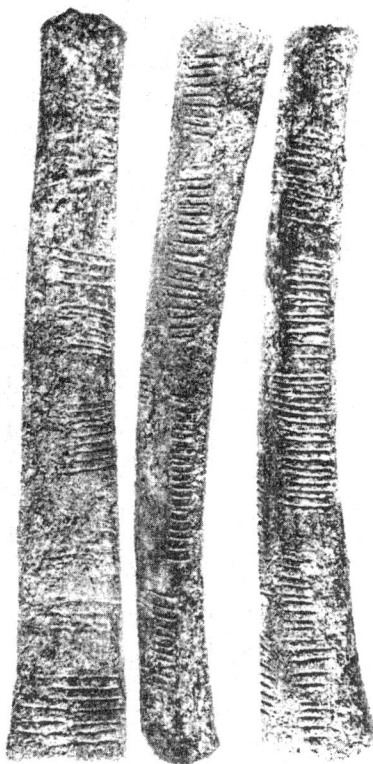

图 1-2　来自扎伊尔的 3 件伊尚戈骨，碳 14 年代测定法显示可追溯到约公元前 9000 年。骨上的刻痕也许是一种计数，甚至是历法（月历）的标记，伊尚戈骨被称为"最早的书写工具"

第三节　象形文字

　　结绳和刻痕可以回想类别、记录数字和提示记忆。然而，两者都不能传达诸如品质、特征等详情。只有图画才能做到这一点。需要传达更多的信息提示，除上述方法之外，就是用一个或多个图形符号记录，此即象形文字。象形文字是记号和记忆的偶然结合。

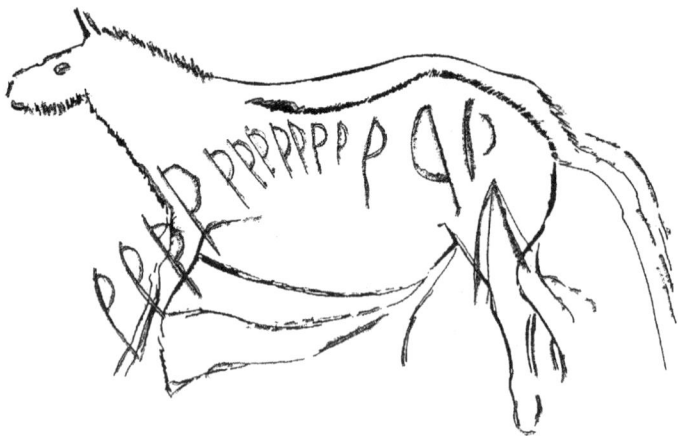

图 1-3　一些洞穴艺术被理解为一种图画交流。在法国南部三兄弟洞窟，一串"P"形标记雕刻在一匹马背上，具体含义不明。在相邻的图克·奥杜伯特洞窟，超过 80 个这样的标记，用各种工具雕刻，环绕在第二匹马周围

图画信息在数万年前就已经开始传播了。在许多方面，洞穴艺术可以理解为图画交流（插图 1-3）。[11] 近年来，美国原住民的象形文字备受关注。在这里，象形文字通常是刻在墙壁上或岩石上的简单记号，即岩石艺术或岩画。但也有一些涉及信息相当复杂的象形文字，通过画出战士的独有特征来列出他们的名字，如红乌鸦、冲锋鹰等。在 19 世纪的美国，一些部落，比如夏延族，甚至互相寄送象形文字的"书信"（图 1-4）。

图 1-4 一封夏延族语象形文字"书信"，以"乌龟－跟着－他的－妻子"到他的儿子"小－男人说：'我寄给你 53 元，请你回家'"

象形文字可以传达非常复杂的信息，而无须直接诉诸清晰的语言。然而，不同于结绳记事和刻痕记事，象形文字通过实实在在地描绘特定物体来传达音值，从而促进口语识别。例如，缅因州的阿布纳基族猎人可以在他的棚屋外留下一幅桦树皮卷轴，上面画着一个坐在独木舟里的人、一只鹿、一个指着曲线的走路的男人，还有一个穿雪鞋拉雪橇的人。它要表达的信息应该是："我要横渡湖泊去猎鹿，在到达下一个湖泊前转弯，要到春天才能回来。"[12] 这是通过图画在有限领域传达有限信息的交流。

非洲的阿善堤人（Ashanti）用图画装饰他们的房子、器具等物品，如一幅图上画着嘴里叼着泥鳅的鳄鱼，这可能让人联想起谚语"不管泥鳅吃了什么，但终归是鳄鱼腹中之物"。[13]这样一幅图画的目的也是交流，它既是耐久界面上的图画艺术，也与清晰表达相关。然而，这类"句子书写"[14]只能让那些了解该谚语的人产生共鸣。它的"符号"不是约定俗成的，而是图画式的，只与某一个谚语有关。换言之，在阿善堤语系统中，因为被编码的信息太多，使得该系统无法成为有效的日常传播媒介。

虽然有些汉字（也用于日语书写）起源于象形文字，如"女""儿""田"等，但在识别所指对象之前，必须明白每个汉字的含义。因此，中国文字不是单纯的象形文字，而是一种混合象形文字，更确切地讲，是一种语素 – 音节文字（见第五章）。也就是说，它的文字既表音又表意，必须单独学习，而不仅仅是"识别"。

象形文字也恰好是现代技术的"默认文字"，就像在电路图一样。在这种背景下，为了克服文化歧义，实现最大限度的国际沟通，需要对符号进行标准化改造。在其有限的领域内，对于接受过相关专业训练的专业人士而言，象形文字可能非常有用，在某些情况下，其功效超过了完整的书写。

然而，所有的象形文字都是"不完整的书写"。这是因为它不使用与传统的清晰表达相关的标记。象形文字通常避免用语言表达。

第四节　符　木

早期的人类显然意识到可以通过与标记助记工具类似的过程来计数。例如，一个人在观察月相的过程中一个一个地刻下凹槽，如果这些凹槽被描述为最早的人工制品的话，那么它们也可以表现数字这类抽象之物。也许最初的符木就是这样产生的。

已知最早的有刻痕的人工制品本身可能是这样的符木：骨头上的印记用来代表不同的人，一段时间的流逝（而不是目击的事件），一次成功的狩猎（枪手们曾在他们的柯尔特 45 自动手枪上刻上"杀戮"字样；战斗机飞行员在飞机侧面刻上特殊的徽章）。账目棍是最古老的记录方式。澳大利亚土著甚至用它远距离互相传递信息，木棍上的凹槽的数量表示预先安排好的信息数量。

显然，每一个古代人都有一个账目棍的地域变体。刻痕标准值是众所周知的。在整个欧洲中世纪，海关官员的固定装备是账目棍和刻痕刀。例如，英国财政部使用账目棍记录从约公元 1100 年到 1826 年的收入（许多账目棍上还刻有拉丁文注释，后来又有英文注释）。这个系统遵循一个普遍原则，即付款额度越大，从账目棍上刻出的木头越多。因此，1000 英镑是一个 4 英寸（约 10 厘米）宽的直凹槽，而半便士只是一个简单的穿孔。

　　符木与完整的书写长期共存，文盲都可以使用，而且通常比书写更快、更省事、更便宜。它们的使用目的是交流，尽管它们是在耐用材料上使用的人工"符号"，但这些仅仅是表示单位的标准化刻痕和孔洞，而不是清晰的语言。

第五节　后来的助记符号和信号信息

许多后来的工具记忆和远距离传达人类的思想和语言，都扩大了资源库，最终产生完整的书写。这可能可以追溯到旧石器时代，绳结数字（一人使用）或"翻绳"（两人使用），即用一圈绳子在手上编织的图案，几乎所有前文字社会中都存在这种方式。[15]无论是编码家谱和历史，还是编码歌曲和圣歌等，这种"空中书写"的目的是沟通，用传统的数字直接表达清晰的语言，但缺乏耐用的图标。信号，无论是用手和脸（手语）、声音、旗帜、烟雾、燃烧的粉末、金属上的反射、电子设备或其他手段，都是类似的，因为尽管许多信号现在都是以字母表为基础，但它们在耐用材料上也缺乏传统的图标。

与某物有关的索引标记（如 5 只羊代表 5 件东西），已经被许多族群使用了数千年。譬如，非洲的约鲁巴人总是习惯用鹅卵石作为指示标记；这些标记甚至可以假定同意值（一些表音文字的重要构件），即一个词与另一个词发音相同，但含义不同。例如，约鲁巴男人在幽会时，会留下 6 颗鹅卵石让女人寻找。在约鲁巴语中，6 读作"efa"，也有"吸引"的意思。如果女方愿意，她会留下 8 颗鹅卵石作为回答，因为在约鲁巴语中，8 读作"eyo"，也意为"同意"。

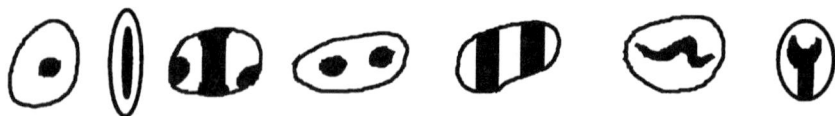

图1-5　公元前8000年左右，法国南部阿里埃日省马斯德阿齐尔洞窟鹅卵石上的一些彩色图案

有人认为，在约公元前8000年的法国南部阿齐尔（Azilian）文化中的彩色卵石是"世界上第一种图画文字"（图1-5）。然而，这些画在鹅卵石上的十字架、条纹和其他图案并不能描绘出容易辨认的自然现象。[16] 更重要的是，像约鲁巴鹅卵石一样，阿齐尔人似乎没有使用与言语表达相关的标记。他们的鹅卵石很可能是世界上最早的索引符号之一。然而，它们可能连"不完整的文字"都算不上。

19世纪，非洲卢巴人的"记忆板"被认为记录了他们的历史。通过专业人士的"阅读"，记忆板的图案、颜色、材料、配置和大致形状有助于"读者"的记忆。每一块卢巴记忆板的特征都是不同的，即使是同一块记忆板，也能唤起不同专业人士的不同诵读，甚至是同一人士在不同场合的不同诵读。尽管在耐久材料上的图形艺术构成了卢巴"记忆板"，其目的是交流，但它们仍不是完整的书写，因为它们也缺乏与表达清晰语言直接相关的稳定标记。

第六节　图　标

完整书写的关键是计数。[17] 只有社会的需要才能产生完整的书写这样杰出的工具。在古老的中东地区，大约 6000 年前，苏美尔社会正在不断扩张，他们不得不开始管理和经营自己的原材料、制成品、劳力、税收、耕地、贡品，以及王位与寺庙的库存、收入和支出。古老的助记符已不能满足现实需要，一些全新的发明势在必行。

作为簿记的重要组成部分，标记个人财产可能促进了世界上最早的一些图标的产生。[18] 个人财产标记与印章出现在明显相同的社会环境中，完整的书写此后才出现。

巴尔干半岛中部的文卡文化（Vinca，公元前 5300—前 4300 年）生产了陶器等带有某种刻印标记的黏土器物。[19] 总共有 210 个符号，其中 30 个是主要符号，其余的是相应变体和复合符号。在罗马尼亚图尔达斯的文卡定居点出土的大量器物上都刻有符号：从简单的 + 或 - 到复杂的梳子和"万字符"等标记（图 1-6）。在图尔达斯以东 20 千米的靼靼利亚，1961 年出土了 3 块最初被认为同属文卡文化的陶土"泥板"（图 1-7）。然而，它们实际上也可能是后来的米诺斯象形文字的地方版本（见第三章）。[20] 在同一时期的其他 37 个遗址中也发现了类似的符号。

这些人工制品中的大多数（肯定不是全部），似乎证明存在着某种"图形符号清单"（"符号"是表示其他事物的图标，而"标记"是书写系统中约定俗成的组件）。这种清单可能早在 6500 年前，就被巴尔干半岛中部的工匠们广泛采用了。[21]

图1-6　公元前5300—前4300 年图尔达斯的文卡定居点陶器上出现的一些刻画标记

图 1-7　在鞑靼利亚出土的 3 块陶土"泥板"。一些学者认为，尽管以前认为它们来自文卡文化，而实际上可能是很久以后才制作出来的

在保加利亚发现了两件"类似"的黏土制品，按碳 14 年代测定法，它们的年代可追溯到公元前 4000 年以前，并且带有可能是图符的刻痕，这被认为是巴尔干半岛图符清单的佐证（图 1-8）。目前的观点是，这些最早的巴尔干符号似乎属于一个与语言表达没有直接关系的

仅具装饰性或象征性的清单。[22] 换言之，它们既不是表意符号（描述一个要大声说出的物体的整词符号），也不是表音符号（具有纯粹的音值或声值的符号）。

图 1-8 公元前 4000 年以前的保加利亚铜器时代图形符号：（左）"匾额"，出土于格拉迪什尼察（Gradeshnitsa），高 12 厘米；（右）来自卡拉诺沃（Karanovo）的黏土"印章"，直径 6 厘米

也有人声称，最早的"文字"是在中国发现的，也可以追溯到公元前 4000 年左右。1954—1974 年，在西安市附近的半坡出土的仰韶文化的陶器碎片上也刻有标记，中国学者将其解释为数字。然而，并非所有专家都认同这一理论。

第七节　筹　符

　　"盖尔布格言"（即"图画是一切文字的基础"[23]，以其作者、美国金石学家伊格纳斯·盖尔布的名字命名），似乎与被作为完整书写的最终起源的筹符理论严重矛盾。筹符理论宣称，早期的筹符是一个初级簿记系统中的计数工具，其形式表明产品的计数（一个筹符等于一个计数单位），这些筹符直接形成了完整的书写。这一理论在20世纪80年代被普遍接受，20世纪90年代遭到批判，现在则出现了一种折中的观点，赢得了许多拥护者。

　　完整书写无疑是出于记录日常生活的需要而诞生的。几千年来可能使用小黏土筹符——"计数器"，就像纸币一样计数货物（图1-9），尽管它们的确切用途仍有争议。为什么是黏土筹符？因为黏土在中东贮量丰富，方便使用（方便擦除与保存），只需在阳光下晾干或用火烘烤即可使用。最重要的是，黏土可以很容易地留下代表所存信息的图形标记。大量的手工黏土制品，一般刻有平行、垂直和弯曲的纹线，可追溯到公元前8000—前1500年，出土于从伊朗东部到土耳其南部和以色列的考古遗址（值得注意的是，到目前为止，埃及还没有任何相关考古发现）。其中，绝大多数来自古代苏美尔地区（即今天的伊拉克）。这些筹符形态各异，有些是圆锥体的，有些是球体的，还有其他形状的。

公元前 4000 年，这些小黏土计数工具的使用出现了革新（如果这就是筹符的话）。它们用一种被称为"封印"（bullæ）的黏土小"封套"包裹起来，然后封套被标记并压印在筹符包裹的外面。这样，人们不需要打碎封套就能知道里面有多少筹符。早在 20 世纪 30 年代，这个过程就被学者们公认为完整书写的"开端"。[24]

图1-9　公元前8000年左右，从土耳其西南部到印度河流域，人们使用不同几何形状的黏土小筹符计数

根据最近的理论，封套标记很快标准化和系统化了。[25] 这一发展在账目保存过程中产生了一种新的符号关系（符号学中符号本身与符号意义之间的关系），即间接性。也就是说，封套上的外部标记和印痕是标记的表征：封套里面的每个筹符代表一只羊，而封套外部的印痕代表内部筹符的类型（"羊符"）。外部的二维图形标记取代了内部的三维筹符标记。苏美尔人在精心设计他们的第二套标记印痕系统的同时，也在精心设计一个数字系统，即使用不同形状的"计数石头"来表示数字类别（这些都是真正的"表意符号"，即代表思想而不是事物的符号，因为数字就是思想）。像筹符一样，计数石头也压印在封套外面，人们可以从封套外观"读出"里面有多少筹符。封套因此既

被"刻"上了内部筹符的类型，也被"刻"上内部筹符的数量。一旦这第二套标记印痕系统被阐释并用作第一"符号"，正如筹符理论所认为的，完整书写就应运而生了。

筹符理论的主要提倡者——考古学家丹尼丝·施曼特-白瑟拉脱认为，筹符的不同形状代表了金属器具、各类动物和各种纺织品等不同货物。她将这些筹符的形式与苏美尔人最早的楔形图符进行比较，发现它们之间有很大的相似之处。苏美尔人最早的楔形图符没有明显的象形文字来源。因此，她声称那些非象形的楔形文字实际上是由封套的印记（图1-10）产生的。施曼特-白瑟拉脱看到了两种基本的筹符：简单的，就像后来楔形文字的数字符号；复杂的，就像楔形文字的表意符号。

（公元前8000—前3000年）　　（古乌鲁克，公元前3000年）　　（拉格什，公元前2400年）

图1-10　美索不达米亚楔形文字中"绵羊"的意思
可能来源于早期的筹符和/或封印印记

批评人士对这一理论表示了担忧。[26] 他们说，它的主要弱点之一是没有解释总数达1500年左右的全部苏美尔符号（如果筹符激活了苏美尔人的系统，那么它们应该激活大多数符号）。此外，楔形文字的起源似乎局限于苏美尔地区，而筹符的分布范围更广。施曼特-白瑟拉脱的数据库似乎不支持她自己的发现，另一个批评者声称："绵羊"筹符，被认为是最常见的，但在7000年里只出现了15次，而"钉子"和"工作，建造"是最常见的两个；人们还必须质疑筹符含义在这样的时间和空间范围内的所谓统一性。总的印象是，"不同时期不同的人制作少数几个相对容易制作的黏土几何形状，并将它们作为筹码，作为个人选择的任何其他目的"。[27] 也许最重要的是，封套会计系统看起来比它所激发的简单的泥板更加复杂精致。

很多人仍然支持筹符理论。从数量上看，公元前 3000 年以后，一旦完整的书写变得更加普遍，可以追溯到更少的筹符，这意味着筹符被更好的东西取代了。折中的评价是：目前把古代中东的筹符看作是对一些早期苏美尔符号起源的补充解释。事实上，筹符系统似乎促成了完整书写的出现。但是，筹符本身并不具有这一功能。

第八节　语音化和第一批泥板

人们可能会同意语言学家弗洛里安·库尔马斯（Florian Coulmas）的观点："书写发展的决定性一步是语音化，也就是说，从图画图标到语音符号的过渡。"[28] 例如，一个绵羊的图符或筹符的"读者"，当他／她认出这个动物或筹符的形态时，就会发出"绵羊"的声音。在图标（图像或相似物）中，图像的语音化已然存在。数石头和数它

图 1-11　约公元前 3300 年的原始文字晚期（乌鲁克四期），伊拉克南部基什（Kish）附近的捷姆迭特·那色（Jemdet Nasr）泥板。在这个早期阶段，许多符号描绘的仍是日常物品

们的印痕也是如此。尽管语音化通常被认为是定义"书写正确"的一个关键标准，[29] 它隐含在每个图形系统中。当一个人看到一张图片（"绵羊"）或者一个计数符号"丨丨丨"（"3"）时，他的大脑会自动给它起一个名字，不管它的图形具体相似到什么程度，也不管它是否之前就学会了。语音化不是自动的完整书写。

最早的泥板可以追溯到约公元前3300年，在巴比伦和波斯湾之间幼发拉底河下游的乌鲁克（Uruk），距离印章体系仅一步之遥。印章体系仍由数字体系与可能已标准化的、风格化的标识商品的图符（图1-11）组成。在一种会计系统（存在几种会计系统）中，数字是通过将芦苇笔的圆端垂直压入黏土（全孔＝10），以从左到右的角度压入（带空腔的孔＝5），或者用其他一些方法来表示这些数字的倍数。最小的核算单位是通过向下压触笔的边缘，留下像鞋后跟一样的痕迹（图1-12）。印章压痕的一个明显改进，印章和泥板这两种系统并存了许多世纪。两者传递的信息都是"某某商品中的某某商品"。这一系统没有得到更多的诉求。

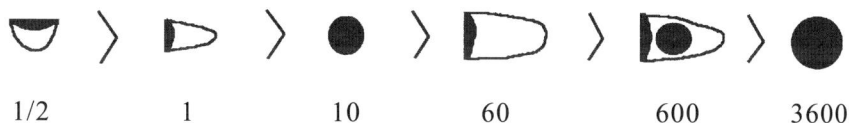

| 1/2 | 1 | 10 | 60 | 600 | 3600 |

图1-12 在苏美尔人的计算体系中，这些软黏土上的标准化标记被用来计算人、牲畜、器皿、石头和木器、鱼、乳制品和纺织品

虽然这还不是完整的书写，因为它没有使用与传统的表达方式相关的标记，但它仍然是通过图形艺术成功地传达复杂的思想（图1-13）。它展示了更复杂的会计技术，以适应更复杂的经济。在认同"脚""手""头"等这些最早的图符的音位化或可以"发声"的同时，人们也认同一个物体与其图形表征和音值或提示之间的特殊关系。随着时间的推移，图符变得标准化和抽象化，但保留了音值。于

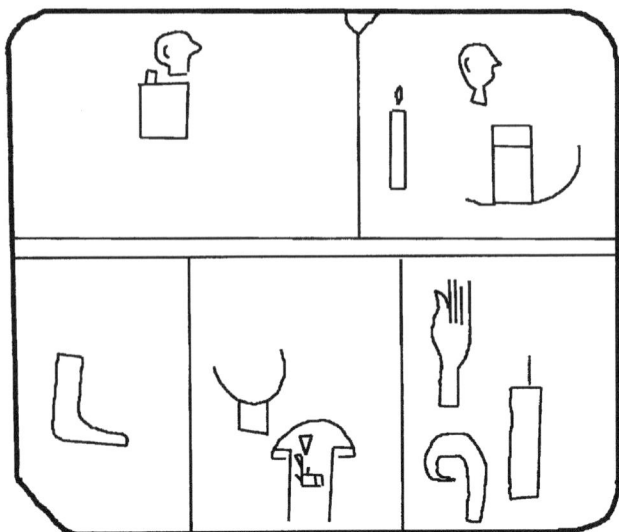

图 1-13　虽然当时的书吏应该完全知道在表达什么，但这个来自基什的象形图泥板所记载的内容，现在几乎无法释读。左下角矩形中的"脚"的可能意为"走"或"来"，侧面头像或许是指"男人"或"奴隶"

是，虽然图符与物体及其音值的关系发生了质变（图符变成了一种标记），但物体本身在图符中常常认不出来了。苏美尔最早的泥板中已出现许多这样的标记。书吏可以很容易地在系统的有限范围内"读取"这些信息。然而，这些符号仍然不能表达"任何和所有的思想"，因为它们被绑定到了一个系统外部的指示物（图 1-14）。

这些早期的泥板刻有至少 1500 个不同的图符和标记，每一个都代表一个具体的物体。因为抽象的思想或名称很难用这种方式表达，所以很快就有了新的表达方法。图符现在可以描述不同的东西："脚"是指脚和走路，"嘴"是嘴和说话。此外，两个图符可以连在一起，如"眼睛"加上"水"表示哭泣。一个图符与另一个图符的组合也可以表示一个特殊的类别："犁"（plough）加上"木头"意味着犁（a plough），但是"犁"加上"人"意味着农夫。对于社会上使用这些方法的人来说，初级的"阅读"是可能的。对于那些不在那个社会的人来说，一个"狭缝三角形"（阴道 / 女孩）和"三个山"（外国）结合在一起，很难立即被认定为外国女孩或女奴。所以说，这还不是完整的书写。它仍然是助记符，尽管它们非常精细和系统化，可以满足使用者的眼前需求。

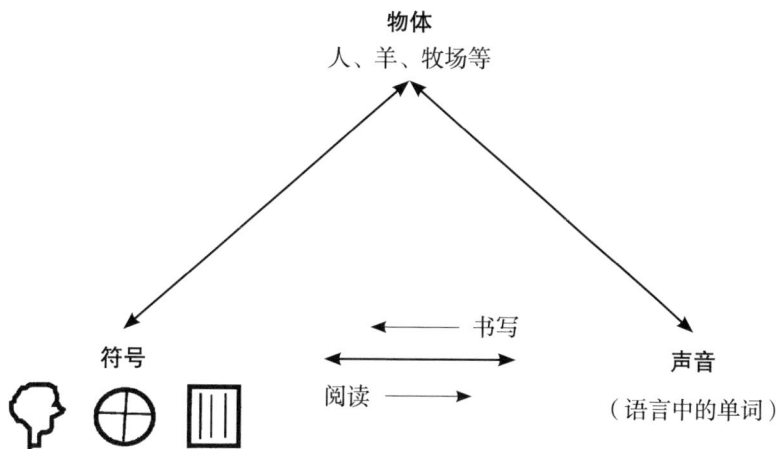

物体
人、羊、牧场等

符号

书写

阅读

声音
（语言中的单词）

图 1-14 苏美尔语中的符号与系统的外部参照物相联系

然而，如果人们希望传达更多或减少歧义，就需要一种新的体系——或者是对这种记忆方法的充分扩充。答案在于"系统语音拼写"，也就是说，系统地协调声音和符号（包括象形图）来创造书写系统的"符号"。只有当一个符号的音值开始取代它的语义值时，图形符号才成为书写系统的符号。这就切断了与系统外部参照物的联系，并优先考虑了系统几乎可以用清晰的语言表达一切的潜力。不再仅仅在图形符号（或象形图）中感知外部物体或抽象之物（如"天空"），人们开始阅读一种声音（苏美尔语 an）以获得自身的独立音值。

系统的语音解决可能是由苏美尔语言的性质促成的。苏美尔语主要是单音节的（每个词根有一个音节），有大量的同音异义词（像英语的"to""too"和"two"）。也许更重要的是，苏美尔语是黏着语，附着于核心词的前缀和后缀不能独立，所以发声的词必须显示这些必要的附件，以便理解一个口头表述的意义。当声音在系统中占据优先地位时，不完整的书写就变成了完整的书写。这个过程似乎发生在公元前 3700 年左右。这种转变几何级地扩大了书写能力，并迅即开启了从尼罗河到印度河流域的文字发明创造的历史进程。

一个符号的声音已经变成了一种符号。虽然可能是由于苏美尔语的特殊性，但解决方案是由字画谜原理促成的。这一原理非常适合像苏美尔语这样的单音节语言，它利用谐音的优势，使图像能够用口语表达音节。这样一来，单音节单词 eye（眼睛）的图画也可以代表单词 I（我）。"Saw"（锯）这一工具也可以是过去式动词 saw（看见）。"Bill"，即"喙"，才是真正的名字。仅用图片就可以"书写"这样的句子：I saw Bill（图 1-15）。许多学者把字画谜原理视为从象形文字到完整书写过渡的"关键"。[30]

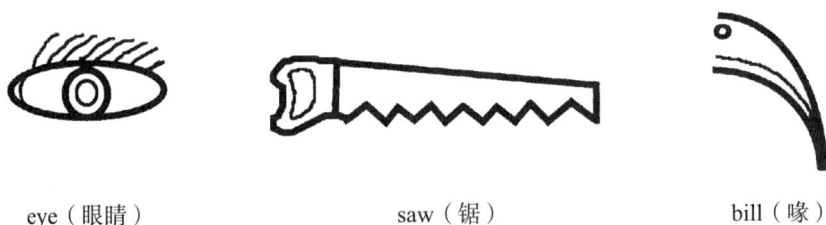

eye（眼睛）   saw（锯）   bill（喙）

图 1-15　用画谜原理"书写"：I saw Bill（我看见比尔了）

这不是一个"进化"过程，而是一个突发的局部性事件，是感知到的某种社会需求的直接结果，即在记录账目过程中需要更有效的沟通。这种需求已累积了很长时间，图形装置业已具备。问题已现，亟须解决。办法就找到一个能满足三条标准的一种新的书写形式。也就是说，这种文字需要：

1. 以沟通为目的；

2. 在耐久界面上有人工图形标记；

3. 使用依照惯例能清晰表达语言并可达成交流目的的相关标记。

其结果就是完整的书写。（图 1-16）

苏美尔的系统语音拼写起初仅仅是一个次要的工具，用来指定孤立的信息片段，例如抄写外来词，或是通过发音来识别包含多种可能含义的符号（有时为了表明复数的含义，有时将语音标记 mesh 附加到一个符号上。在此之前,人们会绘制多个符号来表示复数)。从公元前 40 世纪初到公元前 30 世纪早期,大多数美索不达米亚文字基本上仍然是象形文字,只有有限的语音拼写。到公元前 2600 年,通过增加语音文字的使用,苏美尔文字系统中的元素数量已从约 1500 个图符和标记减至约 800 个图符、标记和其他符号。直到公元前 2400 年,美索不达米亚的表意文字(全词文字,包括同音词)和表音文字(全音文字)才完全发展起来。

苏美尔的系统语音思想在其诞生之初,显然已经传播到了底格里斯河和幼发拉底河之外,东到印度河,西到尼罗河,在那里这个思想在其他新兴文明中生根发芽。不同的语言和不同的社会需求现在需要自己的新解决方案。[31]

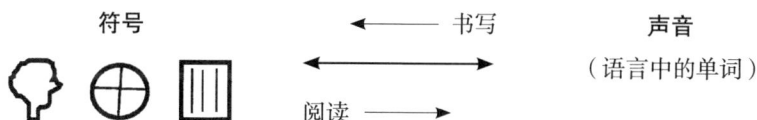

图 1-16 系统语音:一旦符号和声音不再局限于系统外部对象,完整的书写就成为可能(比较图 1-14),人们开始在有限符号的标准体系中仅仅为了音值而阅读符号

大多数学者仍然倾向于认为,书写是一个社会已经达到"先进"文明水平的一种表现,它独立地起源于世界许多地区。然而,书写并不是社会成熟度的自动回报。书写必须精心研制,这需要一个由不断变化的社会需求决定的漫长过程。尽管还有其他可能的解释,但累积的证据促使人们考虑到,在人类历史上,完整书写的概念可能只出现过一次。历经从刻痕到石板的漫长发展过程,美索不达米亚的苏美尔人从标准化的表意符号和标记符号中提炼出了人类最通用的交流工具。那么,所有其他的书写系统和文字,可能都是"系统语音"这个最初想法的衍生品,这个最初的想法可能肇始于约 5700—6000 年之前的美索不达米亚。

第二章　交谈艺术

约公元前 3700 年，标志变成了符号，图画艺术开始"交谈"。图画文字是语音文字。正是这种有意识地利用图画中的发音，才把不完整的书写变成了完整的书写。[1] 牛的图画原本只意味着"牛"，促使人们大声说出这个词。随着新的字画谜原理的运用，人们开始发出不再只传达图像的声音。字画谜原理是苏美尔人对人类的独特贡献。

大多数语言学家认为，所有完整的书写（计算机程序除外）都是一种特定语言的表达。然而，这并不是一个当然的问题，完整的书写将能说出语言中的"一切"。一些书写系统是作为宗教仪式的组成部分而存在的，如复活节岛的朗格朗格、早期的中国占卜、早期的希伯来《圣经》。许多形式的书写，起初都是一种受限的载体，后来又挣脱束缚去表达其他事物。所有这些早期的有限的阶段都包含了完整的书写，尽管这种完整的书写可能无法用其各自的语言表达"一切"。复活节岛的文字从来没有跨过这个门槛，而中国的文字则成了古代世界最庞大的体系。

正如我们所见，从美索不达米亚开始，字画谜原理扩散到了尼罗河流域、伊朗高原和印度河流域（或许也扩散到了巴尔干半岛）。然后，当地人根据需要，通过对表意符号、表音符号、标志符号的不同排列组合，从而不断迭代地创造出一系列延续至今的"混合系统"。

在埃及，几百个表意"象形文字"组成了当地的大部分系统，用墨水写在莎草纸上（埃及在文字史上至关重要，它还创新了一些标识辅音符号，图画只代表首辅音的发音）。这种新的埃及文字很快以流畅的草书形式出现。相比之下，在美索不达米亚盛行的是表意音节系统，它将楔形的符号组件印在软黏土上，以便按照相对较小的标准化的符号配置，组合成一个个单词。

埃及的象形文字和美索不达米亚的楔形文字都是根据其潜在语言的需要，从同一种语言中提取出来的。随着时间的推移，两种语言变得完全不同，于是出现了两种完全不同的书写系统。然而，在 3400 多年的时间里，两者都为繁荣的社会提供了卓越的服务。印度河流域也有至今仍未破译的类似黏土压痕书写，只是在繁盛了 1000 余年后就自然消亡了。古代非洲 – 亚洲的所有书写系统似乎都在某种程度上相互关联，要么通过直接借用和适应（转换），要么通过间接影响（图 2-1）。[2]

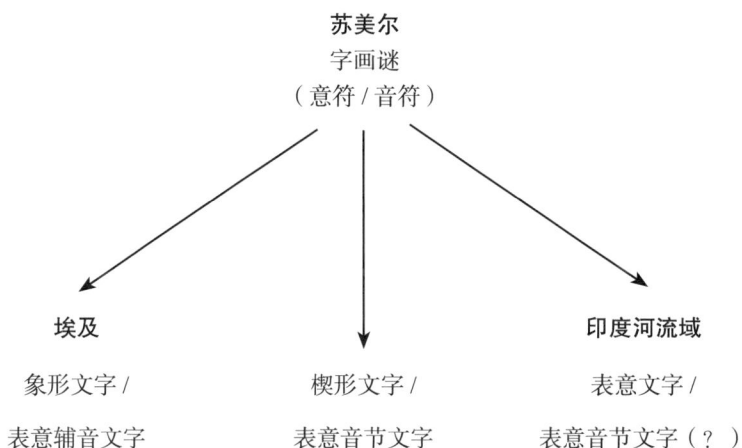

苏美尔
字画谜
（意符 / 音符）

埃及		印度河流域
象形文字 /	楔形文字 /	表意文字 /
表意辅音文字	表意音节文字	表意音节文字（？）

图 2-1 最早的非洲 – 亚洲文字系统之间的联系

莎草纸和黏土时代，是文字史中最长的一个阶段（纸张在过去的 500 年里一直是世界上首选的书写材料），在此期间，城市联盟迅速崛起，并以各种形式存在了 3500 年。书写不是文明的标志。最近的考古发现表明，早在公元前 4000 年，叙利亚东北部就有了城市活动。也就是说，王国或早期国家的发展可能发生在完整文字出现之前。然而，上下埃及的统一却是发生在象形文字完成创制的几个世纪之后。同样，美索不达米亚的城邦是在该地区出现完整的文字之后，才成长为强大的帝国。当然，二者之间没有直接的因果关系，但很少有人会质疑书写在刺激经济扩张方面的作用，正是这种经济扩张促成了这些事件的发生。

随着时间的推移，这些早期书写系统的个体符号有了自己的生命，完全脱离了客观现象的永恒世界。它们变得程式化并扩大了它们的系统功能。使用这些符号的加长文本变得多样化，不再是简单的计数和印章功能，而是很快应用于祈福、宣传、祭祀等方面，于是便以多种方式延伸了口头语言。甚至有更多的社会以自己特有的方式汲取了这种新的书写形式的精华。

在不过千年的时间里，语音文字就成为推动人类文明进步的最基本的工具。[3]

第一节　古埃及文字

　　古埃及人称书写为"mdw-ntr"——"神的话语"，因为他们相信它是托特神（Thoth，被视为神的鹭头人身的书吏、治疗师、智慧之主和学士保护人）的赠礼。古希腊人亚历山大的革利免在1800年前第一次把古埃及人的文字称为"hierogluphiká"，意为"神圣的雕刻"。世界上很少有文字系统能像它这样优美迷人，世界上也从来没有任何文字系统像它这样对人类产生如此深远的影响。

　　最近的考古发现显示，早在公元前3400年，在开罗以南500千米的上埃及"权力中心"阿拜多斯（Abydos），人们就已经在使用完整的象形文字了。早在这个早期的格尔泽安（Gerzean）和纳伽达（Narqada）二世时期，在上埃及和下埃及统一之前，苏美尔的字画谜文字的观念（可能只是更大的文化传播的一部分），⁴ 显然已经启发了那些寻求更有效管理的上埃及统治者。以表意和表音形式书写的文字显然已经被视为一种储存和控制信息的有力工具。古埃及的象形文字可能是作为社会发展的一部分而出现的，这种发展最终导致了几个世纪后，公元前3100年左右上埃及和下埃及的统一。⁵

　　古埃及人不仅从苏美尔借用了"书写的观念"，还借用了意符、音符和线性顺序。古埃及语的书写符号很早就被编目，有固定的音值和用法。[6] 然后，书吏认识到古埃及语的特殊要求，发明了新的书写工具。其中之一是截头表音法，即使用象形文字来代表一个单词的开头辅音：例如，腿这个符号代表 b；相反，苏美尔书吏用符号代表整个音节，而不是单个辅音。古埃及人还精心设计了代表两个辅音和三个辅音的符号、表示音补的符号（附加的、加强的符号，以确保读者理解其意图）、独立的表意符号（"词的符号"）和限定词（"标识符"），以及大量使用冗余（重复语义以减少模糊性）等其他用法（图 2-2）。一种符号既可以是表意的，也可以是表音的。通常情况下，只有通过上下文才能确定其真正的语义。

1. 单辅音

2. 双辅音

3. 三辅音

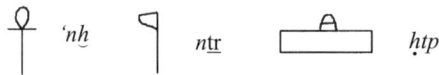

4. 音补

5. 限定词（标识符）

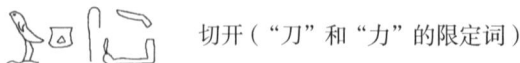

切开（"刀"和"力"的限定词）

图 2-2　象形文字的一些类型（意符、音符和限定词）

象形文字最有趣的特点之一是符号互补或冗余的频繁使用。许多象形文字由辅助性符号补充，辅助性符号不是单独的符号类型，但具有不同的符号功能。例如，如果我们要在英语中这样做，我们可以通过表示眼睛的符号来识别字母 i 的正确发音。在古埃及象形文字中，书吏通常以这种方式重复一个主符的最后辅音作为语音补语。有时，他这样做两次，甚至三次，仅仅是为了确保读者理解无误（图 2-3）。

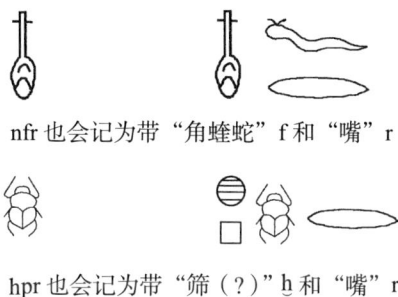

nfr 也会记为带"角蝰蛇"f 和"嘴"r

ḫpr 也会记为带"筛（？）"ḫ 和"嘴"r

图 2-3　古埃及象形文字的冗余

古埃及象形文字的另一个引人入胜的特点是限定词或标记符的使用（很久以后，在其他书写系统中也出现了这种用法）。限定词与音补的区别在于它们识别的是声音，而不是意义。它们是表意符号，或者说是词符，出现在表音符号（声音符号）末尾，尤其是当单词的声音有歧义的时候（比如英语中的同音异义词 Bill 和 bill），以确定所需单词的确切含义。由于限定词必须尽可能清晰，因此许多限定词实际上是表意的而不是表音的（图 2-4）。为了确保正确识别所

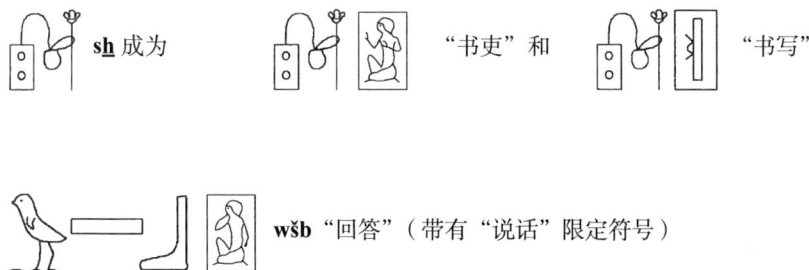

sẖ 成为　　　　"书吏"和　　　　"书写"

wšb "回答"（带有"说话"限定符号）

图 2-4　埃及语限定符号（用方框突出显示）

需要的单词，抄写员经常在每个单词中使用两个或两个以上的限定词（图 2-2 第 5 项）。

频繁使用约 26 个单辅音符号，每个符号只传达一个辅音，无疑是古埃及抄写员最卓越的创新（图 2-5）。这是世界上第一个字母表，尽管它不包括元音，在使用习惯上也没有将这些辅音符号与埃及象形文字的其他表音符号区别开来。辅音符号几乎总是与所有的表意符号、

符号	转写 / 意义	语音
𓄿	ꜣ / 秃鹫	喉塞音
𓇋	*i* / 开花芦苇	I
𓇌	*y* / 两杆开花芦苇	Y
𓏭	*y* / 斜线	Y
𓂝	‘ / 前臂和手	闪米特语字母 'ayin
𓅱	*w* / 鹌鹑	W
𓏲	*w* / 草书的	W
𓃀	*b* / 脚	B
𓊪	*p* / 垫子	P
𓆑	*f* / 角蝰蛇	F
𓅓	*m* / 猫头鹰	M
𓈖	*n* / 水	N
𓂋	*r* / 口	R
𓉔	*h* / 苇棚	H
𓎛	*ḥ* / 扭曲的亚麻	H（清喉咽音）
𓐍	*ḫ* / 筛（?）	KH（如苏格兰语的 loch）
𓄡	*ẖ* / 动物的肚子	KH（软音）
𓊃	*s* / 门销	S
𓋴	*ś* / 折叠的布匹	S
𓈙	*š* / 水塘	SH
𓈎	*ḳ* / 小山	Q
𓎡	*k* / 有柄的篮子	K
𓎼	*g* / 罐子（?）	G
𓏏	*t* / 面包	T
𓍿	*ṯ* / 系绳	CH（如在 chin 中）
𓂧	*d* / 手	D
𓆓	*ḏ* / 蛇	J

图 2-5　单辅音符号（古埃及语的“辅音字母表”）

表音符号和限定符号一起使用。在公元前 2000 年之前，古埃及抄写员似乎理解了辅音字母文字的原则，也就是说，书写时只使用辅音符号。这个想法很快在古闪米特属邦中传播开来（见第三章）。而埃及人只在涂鸦等很少的情况下才使用它。象形文字和僧侣文字的僵化保守主义，显然产生了一种无法容忍激进变革的惰性。就这样，字母表法则，也许是古埃及最伟大的成就，在其起源地反而被遗弃了。

通过这些方式，古埃及象形文字提供了单词 "骨架"，读者只需要加上适当的元音就可以了，同样，对于母语使用者来说，借助于上下文，阅读和理解起来完全不是问题。[7] 由于古埃及人在大多数情况下不标记元音，古埃及单词的元音值一般不为人知。然而，有些值是根据当时的楔形文字和其他传达古埃及专有名词的文字，通过有根据的推测得到的。阅读象形文字的时候，可以从右到左，从左到右，或者从上到下（图 2-6）。符号总是"面向"每行的起始位置：如果应该从右向左读，那么举例来说，鸟的喙就朝右。如果没有明确的理由选择其他阅读方式的话，从右向左是"默认"方向，因为这不仅阅读起来更方便，而且也体现了对王室的尊重（如果方

Wsr-mȝꜥ.t-Rꜥ-stp-n-Rꜥ
（User–maatre–setepenre）

向前移动表示敬意，太阳是赖神（Ra）的表意符号。
跪姿图形是正义女神玛阿特（Maat）的表意符号。
豺狼头是三个辅音符号 wsr，也可以生成"强大"一词。
在图像的第二部分，拉再次向前移动。
木块上的扁斧是一个三辅音符号 stp，也可以生成"挑选"一词。
水是单辅音符号 n

图 2-6　古埃及象形文字解读："赖神的玛阿特很强大，专为赖所挑选。"拉美西斯二世王室头衔（或登基名）可能的翻译，刻在约公元前 1250 年的一块嵌花砖上

向改变，某些王室符号的位置亦需相应调整），当然也更符合均衡对称等审美习惯。象形文字书写和阅读遂以这种方式固定下来，这一过程显然发生在约公元前 3500—前 2500 年之间，几千年间几乎没有改变（插图 2-7）。从此以后，北非和中东的大多数文字都保持了从右到左的阅读方向。

插图 2-7　早期古埃及文字的字画谜阶段：阿卡饰板（约公元前 2900 年），被认为属于传统上埃及第一王朝的建立者美尼斯

单个的象形文字是从传统的古埃及艺术中提取或精心制作出来的。[8]这种只借用文字的概念和有限功能，而用本土符号来表达自己的语言的倾向在整个文字发展史中不断重复，见本书第三章爱琴海地区音节文字和第七章复活节岛符号相关内容。

古埃及文字的文本阶段有：古埃及语时期，也即古王国时期（约公元前 2650—前 2135 年），出现了第一批连续的文本；中埃及语时期，也即"古典"埃及时期（约公元前 2135—前 1785 年）；晚埃及语时期，特别是所谓的拉美西斯时代（约公元前 1300—前 1080 年）；通俗语时期（约公元前 700—公元 5 世纪），这一时期的文字也称通俗体文字，主要传达当地语言；科普特语（Coptic）时期（至公元 4 世纪），这一时期的文字主要是衍生自希腊文字的与埃及语完全不同

的科普特文字，用以表达科普特语，而科普特语是目前已知的唯一有两种方言的埃及语，这两种方言分别是萨伊迪方言和波海利方言（图 2-8）。[9]

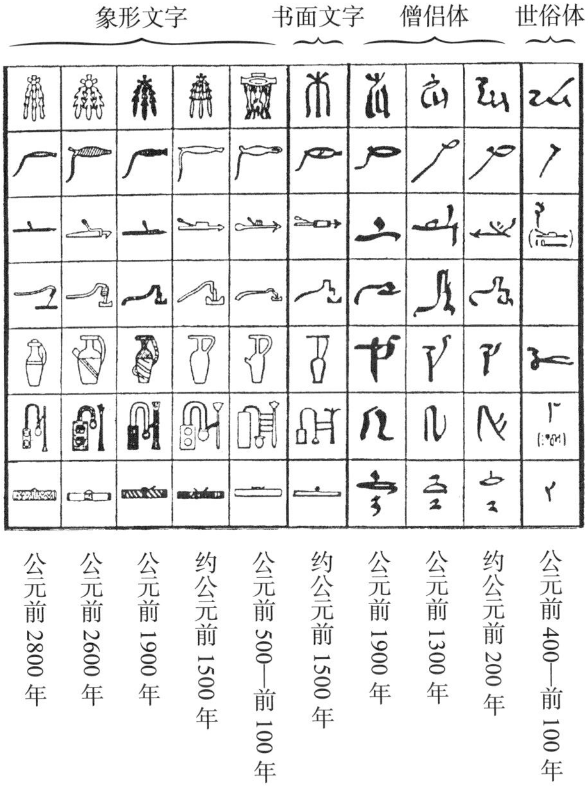

象形文字					书面文字		僧侣体		世俗体
公元前2800年	公元前2600年	公元前1900年	约公元前1500年	约公元前500—前100年	约公元前1500年	公元前1900年	公元前1300年	约公元前200年	公元前400—前100年

图 2-8　3 种古埃及文字符号及其发展举例

古埃及的象形文字也许是世界上最美丽的文字系统，至少在今天看来是这样。大多数书写系统或字母系统都以功能见长，而不以审美取胜。的确，阿拉伯和东亚（中国和日本）的书法表现出了其他文字难以企及的优美形态。然而，古埃及的象形文字既是饰品，也是文字，而且真正做到了合二为一（图 2-9）。有些人认为只有中美洲的玛雅文字才堪与其相媲美。

图 2-9　古埃及象形文字之
美：菲莱岛"重建的"伊西
斯神庙门廊细节

在大约 4000 年的时间里，古埃及书写发展出圣书体、僧侣体、世俗体、科普特文体等 4 种"不同但有关联"的功能互补的文字。[10] 圣书体主要用于纪念性的或仪式性的场合。僧侣体和后来的世俗体这两种草书几乎都是用墨水写在莎草纸上的。圣书体、僧侣体、世俗体 3 种文字仅在外观上不同，而在功能、形式和用法上同属一种书写系统。圣书体最初由约 2500 个符号组成，尽管其中只有 500 个左右是常用的。这是特殊文本和金属、石头、木材和其他硬物表面铭文的首选，尤其是用于仪式或宣传目的，尽管圣书体也用墨水写在莎草纸、皮革和陶片上。

然而，古埃及的大多数文字并不是用圣书体书写的，因为绘制或雕刻圣书体非常耗时。草写体的圣书体，只是在很久以后才被称为"僧侣体"，作为书写信件、账目和文书等普通文档的实用工具，几乎立即发展起来。而早在公元前 2000 年，僧侣体也被用作文学文本的书写（图 2-10）。作为圣书体的线性简化，这种文字一律从右到左书写，主要介质为莎草纸、羊皮纸、木头和陶片等。僧侣体最初是为尼罗河流域的会计们服务的，但随着莎草纸的广泛使用，这种文字变得更加

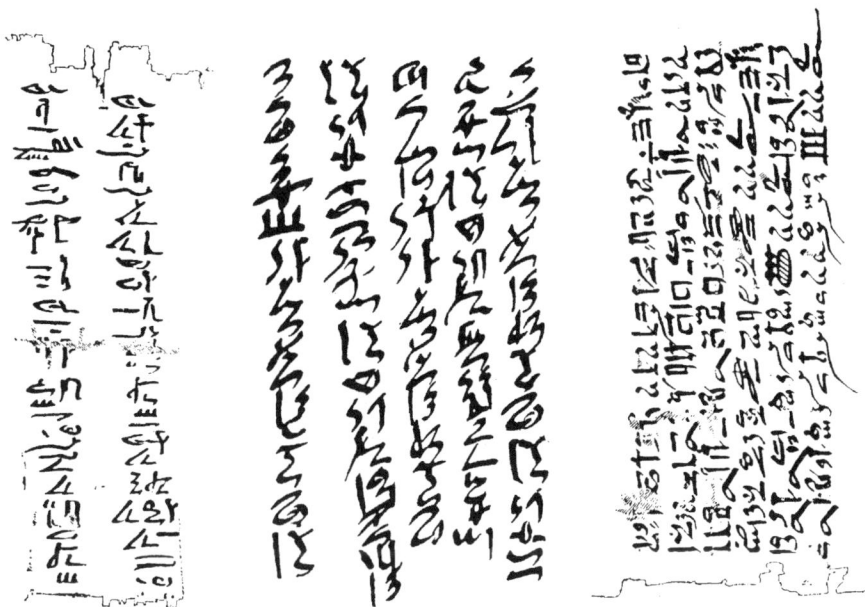

图 2-10　埃及僧侣文字的三个时期：（左）第六王朝时期（公元前 2315—前 2190 年）；（中）中王国时期（公元前 2040—前 1710 年）；（右）第十七王朝时期（公元前 1580—前 1555 年）

格式化，最终发展出一种为文学和宗教作品所独具的书法风格。创新了更多的连字（连接两个符号的笔画），以简化簿记和其他业务要求。出现了许多风格和地区变体。

　　到了第二十五王朝（公元前 1000 年中期），南方的尚书官书写的"异体僧侣体"，对北方的新通俗文字的读者来说已经无法辨认了。这是因为在北方，大约公元前 700 年，僧侣体变成了一种速记形式，埃及人称为"sš -š'.t"，或"书信体"，希腊历史学家希罗多德称之"demotikós"或"世俗体"，也即"人民"的文字。从公元前 7 世纪至公元 5 世纪，这种衍生自尼罗河三角洲商用文字的通俗文字履行并完成了自己的早期历史使命（古老的僧侣体退化为祭司专用文字，这就是为什么亚历山大里亚的革利免称之"祭司体"的原因）。世俗体源于圣书体，但高度简化，连笔词组完全失去了与原始圣书体的图形相似性。和僧侣体一样，世俗体从右向左阅读。但与僧侣文字不同的是，从希腊托勒密时代以降，世俗体最早也是刻在石头上的，比如著名的罗塞达碑（图2-11）。

图2-11 罗塞达碑（公元前196年），以3种不同文字写成，是用来纪念托勒密五世的：（上）埃及圣书体；（中）埃及世俗体；（下）希腊文字

尼罗河沿岸精湛的书写技艺，集中体现在一个极具社会影响力的书写阶层的兴起，这是人类历史上的新事物。抄写员在埃及比在美索不达米亚更受重视，在美索不达米亚，他们只是抄写员；而在埃及，他们可获得巨大的财富、威望和地位。其中最受推崇的是祭司书吏，这是为少数人保留的职位。大约4000年前，埃及官吏杜阿－凯提乘船溯尼罗河而上，护送儿子到书吏学校读书，他对儿子说："你要下定决心，努力学习……我没有看到任何职业能比得上书吏……我会让你爱书胜过爱你的母亲，我将把书的不凡之处展现在你的面前。"

每个书吏都有自己的一套书写工具：一个石制调色板，上面有两个浅杯用来盛红墨饼和黑墨饼，在一条连接的皮带上，有一个薄木笔盒和一个小水罐（图2-4）。一位古埃及书吏的书写方式与我们今天画水彩画的方式非常相似。红色用于强调和在标题下划分文本。一个书吏学生必须在几年的紧张学习中掌握约 700 个符号。学生们通常在涂有石膏的表面容易擦除的书写板上写字。最普遍的书写材料是莎草纸——一种通过将纸莎草撕成薄片制成的纸张。

与美索不达米亚笨拙的泥板相比，古埃及的文字具有巨大的物质优势。[11] 莎草纸薄轻柔韧，易于储存。用墨水在上面写字很快；它很容易干燥，而且与楔形文字的楔形音节相比，至少对于古埃及语的辅音文字而言，每个单词所需的面积更小。目前已知的最早的莎草纸出土于约公元前 3000 年第一王朝的萨卡拉陵墓。然而，莎草纸可能早在此前即已成为尼罗河两岸的书写材料，其他配套工具为墨水和削切过的芦苇笔。这种状况一直持续到公元后的几个世纪，总计有约 3700 年之久。

最终，世俗体被入侵者的希腊字母记录取代，后者既用于日常管理，也用于书写古埃及语。后来，科普特人主要使用希腊字母来表达古埃及语，现在包括了元音（见第四章）。古埃及文字影响了苏丹记录麦罗埃语的麦罗埃文，时间可追溯到公元前 2500 年，同时也在约公元前 2200 年产生了最早的识别辅音字母表的形态，由此衍生出各种西奈和黎凡特的闪米特原始字母表。随着时间的推移，后者成为今天广泛使用的拉丁字母表。

尼罗河对世界的馈赠是丰厚的。到公元 3000 年时，我们的书写方法与约公元前 3000 年古埃及的书写方法或许没有太大的不同，这并非巧合。[12] 尽管完全书写的思想可能产生于苏美尔，但我们的书写方式，甚至我们称之为"字母"的一些符号，其发端都可追溯至古埃及（图2-12）。

古埃及语	原始西奈语	腓尼基语	早期希腊语	希腊语	拉丁语
					A
					B
					G
					E
					K
					M
					N
					O
					P
					T
					S

图 2-12　古埃及象形文字以不同形态存在于其他字母语言中

第二节　楔形文字

楔形文字（cuneiform）一词源于拉丁语 cuneus（楔形）和 forma（形状）。楔形文字从表意文字向表音文字方向演进，其间声音完全取代了象似性，而在古埃及象形文字中没有这种情况。楔形文字是古代近东最重要的书写形式，实际上是由不同书写系统使用的一种文字组成（相比之下，古埃及语是 3 种相关文字使用的一种书写系统）。正如人们所看到的，世界上第一个完整的文字出现在苏美尔，作为对经济需求的回应。这种回应成为管理商品、服务和社会特权的官僚阶层使用的有效工具。[13] 由于美索不达米亚商人的活力，以及这一工具服务和赋能的帝国政体，楔形文字在该地区盛行了数千年。[14]

乌鲁克和杰姆代特·奈斯尔文化原始楔形文字与象形文字的簿记几乎没有区别（图 2-13）。它是用尖笔在黏土上画出的；几个世纪后，楔形形状的各种角度的印痕出现了。最早的文字在一定程度上可能被"理解"，但无法做到现代意义上的完全被"阅读"。古埃及很早就对其圣书体和僧侣体符号进行了编码，并使这一系统固化下来，但苏美尔语在几个世纪里保持着约 1800 种图形符号和标记符号的松散系统。这使得简化和固化成为可能。到公元前 2700—前 2350 年，正如苏鲁帕克泥板所显示的，符号总数减至约 800 个，线性度也有所发展

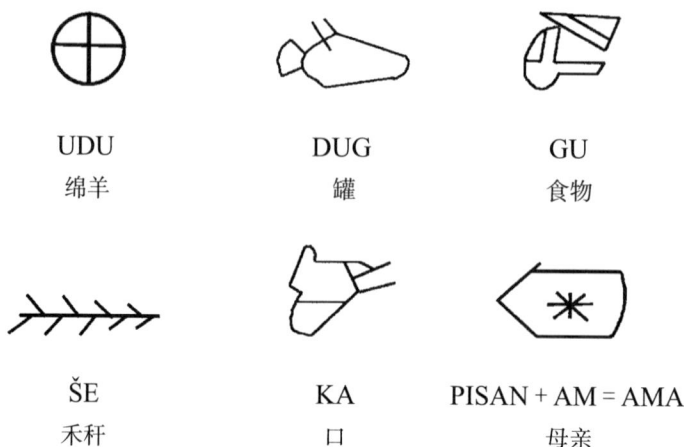

图 2-13　来自乌鲁克的原始楔形文字符号（公元前 4 世纪晚期）

（开始按行书写）。到约公元前 2500 年，苏美尔文字系统中几乎所有的图形元素都变成了表音单位。到公元前 2000 年，日常使用的标记符号进一步减少到只有约 570 个。[15]

楔形文字的书写发展过程清晰明了（图 2-14）。早期的象形图被用芦苇笔在软黏土上压出的仿图符形状的楔形符号所取代。这些符号随后被定型，最终失去了可识别性。可能是在约公元前 2500 年，但肯定是在约公元前 1900 年开始，抄写员所写的大多数象形图突然以 90 度直角向左边倒下。书写方向亦发生变化，不再从右向左垂直书写，而是像今天的报纸一样，从左向右横排书写（图 2-15）。（然而，石碑，包括公元前 18 世纪早期的《汉穆拉比法典》，在约公元前 1500 年之前一直保持原始的书写方向。）这一变化的原因尚不清楚，也许是出于书写的方便，也许是某位统治者的异想天开。[16]

抄写员在专业学校训练男生（女生极少），比如在古埃及，由此引入了世界上第一个正式的教育体系。学生们开始在老师的软泥板的背面抄写老师的范文，如谚语、文学片段、神祇名字等（图 2-16）。随着时间的推移，出现了抄写员这一完整的社会阶层，他们大多是农

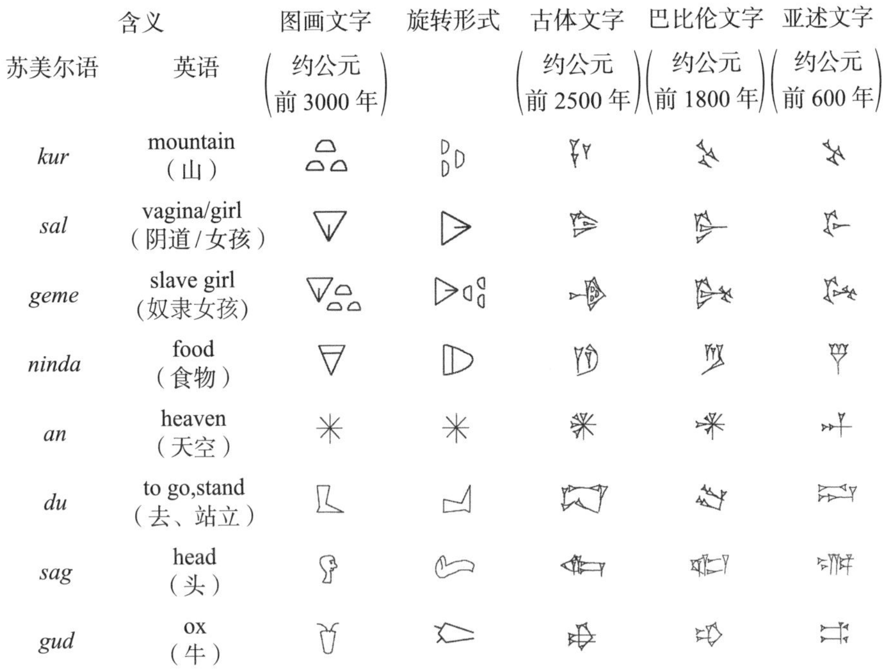

含义		图画文字	旋转形式	古体文字	巴比伦文字	亚述文字
苏美尔语	英语	约公元前 3000 年		约公元前 2500 年	约公元前 1800 年	约公元前 600 年
kur	mountain（山）					
sal	vagina/girl（阴道／女孩）					
geme	slave girl（奴隶女孩）					
ninda	food（食物）					
an	heaven（天空）					
du	to go,stand（去、站立）					
sag	head（头）					
gud	ox（牛）					

图 2-14 个别楔形文字符号的起源和发展（公元前 3000—前 600 年间）

◀图 2-15 苏美尔语大麦账目（公元前 2048 年），出土于伊拉克南部的吉尔苏

▲图 2-16 尼普尔的一位巴比伦学生反复地练习写单词"一"（约公元前 1700 年）

民出身。一些人成为私人秘书和世界上第一批律师，其中有许多人拥有巨大的社会影响力。不过，美索不达米亚的书吏从未像尼罗河沿岸的同行那样受人尊崇。

大多数楔形文字都是用芦苇笔在黏土上书写的，但也有刻在石头、蜡、象牙、金属（包括黄金）甚至玻璃上的楔形文字。然而，很少有楔形文字用墨水写在莎草纸上，因此与埃及文字形成了鲜明的对比。与一般的观点相反，这可能与原材料（古代美索不达米亚盛产纸莎草）的关系不大，而更多的是与当地的需要和固化的传统有关。

在黏土上的手写笔是一个很棒的工具，在许多方面比今天的钢笔、铅笔或电脑屏幕更有创意。这种带有三角形尖端的硬笔可以在三个维度上定向，并且触针和字板可以同时在手上转动。不过，为了避免混淆，符号的书写角度有严格要求。由于手持式硬笔的物理限制，楔子很少会向左倾斜、笔直向上或向右倾斜。每个符号的标准形状早已固定下来，只允许有细微的变化。[17] 普通的符号是由简单的线条构成的组群或"箱盒"，这些线条带有三角形的终端（"楔子"），通过将硬笔固定在某个角度来实现。一旦书写完毕，就把字板放在阳光下晒干，如果内容很重要，就烘烤后再保存。具有讽刺意味的是，毁灭性的大火保存了一些美索不达米亚最伟大的图书馆，因为其中的"图书"是用黏土制成的。相比之下，所有古埃及图书馆的莎草纸"图书"都已灰飞烟灭，尽管有许多馆外分散收藏的文献幸存下来。

约公元前 2500 年，楔形文字已经完成创制，能够表达"任何和所有的思想"。在这个过程中，最重要的是根据惯例建立一个音节表：一份专门用于音节音值的符号清单——ti、mu、sa 等。这从对象传输开始。苏美尔符号 mu（植物）也被用来表示"年"和"名字"。然后，这个词被扩展为虚词："mu"表示"我的"，"mu"表示"第三人称阳性前缀"。随着时间的推移，苏美尔语中的任何 mu 都可以用"植物"符号来表示，因为在这个系统中只有它的声音是重要的。[18] 这就是为什么美索不达米亚的楔形文字——表意符号、表音符号和限定符号三位一体——几乎能够完全传达一种"音意"书写系统的原因。[19] 独立的整词用符号表示，可以是单个符号，也可以是符号群。单词的从属部分由字画谜派生的音节符号表示，通常是 V（元音）、CV（辅音 – 元音）或 VC（元音 – 辅音）结构。与古埃及语一样，限定词被用来确定一个词符的意义。每个楔形符号都是一个由简单到复杂的结构。虽然简单符号往往是复杂符号的一部分，但在这个过程中，简单符号的音值却丧失了，所产生的复杂符号有自己独有的音值。

苏美尔人精心设计了一套非常简单的文字，足以满足其社会的需要。但在 3000 年的漫长历史中，它也适用于其他 14 种语言和文化。除苏美尔人之外，最先采用楔形文字的是使用东闪米特语的阿卡德人，这是一个与苏美尔人完全不同的族群，他们逐渐渗入苏美尔地区，并于公元前 2800 年后崛起。尽管出于宗教和文学的目的，在此后千余年里，苏美尔语继续被使用，并以楔形文字的形式书写，非常类似约 2500 年后的拉丁语，但阿卡德语文献开始出现于约公元前 2350 年的萨尔贡一世统治时期。[20] 由于阿卡德语在类型上与苏美尔语相反，也就是说，苏美尔语主要是单音节的，而阿卡德语是多音节的；苏美尔语不会随着词尾的变化而变化，但阿卡德语的词尾变化很大，所以用苏美尔语文字系统书写阿卡德语会导致歧义和混乱（图 2–17）。阿卡德语书吏只使用十分之一的表意符号（词的符号），但使用超过了两倍的表音和标记符号。换言之，他们不得不优先考虑文字的语音功能，同时仍然赋予古苏美尔表意符号许多功能，因为这些表意符号既可表示古苏美尔语的音值，也可表示附加的阿卡德语音值（就像日本人在约 3000 年后对汉语所做的那样）。

这造成了符号的几何级倍增的"多价性"（Polyvalence），也即一个符号具有多个音值。为什么阿卡德人不进行简化？他们似乎受制于陈规旧习。也许最重要的是，他们被固有系统的惯性所束缚，这一现象贯穿于整个文字史。阿卡德文字一直使用至公元 100 年左右，主要作为书面语言。作为一种口语的阿卡德语与巴比伦语和亚述语相互竞争并逐步融合，一些学者认为，这是阿卡德语演化进程中较晚的、独立的、语言上截然不同的阶段。

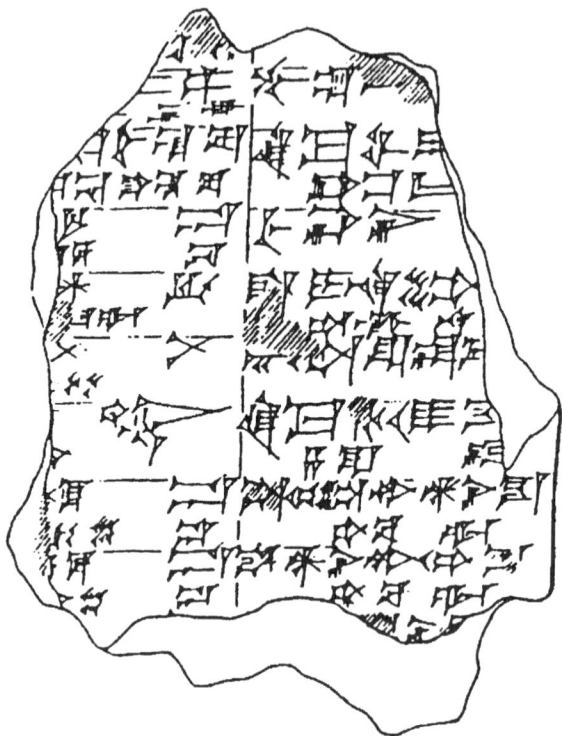

图 2-17　苏美尔 – 阿卡德双语"字典"（约公元前 1750 年），用于教授阿卡德语学生书写苏美尔语

公元前 2000 年以后，来自美索不达米亚南部的巴比伦人和来自美索不达米亚北部的亚述人继续使用楔形文字。巴比伦人将符号的数量缩减至约 570 个；其中，只有约两三百种是日常使用的。[21] 亚述人重新引入了许多古老的符号，创造了更复杂的符号，从而阻滞了简化进程。大多数邻近的语言采用了苏美尔 – 巴比伦（苏美尔语的和阿卡德语的）楔形文字的符号形状和音节表。然而，有些语言只借用了软泥楔压的理念来书写，并使用完全独立的形状和音值来阐述自己的"楔形文字"。楔形文字可用于书写阿摩利人的专有名词、加喜特语的注释，或埃博拉语、迦南语和阿拉米语等相关闪米特语言的完整文本。[22]

完全不相关的语言也使用楔形文字书写，如赫梯语、埃兰语、胡里安语和乌拉尔图语（甚至还包括了赫梯人的非印欧语系祖先哈梯人的语言等）。

　　例如，安纳托利亚东部的赫梯人说印欧语，他们在公元前1900年左右借用了楔形文字符号和音节，并用苏美尔语和阿卡德语的双音值来补充自己的音值。因此，每个符号都有苏美尔语、阿卡德语或赫梯语3种可能的读法，这取决于语境。虽然赫梯人也用巴比伦（阿卡德语）书写，但自1906年在赫梯人首都哈图沙（现代称博格阿兹克伊）发现藏有一万块泥板的图书馆中，大部分都是赫梯语的，尽管使用的是外来的楔形文字。赫梯语与阿卡德语本就不合身的体系不相适应，尤其是辅音群，很难用音节符号来表达。赫梯语引入了一些新的音节符号作为辅助，但这仅仅是把更多的元音塞进了本不属于它们的辅音群中。这一点，再加上其他因素，使得今天的赫梯语文本的破译更加不易。[23] 然而，对于使用这一文字系统的赫梯书吏来说，足以应付所有眼前的需要。

　　约在公元前1450—前1250年间，叙利亚北部海岸乌加里特的闪米特书吏使用了完全表音的楔形文字，没有标记符号和限定符号。这种文字是一个混合创造，即用美索不达米亚楔形文字的物理技术传达乌加里特的辅音字母文字。[24] 也就是说，外部形式（文字）是在黏土上压出的楔形文字，内部形式（书写系统）则是借自迦南的字母系统（见第三章）。乌加里特语楔形文字也被用在乌加里特语中，用来书写阿卡德语和胡里兰语这两种相关的语言（图2-18）。有趣的是，一种文字，如美索不达米亚楔形文字，可能被"挪用"以传达完全不同的书写系统，在这种情况中是线形字母文字。[25]

　　楔形文字在伊朗西南部的埃兰也被用来书写阿卡德语，这是一种埃兰人的外语，他们既不说苏美尔语，也不说闪米特语（见下文和图2-21）。[26] 为了适应自己的语言，埃兰人不得不对借用来的系统进行重大调整。他们通常用音节书写，到公元前第二个千年末，已将各种各样的音节楔形符号总数减至 113 个，主要用苏美尔－阿卡德语音值阅读，其中一些具有新的埃兰语音值。标记符号只有 25 个，其中一些是苏美尔语的外来词。限定词只有 7 个，但使用频率极高。例如，单个水平（后来垂直）楔形标识了所有地名和其他一些名词，后来实际上变成了单词边界标记。[27]

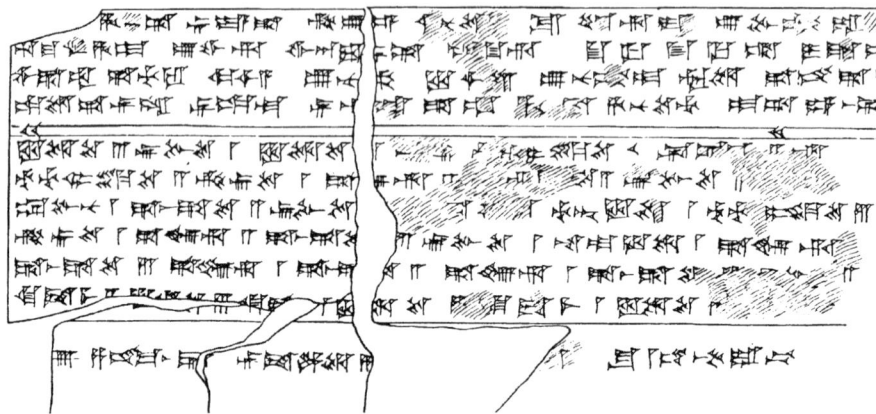

图 2-18　胡里兰泥板上的世界上最古老的"乐谱"（歌词和演奏指南）之一（约公元前 1400 年），出土于乌加里特遗址附近

古波斯语，像印欧语系的赫梯语一样，在公元前 1000 年，大部分是在公元前 550—前 350 年之间就被写成楔形文字。大流士国王用古波斯语、埃兰语和新巴比伦语三语写成的贝希斯敦铭文，为楔形文字的解读和这些语言的重建提供了"钥匙"。[28] 大流士的古波斯书写对借用的近东文字进行了最彻底的简化（图 2-19）。他们将楔形文字符号总数减至只有 41 个音节值（ka）和音值（/k/）。因此，古波斯楔形文字是"半音节半字母文字"。[29] 它似乎是一种介于巴比伦楔形文字和黎凡特辅音文字之间，只采用写成楔形的 4 个表意符号与 36 个音节音素符号的混合解决方案。尤其重要的是，古波斯语还传达了 1000 年前乌加里特系统所传达的单个长元音和短元音（/a/、/i/ 和 /u/）。

随着楔形文字的出现，源于拉丁语 litteratura（字母、语法）的

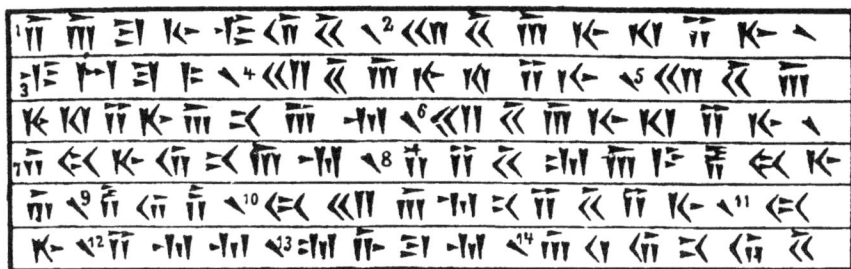

1. *D(a)-a-r(a)-y(a)-v(a)-u-š(a)*　2. *x(a)-š(a)-a-y(a)-ϑ(a)-i-y(a)*
3. *v(a)-z(a)-r(a)-k(a)*　4. *x(a)-š(a)-a-y(a)-ϑ(a)-i-y(a)*　5. *x(a)-š(a)-a-y(a)-ϑ(a)-i-y(a)-a-n(a)-a-m(a)*　6. *x(a)-š(a)-a-y(a)-ϑ(a)-i-y(a)*
7. *d(a)-h(a)-y(a)-u-n(a)-a-m(a)*　8. *Vi-i-š(a)-t(a)-a-s-p(a)-h(a)-y(a)-a*　9. *p(a)-u-ç(a)*　10. *H(a)-x(a)-a-m(a)-n(a)-i-š(a)-i-y(a)*　11. *h(a)-y(a)*　12. *i-m(a)-m(a)*　13. *t(a)-č(a)-r(a)-m(a)*　14. *a-ku-u-n(a)-u-š(a)*

Dārayavauš xšāyaϑiya vazrka xšāyaϑiya xšāyaϑiyānām xšāyaϑiya dahyunām Vištāspahya puça Haxāmanišiya hya imam tačaram akunauš

图 2-19　波斯波利斯宫殿的铭文，大约公元前 500 年，用古老的波斯楔形文字写着：“大流士，伟大的国王，万王之王，国家之王，希斯塔斯庇斯之子，建造这座宫殿的人。”在转写（加上数字）后面的段落是经过编辑的音译

“文学”（litteratura）开始了。世界上最古老的文学文本出现在苏美尔人的泥板上：诗歌（赞美诗、哀歌、诸神的特性和活动）和类似史诗的“故事”（几百年后记录下来的约公元前 2700 年的《吉尔伽美什史诗》一部五篇、《恩麦卡尔史诗》两首、《卢伽尔班达史诗》两首）。然而，迄今为止在美索不达米亚出土的约 15 万件楔形文字泥板中，有 75% 以上是账务簿记和管理档案，最早的主要是关于货物、人员、支付等的清单。[30] 随着时间的推移，内容拓展到法律、宗教和天文文献，甚至医学论文和食谱等领域。抄写员们编撰了世界上最早的字典，按发音、符形、意义对单词进行排序。最晚的有确切时间的楔形文字泥板是一份巴比伦的天文年历，描述了公元 74—75 年的行星

位置。

　　楔形文字仍在不断丰富着我们的生活：1975 年，在叙利亚的埃布拉发现了超过 15000 块楔形文字板，这里曾经是官方图书馆，但在公元前 2300 年左右被烧毁。学者们至少需要一个世纪来阅读和评估这些巨大的信息。楔形文字已经使用了约 3000 年，相当于目前已知完整字母系统的时间长度。今天，楔形文字被公认为人类最早的文字之一。

第三节　原始埃兰文字

公元前 3000 年，部分象形的原始埃兰文字被印在柔软的黏土上，用以传达位于波斯湾的伊朗西南部的埃兰语，这也许是一种更古老的文字的衍生，也启发了印度河谷文字的创制。从埃拉姆古都苏萨，到东部 1200 千米外与阿富汗接壤的沙赫里索克塔，都发现了这种文字的样本。[31] 公元前 4000 年末，美索不达米亚与伊朗高原的居民出于各种各样的原因而保持着经常性的交往，其中最重要的是贸易。毫无疑问，系统的语音拼字理念，就像埃及一样，是从苏美尔传入伊朗高原的：原始埃兰文字是用芦苇笔楔压在软黏土上的，使用与原始楔形文字相同的数字符号，并且至少有一个符号是共享的。自原始埃兰文化被发现以来的一个世纪里，已经公布了约 1500 块用尚未确认的语言和文字书写的泥板（图 2-20）。[32] 这些铭文大多是在巴比伦东部的苏萨出土的。

原始埃兰文字拥有由约 1500 个符号构成的数量夸张的符号库，显示这种文字是表意的。许多符号都是抽象的，表现出对几何图形的有意识的偏爱。所有文档都从右到左的线形书写，自上而下阅读，就像同时代的苏美尔原始楔形文字一样。书写没有正式的栏目编排。似乎每篇铭文都以介绍事件目的开始，然后命名参与的人或机构。然后是描述互不相关的条目，其中包括人员（机构）和量化的商品，或者两者兼而有之。文本以苏美尔风格的数字符号结束。

▶图 2-20　出土于苏萨的原始埃兰泥板（约公元前 3000 年）

▼图 2-21　出土于苏萨的普祖尔－因苏西纳克双文字题铭（公元前 2200 年），双文字分别为阿卡德楔形文字和埃兰线形文字

很明显，这些泥板属于管理文件，更多的是会计记录而不是语言文本。[33] 最大的文本有七行，内容是以羊为税交付苏萨的中央管理部门。其他文本似乎涉及同一管理部门在播种季分配玉米种子的问题。一般来说，原始埃兰人的"文献"堪称当地农业生产的簿记。

可能是原始埃兰文字启发了 800 年后（即约公元前 2200 年）出

现的埃兰线形文字（图 2-21）。埃兰线形文字显示一些可以读取音值的符号，学者们希望据此建构其与孤立的原始埃兰文字符号之间的联系。然而，原始埃兰文字与后来的埃兰线形文字之间的联系仍未弄清。进一步分析的一个主要障碍是无法重建伊朗高原的埃兰语。现在还不确定原始埃兰人是否与后来的埃兰人使用相同的语言。[34] 到约公元前 2000 年，埃兰人采用阿卡德人的楔形文字书写传达自己的语言（见上文）。

第四节　印度河谷文字

世界上最著名的未破译文字是印度河谷文字，近年来人们对这一系统的理解已经取得了长足进步。[35] 这种在公元前 3500—前 1700 年之间使用的文字被称为"印度河谷文字"，它与任何已知的文字都没有联系，被遗忘了近 4000 年之后，在 19 世纪 70 年代被欧洲考古学家发现。而直至 1921 年，人们才确认了创造这一文字的印度河谷文明的存在。

东方文字的第一个证据是在约公元前 3500 年俾路支省东部和印度河流域的早期哈拉帕文化中的陶器上发现的简单的"陶工"标记或所有权涂鸦，这略早于埃及已知的最早的字画谜符号（约公元前 3400 年）和苏美尔的第一批语音符号（约公元前 3200 年）。早期哈拉帕语的"书写"似乎是约公元前 2600 年使用的晚期完整书写的原型（图 2-22）。陶工似乎用特殊的符号来标记他们的产品，而不是设计或装饰，这些符号可能表明制作者或陶器所盛之物，而在这些产品上的涂鸦似乎"记录"了器物主人或被题献者的身份。

公元前 2600 年左右文化统一时期进入尾期，其影响波及 1500 多个城市和城镇，彼时被编入法典并得到公认的"印度河谷文字"应运而生。印度河流域约 80% 的文字都是以印章或印章铭文形式出现的。

其余的则书写在黏土和彩陶板、青铜工具和器皿、骨头和象牙棒以及铜和滑石微型板上。微小的文字被写在骨针、赤陶手镯和黄金珠宝上。虽然大多数印度河谷文字的高度仅超过 1 厘米，但在多拉韦拉古城北门的一间侧室里发现了一篇铭文，上面的符号高度超过 30 厘米，如果这是一个公共符号，则反映了当时社会的普遍读写能力。

到目前为止，已经出土了大约 4200 件带有文字的物品，这些物品上的铭文可能是一种简要的标记符号，当然这只是一种假说。印章铭文通常是每行有两个到三个标记符号，总数为 5 个（图 2-23）。最长的印度河谷铭文由 3 行 20 字组成；1998 年出土了有 13 个符号的铭文。在许多印石上，突出的是附有老虎、水牛、大象等动物和人形的轮廓图，但这些不是文字的一部分，其意义和目的仍不清楚。在古墓、雕像、墙壁或其他建筑上没有发现已知的印度河谷文献。同时也没有发现泥板或莎草纸文本，尽管这是有可能的。同样重要的是，印度河谷的符号既不像古埃及象形文字，也不像美索不达米亚楔形文字。然而，有些确实类似于原始埃兰文字。

关于水上劳作的印度河商人可能目睹了书写在西方贸易伙伴之间使用的说法，是有争议的。[36] 完整书写出现在约公元前 2600 年的印度河谷文明中，似乎已经从早期的哈拉帕符号中完善了它的符号，表明了一个长期的本土演化过程。从巴基斯坦到印度西北部，印度河谷文明在公元前 2500—前 1900 年间繁荣起来，其主要中心包括印度南部地区的摩亨佐 - 达罗（靠近现代的卡拉奇，图 2-24）和北部印度地区的哈拉帕（靠近现代的伊斯兰堡）。印度人以先进的城市规划而自豪，他们的文明水平可与他们同时代的古埃及和美索不达米亚相媲美。大多数刻有铭文的印章、陶器和其他手工制品都属于这个非凡的哈拉帕时期。

印度河谷文字由 400—450 个符号组成，其中包括异形同音符号。这些符号描绘了人和动物的形象，以及几何形状和标记。并非所有这些符号都必须同时使用或普遍使用：例如，哈拉帕自己的印章和石板上的签名似乎随着时间的推移而改变。它的书写按从右到左的方向，

▶图 2-22　公元前 2800—前 2600 年的哈拉帕铭文残片（图中所示为其中一角），是考古学家于 1999 年发现的几块残片之一，它们证实了印度河谷文字的历史比此前估计的要早

◀图 2-23　公元前 2500—前 2000 年的印度河谷印章铭文（从右至左阅读）

▶图 2-24　摩亨佐－达罗铭文（约公元前 2500—前 2000 年）

如早期楔形文字。不过，有些较长的铭文的书写遵循"耕牛式"，即每行都要掉转方向。哈拉帕语似乎是一个表意音节的系统，就像苏美尔语一样。[37]

据推测，印度河谷的标志主要用于商业活动，如在一捆捆的商品上加盖识别标记。关于这些印章可能意味着什么，一个可能的线索是它是近东贸易伙伴的印章，后者往往刻有个人姓名和职务头衔，通常还包括神灵的名字。这种书写似乎与印度河谷主要中心的统治精英和商人密切相关。书写作为一种以城镇为基础的系统，被用来验证和巩固经济权威。它可能也合法化了精英的宗教，因为书写本身被认为是强大和值得尊崇的。[38]

大约在公元前1900年，这些精英风光不再，考古学记录显示印度河谷文字在所有北方遗址都被遗弃了。尽管它一直存活到约公元前1700年，但仅局限在遥远的南部中心戴马巴德。直到最近，人们相信用印度河谷文字记录语言的人是被入侵者赶出并占据他们的城镇和城市的。该假设提出，如果这些入侵者是印度–雅利安人，那么印度河谷文字的底层语言可能是原始达罗毗荼语（Proto-Dravidian），是现在被边缘化到俾路支省、阿富汗和印度南部的庞大达罗毗荼语系的原始语言。[39]然而，这种入侵说尚未得到考古证据的支持。相反，印度河的波动可能造成了洪水，摧毁了文明的农业基础，进而导致贸易的中断和经济的毁灭。对印度河流域文字的完整解读似乎不太可能，"除非找到了完全不同来源的原始资料"。[40]

一旦经过发展和完善，言语可以通过有限的符号以图形的方式系统地再现，即系统的语音拼字法理念在人类最早的高度文明中蓬勃发展。每个地区的发展都依循自己的道路，极好地顺应自己的需求。两种最重要的文化之间的根本差异反映在它们各自的书写系统上：美索不达米亚楔形文字显示出抽象的实用主义，而古埃及象形文字"传达出一种法典化的优雅"。[41]在美索不达米亚，"硬件"决定了"软件"：

手握黏土的用法催生了楔形书写系统，图画和标记不得不让步于声音；这种语音上的完善吸引了那些甚至与苏美尔语没有任何关系的语言借用和改编这种文字。但在古埃及，"软件"决定了"硬件"：字画谜符号最适合用墨水书写或雕刻；它仍然是尼罗河独有的系统，促使字母在早期就发生了简化。楔形文字被广泛借用和改编，而3种古埃及文字则并非如此。然而，古埃及的辅音字母表最终进化为完整的字母表。楔形文字大约在2000年前就寿终正寝了；而古埃及的辅音象形文字，虽然无法辨认，但仍有人在书写。书写材料也存在这种差异：几千年来，用芦苇笔在软黏土上刻下的楔形压痕与用墨水刷在莎草纸上的图案相互竞争；最后墨水胜出，直到今天仍然是印刷术的基础。

在东部的孤立环境中，印度河谷文字自生自灭，没有激起任何浪花就消失在历史的长河里。这也是许多书写系统和文字的宿命。

书写的借用方式有很多种。譬如可以借用：

- 书写理念；
- 书写理念和书写方向（如从左到右、从右到左、从上到下）；
- 书写系统（表意、表音节、表字母）；
- 书写系统及其文字；
- 部分书写系统，以丰富现有系统；
- 文字的一部分；等等。

实际上，所有的书写系统和文字都包含一个或多个上述借用方式。一旦一种借来的文字用来表达一种不同的语言，就需要进行改动或调整。最常见的变化是符号库的变化，去除不必要的语音，加入新的语音。还可以添加混合功能，以适应不合适的系统，就像阿卡德语对苏美尔楔形文字的用法。为了让书写更快捷、更容易，借用者甚至可以精心设计其他种类的文字，比如古埃及语的僧侣体就是一种更快捷的象形文字的书写方法。

对书写系统和文字进行分类有助于获得信息丰富的全景式观照，因为每种分类都提供了不同的视角。但分类并不是一项容易的任务，因为大多数书写系统和文字都从组成部分特征等级中借用了多个层次（图2-25）。分类的方法有很多，如类型（无论是表意文字、音节文字，还是字母文字）法、谱系法、年代法和地理法等。没有哪个划分法是"最佳"的，只有出于明确目的的"最有用"的划分法。有些分类法可能会误导人。例如，类型分类仍然存在争议，因为所有完整的系统都包含了语义（意义）和语音（声音）符号的组合。谱系分类仍然是模棱两可的，因为大多数系统是彼此交叉的；多次的借用和频繁

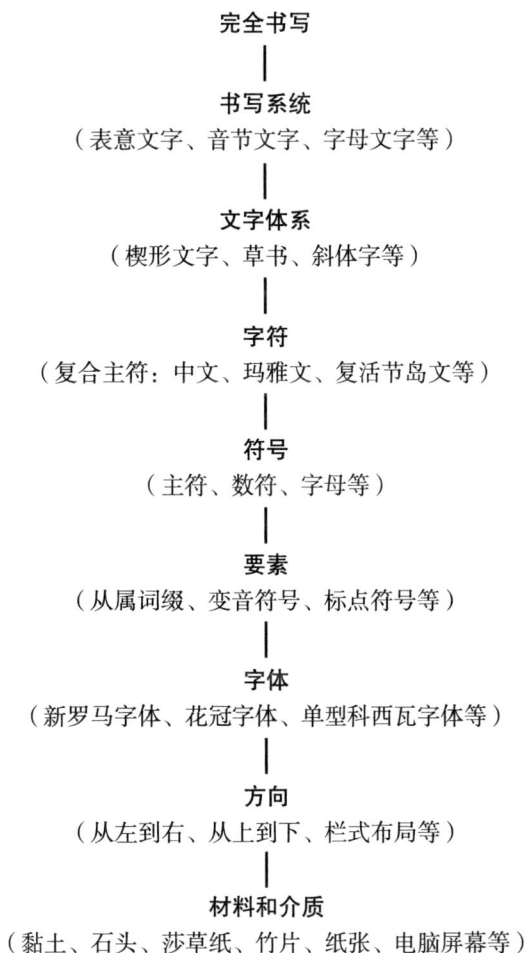

完全书写

|

书写系统
（表意文字、音节文字、字母文字等）

|

文字体系
（楔形文字、草书、斜体字等）

|

字符
（复合主符：中文、玛雅文、复活节岛文等）

|

符号
（主符、数符、字母等）

|

要素
（从属词缀、变音符号、标点符号等）

|

字体
（新罗马字体、花冠字体、单型科西瓦字体等）

|

方向
（从左到右、从上到下、栏式布局等）

|

材料和介质
（黏土、石头、莎草纸、竹片、纸张、电脑屏幕等）

图2-25　书写组成部分特征

的创新常常会在不相关的系统间产生表层上的相似性。[42]

公元前 1000 年，许多书写系统文字在世界的不同角落繁荣兴盛。除了古埃及语和汉语，其余都消亡了。实际上，书写系统和文字的消亡远不如其所记录的语言。楔形文字在苏美尔语消亡后还留存了几千年。拉丁语作为一种语言早已"死亡"，但拉丁文作为古埃及文字的后继系统，至今仍是最常见的书写系统。纵观历史，书写系统和文字最终的命运是由经济、政策、地域和文化地位所决定的，而并非由语言和书写的直接需求。

美索不达米亚的语音文字一传到尼罗河，古埃及的书吏就把这个创意变成了完全不同的东西，以适应他们与美索不达米亚完全不同的语言。他们的局部解决方法是使用一组只产出辅音的符号。约公元前 2200 年，他们很少单独使用象形文字，只使用辅音符号。这种规约为人类与交谈艺术的关系增加了一个新的维度，它将从根本上改变西方的书写进程。

第三章　语音系统

3500 多年前，美索不达米亚一位自豪的父亲对他儿子的老师说："我的小朋友张开了他的手，你让智慧从中进入，你向他展示了文字艺术的优点。"文字被认为是通往智慧的途径，很快就传遍了古代中东，它最活跃的拥护者和创新者是闪米特人。他们的创新出现在权力更迭的时代。公元前 2200 年，当第一个系统化的象形音节文字和原始字母出现时，美索不达米亚的阿卡德人已经失去了对附属部落的统治权。他们的帝国正在崩溃。这给东地中海沿岸的西闪米特人带来了从未有过的自由和爆发式增长的巨额财富。他们开始建立新的贸易路线，进入古埃及，然后返回迦南（约旦河和地中海之间的巴勒斯坦地区），此后全新的埃及观念迅速取代了古老的美索不达米亚习俗。到约公元前 2080 年巴比伦南部文艺复兴时期，迦南与古埃及的文化联系更加紧密，古埃及的影响现在已经扩散到整个黎凡特和希腊人等族群所在的爱琴海地区（公元前 1878—前 1841 年法老塞索斯特里斯三世统治时期，西奈半岛和巴勒斯坦南部实际上处于古埃及统治之下）。这是一个世界性的迦南文化时代，有着一体化的国际经济和外交体系，以及巨大的财富和活跃的贸易。

　　从约公元前 2000—前 1200 年，迦南地区主要有两种书写系统。

第一，美索不达米亚的音节文字启发了音节－表意文字；然而，迦南系统拒绝把美索不达米亚楔形文字作为它的文字，而用类似于古埃及文字的图形标志来拼写词汇的音节。第二，同样基于图形的埃及辅音文字则启发了原始字母文字。这两种系统都产生了重要影响并得到广泛传播。事实上，它们是对立的，只有一个能存活下来。

最初，文字是"一小群牧师、占卜师和抄书员手中的权力工具"，[1] 他们服务于神权君主。是提升社会权势的理想工具，是一小部分精英意识形态的表达。随着文字的传播，尤其是辅音文字的完善，书写不再是有钱有势的人的专利。现在，它服务于每个人：许多人可以很容易地在短时间内学会阅读和书写。此外，这个简单的系统非常适合外语语言借用，往往只需要很少的转换。

到公元前 2 世纪，塞浦路斯最后一种音节表意文字败给了它更强大的竞争对手——完全的字母文字，胜者至今仍赋权于当下。事实上，4000 年前在古埃及、西奈和迦南首次萌生的字母系统，目前似乎正在取代世界上大多数其他书写系统，成为全球化最显著的表现之一。

第一节 比布鲁斯音节文字

　　迦南地处古埃及、美索不达米亚、安纳托利亚和爱琴海的十字路口。正如语言学家弗洛里安·库尔马斯所说："随之而来的文化多样性、多种语言的相互接触，以及古埃及语、亚述语和赫梯语等不同书写系统的存在，为尝试新的可能性和简化创造了一定的理想条件。"[2]

　　商人们可能比任何人都更早地认识到简化文字的经济必要性，这使他们摆脱对书吏阶层的依赖，由自己来记账。[3]在适应了早期书写系统之后，闪米特文字就与之决裂，并在约公元前2000年之前就同时分化出两个独立的系统。闪米特人依据字画谜原理创造了一种有限的、成系统的、标准化的图符音节文字，即每一个pu、mo、ti等都有一个对应符号，用以组成一个音节－表意系统。这个系统被使用了数个世纪，并被安纳托利亚、爱琴海地区的非闪米特语族群所借用，而闪米特人最终目睹了它让位于自古埃及引入的辅音字母系统的历程。

　　对于那些基本结构不是辅音＋元音（如p+u=pu）的语言来说，音节文字是一种特别有缺陷的书写系统。对于有像mpt（如英语中的"exempt"）、skt（/riskt/代表"risky"）或rts（如英语中的"hearts"）这类包含许多辅音丛的语言来说尤其如此。许多音节系统也采用了非常简约的表达方式，例如，清音/浊音（bin/pin）或送气／不送气（which/witch）的辅音之间不存在对立。这造成了有缺陷的音位（适用于一种语言的声音系统）复制。可以肯定的是，它满足了熟悉这个系统及其有限词汇的用户，在即时语境中的需求。而一旦脱离了这种语境，就很难读懂这种文字。

起初，人们认为一些音节文字，比如基于线形文字 A 的古代克里特岛线形文字 B，是一个族群借用了一种并不适用于自己语言的外来文字的铁证。现在，人们认识到音节文字作为一种系统，而不是一种文字，它完全可以被几个不同的族群（如比布鲁斯的闪米特人、安纳托利亚的卢维人、爱琴海地区的希腊人和塞浦路斯人）使用，以本土的符号和符值，即自己的文字表达各自的语言（图 3-1）。对于许多语言来说，很难使用的是音节系统本身，而不是一个给定的符号音节表。这种困难，也许比其他任何困难都要多，导致了音节文字让位于字母文字，后者在西方更受欢迎。

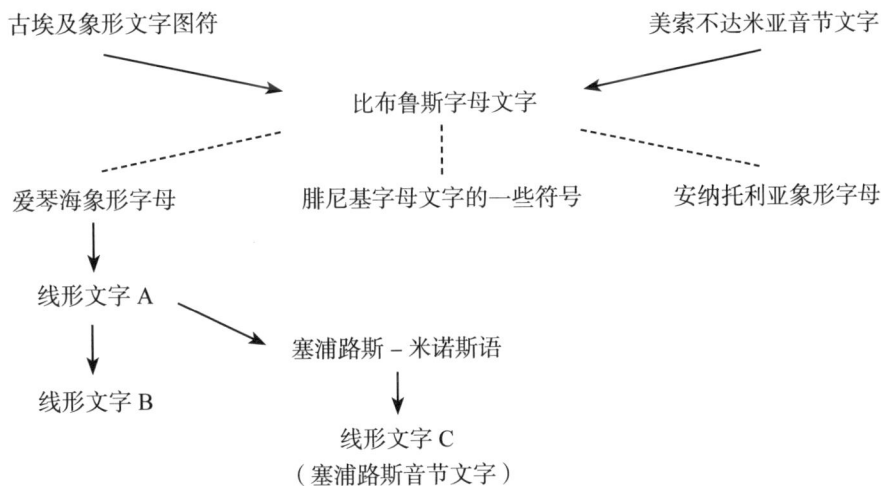

古埃及象形文字图符　　　　　　　　　　　　美索不达米亚音节文字

比布鲁斯字母文字

爱琴海象形字母　　　腓尼基字母文字的一些符号　　　安纳托利亚象形字母

线形文字 A

塞浦路斯 - 米诺斯语

线形文字 B

线形文字 C
（塞浦路斯音节文字）

图 3-1　早期音节文字的可能起源

比布鲁斯是西闪米特人最早的中心之一，约公元前 3000 年，与其北部和西部周边地区以及埃及之间有着频繁的贸易往来。比布鲁斯文本经历了两个时代：一是青铜时代（约公元前 1200 年以前）铭文，用类似于古埃及象形文字的被称为"伪象形文字"的图画文字刻在石头和金属物件上（图 3-2）；二是铁器时代（约公元前 1200 年以后）铭文，使用腓尼基字母文字记录的比布鲁斯方言。青铜时代的比布鲁斯文字的符号达到约 114 个，就字母文字而言符号数量太多了，当然比古埃及和美索不达米亚的书写系统要少很多。这表明，该文字是一种简单的音节文字，再现全部音节的符号数量有限，而且其中多数音节显然是 CV 结构的。[4]

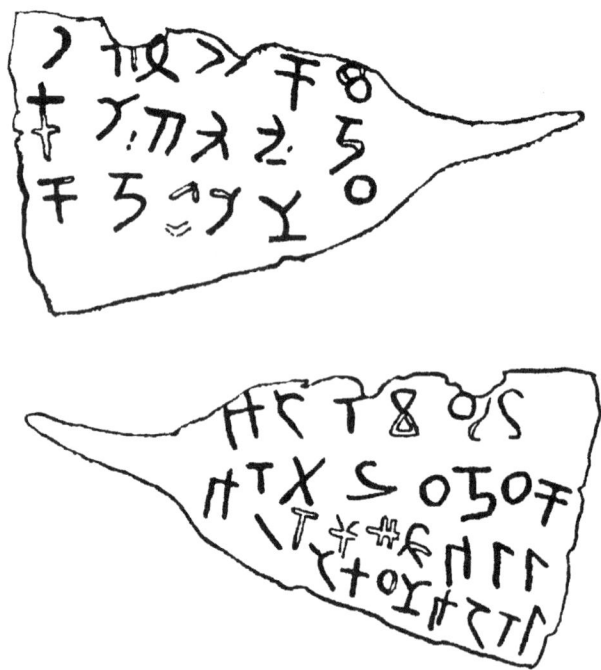

图 3-2　迦南青铜时代比布鲁斯的一把抹刀的正面（上）和反面（下），上面刻有比布鲁斯的"伪象形"音节文字

这里所谓的音节系统似乎是美索不达米亚楔形文字的音节观念与古埃及象形文字的"图画文字"或图画观念的嫁接。将两者相结合，比布鲁斯书吏根据字画谜原理设计了一个简化的系统。[5]超过 20 个比布鲁斯符号似乎是直接借自古埃及文字，可能使用西闪米特语的发

音。换言之，"重新分析"借用符号的音值，以便进行本土识别。正如最近破译的文本所显示的那样，比布鲁斯音节文字的出现似可追溯到青铜时代早期（约公元前 2000 年之前）。[6] 然而，并不是所有的学者都认同这一观点。[7] 在铁器时代后期，随着更多的辅音字母文字，即非音节文字的创制，一些比布鲁斯音节文字符号似乎也被用在同样在比布鲁斯流行的腓尼基线形字母文字中。[8]

第二节　安纳托利亚音节文字

在《伊利亚特》中，荷马歌颂阿喀琉斯，认为斯麦拿附近的安纳托利亚石铭是尼俄柏和她的亲戚（尼俄柏和她的亲戚被宙斯变成了石头）。尽管在荷马吟诵的时候，也即约公元前 800 年，安纳托利亚的音节文字可能仍在使用。1000 年前，一群不同的族群和语言的联盟进入东安纳托利亚，建立了赫梯帝国。他们来自美索不达米亚，借用了苏美尔 - 阿卡德楔形文字（见第二章）。在公元前 15 世纪，这些族群中的一些人开始使用一种土著文字，有时被称为"赫梯象形文字"。[9]所有已知的文献，除了储藏罐上的一个乌拉尔图语注释，以及赫梯神龛里的胡里安诸神的名字，记录的都是一种早期印欧语系的语言——卢维语。[10]

一些学者与荷马一样，倾向于认为最早的安纳托利亚象形文字是描绘场景的"象形图"或传递思想的"表意图"。但现在大多数人接受卢维语的象形文字是音意文字的观点。它看起来与赫梯人后来的苏美尔 - 阿卡德楔形文字非常不同，可能是受到迦南贸易伙伴，特别是比布鲁斯使用的更早系统的启发。然而，从迦南借用的只是音意文字的原理，而不是个别的符号或规约。与他们的迦南起源一致，许多可识别的音节值毫无疑问是基于字画谜的。例如，ta 来自"targasna-"

（屁股、驴）。人们倾向于接受系统中的所有符号都起源于本土的字画谜符号。截至目前发现，所有确定的字画谜符号都与卢维语有关。因此，毫无疑问，安纳托利亚音节文字最初是用来表达卢维语的。[11]

这种文字显然是专门用来书写特殊铭文的。大多以石板浅浮雕或石头和岩壁刻铭的形式面世，少数呈现黏土板或铅板上的篆刻和压痕（图 3-3）。[12] 这些文字遍布小亚细亚和叙利亚的大片地区。显然，它是为传播当地文化而精心设计的，而这是借用苏美尔 – 阿卡德楔形文字现成规约的其他任何文字都不可能做到的。[13] 它是世界上纯粹的"碑铭"文字之一（在这个意义上可以与早期中美洲文字相媲美），因为它的主要目的不是交流而是宣传。安纳托利亚音节文字首先是卢维人特权的一种本土表达。

图 3-3 刻有安纳托利亚音节文字的卢维浮雕（公元前 9 世纪），出土于土耳其卡尔凯美什

似乎大多数符号都起源于图形，因为它们复制了动物、植物、人

物、身体部位和日常物品。有趣的是，像"||||"这样的偶数也被用作字画谜符号，如卢维语 mauwa-（"4"），是表示 m、ma 或 mi 的符号，就像现在要写"4ever"或"4bidden"一样。许多符号后来被标准化，符号原型已无法辨认。这反映了一个悠久的书面语言传统。

铭文的阅读顺序是从上往下，每下一行文字就掉转方向。通常，铭文文本由一系列水平的嵌板组成，像在古埃及文字中一样，人物的头部总是面对行首。行与行通常用水平分行符隔开。字间不断开。如果符号是垂直"分组"，每组亦从上到下阅读。（符号的顺序和位置是根据美学而不是言语来排列的。）一共有大约 220 个符号，其中许多都是表意符号，像在古埃及语中一样，用来确定一个特定单词的发音。符号可以是表意的（词的符号），也可以是表音的（语意符号），很多符号兼具表音和表意功能。相比之下，赫梯语的楔形音节文字只有约 60 个符号，与爱琴海地区各种音节文字中的音节符号数量相似。与后者相似的是，安纳托利亚音节文字也没有区分浊音和清音（b/p）和不送气和送气（p/ph）辅音。末尾的辅音和所有辅音丛都使用"空"元音，如 asta 读作 á-s（a）-ta，与爱琴海音节文字相同。而前置辅音 /n/ 在拼写中没有显示出来，如 anda 读作 à-ta，与爱琴海音节文字完全一样。这个系统过于简练，因此它实际上并不能完美地传达卢维语。

安纳托利亚的混合音意文字一直存续到公元前 7 世纪。

第三节　爱琴海和科普特音节文字 [14]

作为来自东欧平原的印欧人，希腊人显然在公元前 3000 年中期就已经占领了包括克里特岛在内的爱琴海大陆和岛屿。约公元前 2000 年，克里特岛上的权力得到巩固，加上国际性的迦南贸易带来了新的财富，创造了复杂的王宫经济，主要中心在克诺索斯、费斯托斯和另一个克里特遗址——欧洲的第一个高级文明——米诺斯文明。与迦南开展贸易显然也使古希腊人接触到了比布鲁斯的象形音节文字，其基本原则被米诺斯人借鉴。现在，克里特人也可以用少量的音意符号来书写他们的米诺斯希腊语，这些音意符号代表独立音节。这些符号本身和它们的音值，包括几乎所有的 V（e）或 CV（te）都是完全本土的：其中的字画谜符号起源于克里特世界，描绘的是一种以米诺斯希腊语发音为基础的语言，而不是闪米特语。（米诺斯希腊语似乎是大陆迈锡尼希腊语的一种古老的姊妹语言。）

约公元前 2000—前 1200 年间，爱琴海地区出现了 3 种独立但又相互关联的音意文字：米诺斯希腊语的"象形文字"和线形文字 A，以及后来的迈锡尼希腊语线形文字 B。显然，米诺斯希腊语也很早就把他们的文字带到了塞浦路斯，在那里它经历了两个阶段：塞浦路斯米诺斯语（显然源于线形文字 A）和其子文字线形文字 C，即塞浦路斯音节文字。所有的爱琴海和塞浦路斯文字都是明确的音意文字，因为每一个字画谜符号都能被学习者和使用者立即识别出来。似乎在任何爱琴海或塞浦路斯的文字中都没有使用过限定性符号；然而，表意符号还在记账板上描绘了大多数可拼读的物品。除了这些单独的表意符号，所有的爱琴海和塞浦路斯文字完全是表音的。

克里特岛的"象形文字"是这个强势文字家族中的族长，它可能来源于公元前 2000 年经由塞浦路斯的比布鲁斯语（图 3-4）。正如它的名字所暗示的那样，这种文字使用图形符号再现了米诺斯希腊语的音节符号，这里使用的是在比布鲁斯的字画谜方式。这些文字出现在印石（和它们的黏土印痕）、焙陶、金属和石头物件上，其中大部分发现于克诺索斯，时间为约公元前 2000—前 1400 年（这种文字与线形文字 A 同时出现）。它总共有约 140 种不同的符号，即 70—80 种音节符号及其变体（不同的符号具有相同的音值），以及标志符号：如人物、身体部位、植物、动物、船只和几何形状。它的书写方向是开放的：从左到右，从右到左，耕牛式，甚至是螺旋式。这个文字还包括表意符号和数字，这表明它最初是用于记账的，至于在其他事情中的功能，要等到它被其简化形式——线形文字 A 所取代。此后，像安纳托利亚象形文字一样，克里特象形文字似乎在克里特希腊社会中扮演

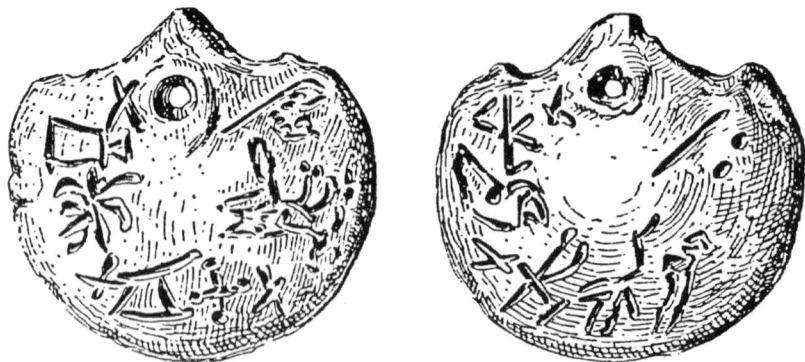

图 3-4　陶器标签，约公元前 1600 年，正面（左）和反面（右）刻有克里特"象形文字"

着仪式性的角色，以黏土圆盘上的神圣铭文、献祭记录和王室公告等形式保存了下来。

图 3-5 焙陶盘（直径：16 厘米）A 面的文字，是最精美的克里特"象形文字"变体。从下面两个"字段"开始，从右到左依次读为 e-qe ku-ri-ti | de-ni qe 或 Ekue, Kurwitis Deneoi-que（听着，克里特人和达南人）。这是欧洲最早的文学作品，可能也是世界上最早的活字印刷品

有关后一种应用的著名例证是古代克里特岛的费斯托斯圆盘（图 3-5）。克里特象形文字有许多变体，似乎它在每个地方都有自己的变体，而费斯托斯圆盘上的变体是最不寻常的，圆盘上的文字可以追溯到约公元前 1600 年，展示了所有变体中最复杂的蛇纹符号。费斯托斯圆盘上的文字既是欧洲最早的文献，可能也是世界上最早采用活字印刷的文献（这里是指将字模压在软黏土上所形成浅浮雕）。[15] 1908 年，在克里特岛南部海岸的费斯托斯宫发现了一个人手大小的圆盘，它包含了 61 组共 241 个克里特象形符号，分列两侧（31+30）。其中，45 个独立的音节符号从右到左螺旋形向内书写，显然这是用米诺斯希腊语传达"动员宣言"。[16] 一些类似于安纳托利亚象形文字的书写习惯似乎也被用在圆盘上，显然与克里特所有种类的象形文字相同。也就是说，不区分浊音和送气音，例如，有一个符号可以服务于 b/p、g/k 或 d/dh（但 /d/ 和 /t/ 是不同的）。一个符号同时用于 /r/ 和 /l/。书

写辅音丛时使用"空"元音。/s/ 和 /n/ 出现在辅音前面或单词的末尾时省略。辅音 + /w/ 删去了 /w/。双元音 /ai/、/ei/ 和 /oi/ 只能写作 /i/。

　　线形文字 A 似乎也有相同的使用习惯，即在象形文字出现后不久发明的各种克里特象形文字经历了标准化。[线形文字 A 传达了相同的米诺斯希腊语的证据在于单词 ku-ro，在记账板上被标识为"合计"：这可能是米诺斯希腊语 krōs，与大陆希腊语 krās 同源，意为"头、极限、末端"，也是英语单词"cranium"（颅骨）的词源。]作为一种记账文字，线形文字 A 几乎只出现在泥板上，尽管一些稀有的骨头、石头、金属和陶器上也有这种文字（图 3-6）。线形文字 A 的许多符号很容易追溯到它们的象形文字来源；有些则不明显，有些根本看不出来。约公元前 1850 年，在法老塞索斯特里斯三世统治下，随着王宫经济的扩大，古埃及市场也随之扩张，亟须创造一种比耗时的象形文字更简单、更快捷的记录宫廷交易和库存的方法，就像同样由古埃及象形文字发展而来的僧侣体一样，于是线形文字 A 应运而生。线形文字 A 成为彰显克里特岛和基克拉泽斯群岛所谓的米诺斯"制

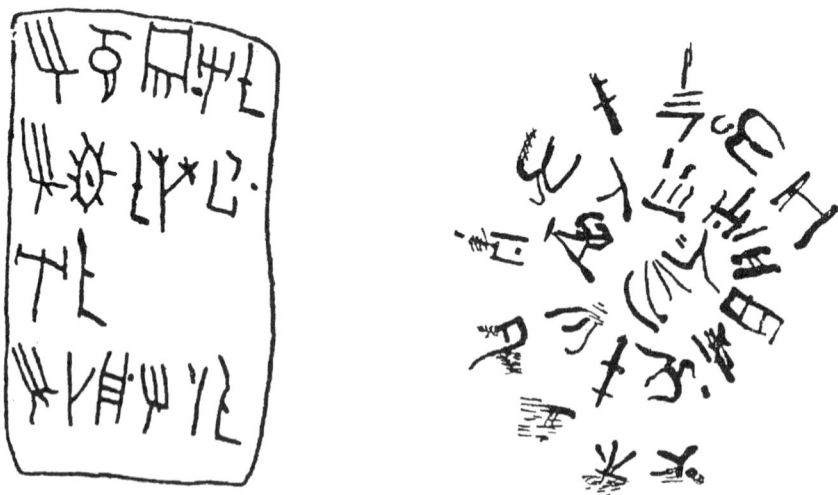

图 3-6　线形文字 A：（左）费斯托斯的早期文本，约公元前 1700 年；（右）公元前 1500 年在克诺索斯宫殿发现的一个杯子内的螺旋形墨水铭文

海权"的功能性书写系统，它也被用于克里特岛的贸易哨站，其使用范围远至埃及的阿瓦利斯。它一直使用到公元前 1400 年左右。[17]

线形文字 B，直接由线形文字 A 衍生而来，最早可能是公元前 1550 年由达南人（Danaans），即阿哥斯（伯罗奔尼撒）希腊人在希腊大陆上使用的，用来表达迈锡尼希腊语。达南人显然认为他们的语言与米诺斯希腊语非常不同，至少在音节转换上是这样，所以需要进行必要的本土化改编。然而，几乎每一个迈锡尼音节符号都保留了它的米诺斯希腊语的音值，这意味着每个单词仍读为米诺斯希腊语，或者到那时意义已经完全被语音所取代。

从公元前 1450 年开始，随着大陆达南文明与米诺斯文明的融合，线形文字 B 进入了克里特岛的克诺索斯，与线形文字 A 并行。最终，迈锡尼希腊语取代了米诺斯希腊语在宫廷文士中的地位，线形文字 B 也完全取代了线形文字 A，成为克诺索斯和卡尼亚的克里特宫殿以及迈锡尼、底比斯和皮洛斯的大陆中心共同使用的文字。

像线形文字 A 一样，线形文字 B 由 120 个符号组成，其中一半是音节符号（5 个元音和由 12 个辅音序列组成的 54 个 CV 组合），其余的是表意符号。后者通常是商品的"标识符"，就像大多数线形文字 B 文献是会计字板，只给出一个明确的名称、表意符号和数字（图 3-7）。有些石头或金属制品上也有铭文，但没有表意符号。几乎每一个线形文字 B 的符号都可以追溯到线形文字 A，通常只在其字形上稍加修改。线形文字 B 显然也保留了线形文字 A 的大部分书写习惯。然而，线形文字 B 书写双元音 /ai/、/ei/ 和 /oi/ 时只用第一个元音表示（线形文字 A 使用 /i/ 符号表示这三个元音）。同时，在辅音 + /w/ 中，/w/ 保留为单独的音节（在线形文字 A 中，只保留了辅音）。通过这样或那样的方式，线形文字 B 略微减少了线形文字 A 的模糊性。线形文字 B 的字体比线形文字 A 更大，书写也更仔细，这是时间的复杂作用。线形文字 B 在达南人的影响范围内继续存在，直到公元前 1200 年，爱琴海文明因未知的原因而崩溃。[18]

　　塞浦路斯的塞浦路斯 - 米诺斯文字最早可追溯到公元前 1500 年左右，它用闪米特语的书写方式将笔尖压入软黏土中，而不是通过描画，它使用了大约 85 个音节符号，类似于线形文字 A 之后的线形文字 B（图 3-8）。这种文字的碎片最早是在 20 世纪 30 年代发现的。[19] 约公元前 14—前 12 世纪，塞浦路斯 - 米诺斯文字在塞浦路斯广泛使用。这种文字似乎表达的是塞浦路斯一种非常早期的希腊方言。

　　这种明显的子文字，线形文字 C 或 "塞浦路斯音节文字"，几乎是在塞浦路斯 - 米诺斯文字消亡后立即被完善了，表明它从一种音节文字几乎无缝地过渡到另一种音节文字。最早可以辨认的使用线形文字 C 记录的希腊文献是在公元前 11 世纪的库克里亚（古帕福斯）的青铜痰盂上发现的。从公元前 7 世纪到公元前 220 年，线形文字 C 作为

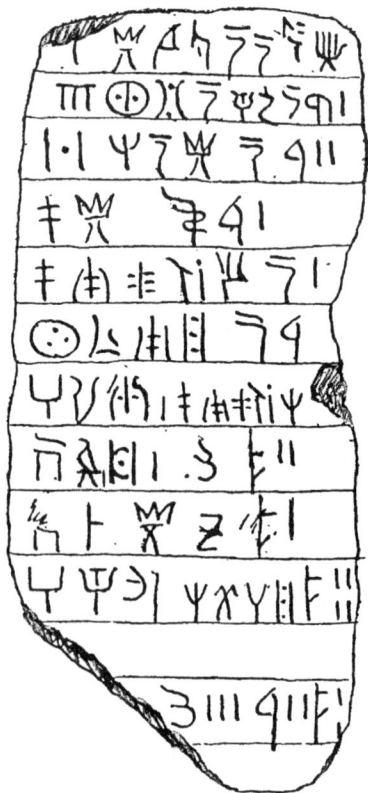

图 3-7　首块刊印的线形文字 B 会计字板。摘自亚瑟·伊文斯爵士 1900 年 5 月 18 日在《雅典娜》期刊发表的关于古代克里特文字的初步报告

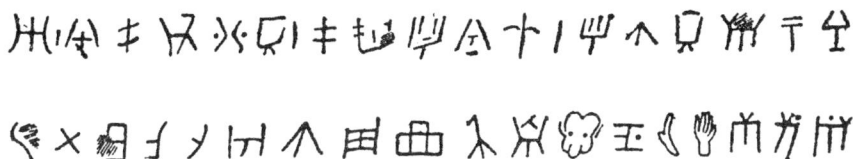

图 3-8 塞浦路斯的塞浦路斯 – 米诺斯文字的 50 个音节符号（公元前 1500 年）

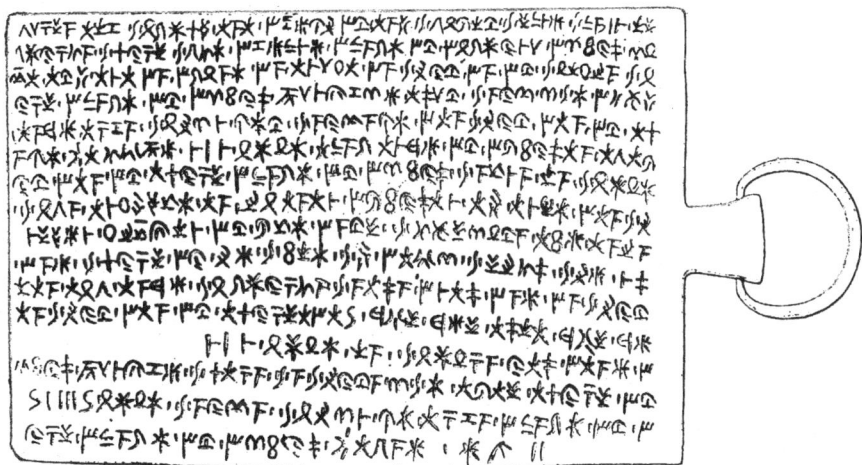

图 3-9 来自塞浦路斯的公元前 5 世纪早期的线形文字铜板，用希腊语记录了伊达利昂城邦和一个医生家庭之间的契约

古代文字，广泛用于碑铭（早期塞浦路斯 – 希腊语）、硬币铭文和青铜板契约（大陆希腊语，图 3-9）。除了从右到左的闪米特语书写方式外，它通常遵循线形文字 A 和线形文字 B 的惯例。然而，线形文字 C书写的双元音 /ai/、/ei/ 和 /oi/ 保留了完整的语音，而线形文字 A 只使用了 /i/，线形文字 B 用了 /a/、/e/ 和 /o/。而且，线形文字 C 中所有以 r/l或 s/z 或以 m/n 结尾的音节都是由两个音节符号表示，而不是像以前那样用一个音节符号（这个音节符号没有表达出这些特定的辅音）。这样，在几个先于希腊字母文字出现的希腊音节文字中，塞浦路斯的线形文字 C 在一个只能勉强表达希腊语的书写系统中确保了最少的模糊

性。线形文字 C 是一个强势文字家族的最后后裔，当线形文字 C 退出历史舞台时，这个文字家族已经有将近 2000 年的历史了。

约公元前 1100 年，除了塞浦路斯是个例，古希腊语已经完全失去了自己的文字。大约一两个世纪后，古希腊人从迦南人那里借用了文字，当时的迦南人也被称为腓尼基人。但现在看来，它是一种完全不同的书写系统，经过转换后更适合用来表达希腊语——字母文字（见第四章）。

约公元前 2000 年，远在西北的巴尔干半岛中部的居民，文卡文明的后裔，在与米诺斯人最早的象形文字接触之后，可能已经刻下了所谓的"鞑靼利亚泥板"（图 1-7）。然而，这些巴尔干半岛"铭文"的真实年代仍不可考。

第四节　古埃及和迦南的原始字母文字

　　表音符号系统只把注意力集中在语音上，这是一种通过单个符号来表示语音的书写系统，把符号的数量减少到最低限度：因此它们更容易学习和借用。这种还原论也能相当准确地再现语言，从而鼓励许多不同语言使用一种文字。单词不再是完整的图片或音节的组合，而是表现为发音不同的语音符号的图形序列。它们由一种字母文字中的字母组成。

　　除了少数例外，字母本身没有任何意义。它们的意义——它们的音值——只有在与一个或多个其他字母组合产生单词时才会出现。然而，即使是字母文字，例如英语，也会使用许多表意符号和标记来补充或增补语音成分，如数字（1、2、3）、数学符号（+、=）、标点符号（.、！、?、：，用于表示停顿、语调、意义上的区别），以及其他重要的符号（如£、$、†、%、& 和 @）。因为所有的字母文字都包含这样的符号，所以它们组成了混合文字，而不是"纯粹的"字母文字。然而在每一种文字中，语音成分占主导地位。

　　字母文字并不是书写"进化"进程中"更向前的一步"，它仅仅是再现语言的另一种方法。事实上，在大多数语言中，使用字母文字比古埃及象形文字、美索不达米亚楔形文字更为高效。许多语言都可以使用相同的字母文字来表示，因为通过在现有字母上附加一小组额外的标记、点或符号，就很容易对其进行调整，如法语的à、ê、é、ï、ô等。

最早的字母文字似乎是古埃及人在4000多年前发明的。它是辅音性的——只写辅音，不写元音。这是因为古埃及语，像大多数含米特－闪米特语一样，在词法（构词）中优先考虑辅音。它便用了一套数量有限且容易识别的辅音"框架"，在这些框架中，通过含米特－闪米特语的4个主要元音音位 /a/、/i/、/o/ 和 /u/ 的变化来表达不同的语法功能。对于大多数语言来说，理解辅音（上一行）比读元音（下一行）容易得多：

W cn rd cnsnnts，bt nt vwls

e a ea ooa，u o oe

即使是在像印欧语系和闪米特语系这样的语系中，上述情况也是如此。但它并不是对所有的语言都奏效。例如，塔希提语可能只能读元音，而不能读辅音。

在漫长的文字历史中，最重要的是，随着第一批辅音性字母文字的出现，幸存者时代开始了。除了少数东亚文字系统外，今天所有的文字几乎都是古埃及和迦南最早的原始字母文字的后裔。

早在公元前3000年，古埃及人就已经精心设计出一种表达辅音的方法，即古埃及的"辅音字母文字"（图2-5）。然而，它在几百年的时间中只与象形文字和限定词一起使用。此外，它还有显见的冗余性和多义性。这个字母表由极其复杂的符号系统组成，只有训练有素的专业人士才能理解。约公元前2200年，古埃及的书吏们显然已经意识到，如果去掉"不必要的东西"就可以极大地简化他们的文字。所以他们把整个书写系统缩小到古埃及语的辅音部分，也即只用辅音字母书写，其他什么都不用。古埃及人的闪米特贸易伙伴和外来工匠注意到这一点，遂将这一设计连同它的符号一并带回迦南，用来书写自己的语言。1000年后，古希腊人从迦南人的后裔腓尼基人那里借用了同样的设计和符号，并添加了元音，创造了完整的字母文字，这个系统现已普及到世界大部分地区。

图 3-10　埃及字母文字：（上图）卡恩铭文中的一个，在约公元前 2000—前 1800 年的一个小木块上，可能给出了工具主人的名字"阿希托布"（Ahitob）；（下图）1998 年在底比斯和阿拜多斯之间的瓦迪埃尔霍涧谷发现的两处字母文字铭文之一（约公元前 1900 年）

众所周知，在近一个世纪里，古埃及人曾经只使用辅音字母。卡恩的几处铭文，可追溯到约公元前 2000—前 1800 年，于 20 世纪早期被发现并阐释（图 3-10）。[20] 1998 年，沿着底比斯到阿拜多斯的一条古老路线，人们在埃尔霍涧谷的天然石灰岩壁上发现了两处相似的字母铭文，它们的年代为约公元前 1900 年。这些铭文年代比西奈半岛最古老的原始字母铭文还早，这表明字母文字的原型早在两三百年前就在古埃及出现并具有一定的使用频率。因此可以说，字母文字不仅仅是象形文字复杂系统中的语音部分，它本身可能就是一个单独的复杂系统。

许多人声称，字母文字不是希腊人或腓尼基人"创造"的。古埃及人从他们的象形文字系统中提取出字母文字，从公元前 3000 年开始，他们就使用辅音"字母"来探寻词汇。

一些学者认为，说闪米特语的雇佣军、矿工和商人首先在古埃及原始字母文字的基础上做出改进，简化了象形文字，并将这些简化符号进行标准化，成为一套辅音字母符号。毫无疑问，古埃及的闪米特人很快就采用了表达清晰的辅音字母文字的思想和许多古埃及语符号。他们给古埃及语"图画"起了闪米特语名字，也因此改变了古埃及辅音字母的音值。他们还运用了首辅音原则，精心设计了新的符号。[21] 和古埃及语一样，一个语音与一个符号一一对应。如果完全用书面文字表达闪米特语，30 多个字母就够了。

古埃及语从原始字母文字过渡到闪米特语的"阿布加德"（abjad）辅音字母文字过程中，起着关键作用的是约公元前 1800—前 1600 年至今仍未破译的原始西奈文字。[22] 因其最初是在西奈半岛的一些地点发现的，故而得名。许多原始西奈字母能与古埃及字母和表意符号相匹配（图 2-12），但随着闪米特首字母值取代了所描绘的对象——古埃及辅音字母中表示"水中波浪"的 n 变成了 m，重现了闪米特语"水"

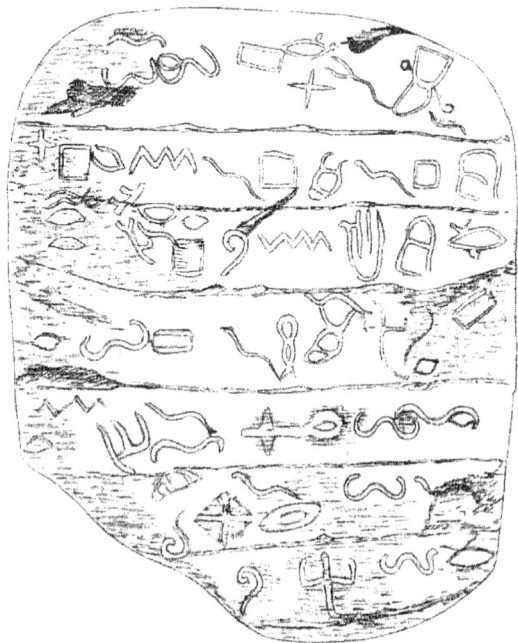

图 3-11　原始西奈文字（约公元前 1850 年）："我是哈塞普斯，矿石和圣域的管理者……"

（mayim）的首辅音（拉丁字母中的 m 是其直系后裔，仍然表示"波浪"）。原始西奈文字至少有 23 个独立符号，其中几乎一半明显源自古埃及语。它通常用竖栏或横行书写，但与古埃及语不同的是，它是从左到右书写的。字母朝向各异，没有一定之规，但在每个原始西奈文本内部是一致的（图 3-11）。原始西奈文字并非古埃及文字与完整的闪米特语辅音系统之间"缺失的一环"，只是一个新兴系统的早期分支。[23] 这个至今仍在使用的闪米特字母文字的祖先，被设计用来表达一种原始西闪米特语的辅音（图 3-12）。[24]

在后来的发展进程中，青铜时代中期迦南语的原始字母文字也是图形的、线形的和辅音性的，每个符号对应一个辅音。这种新的书写方式表现出经济性和灵活性，确保了它在古埃及、巴比伦、安纳托利

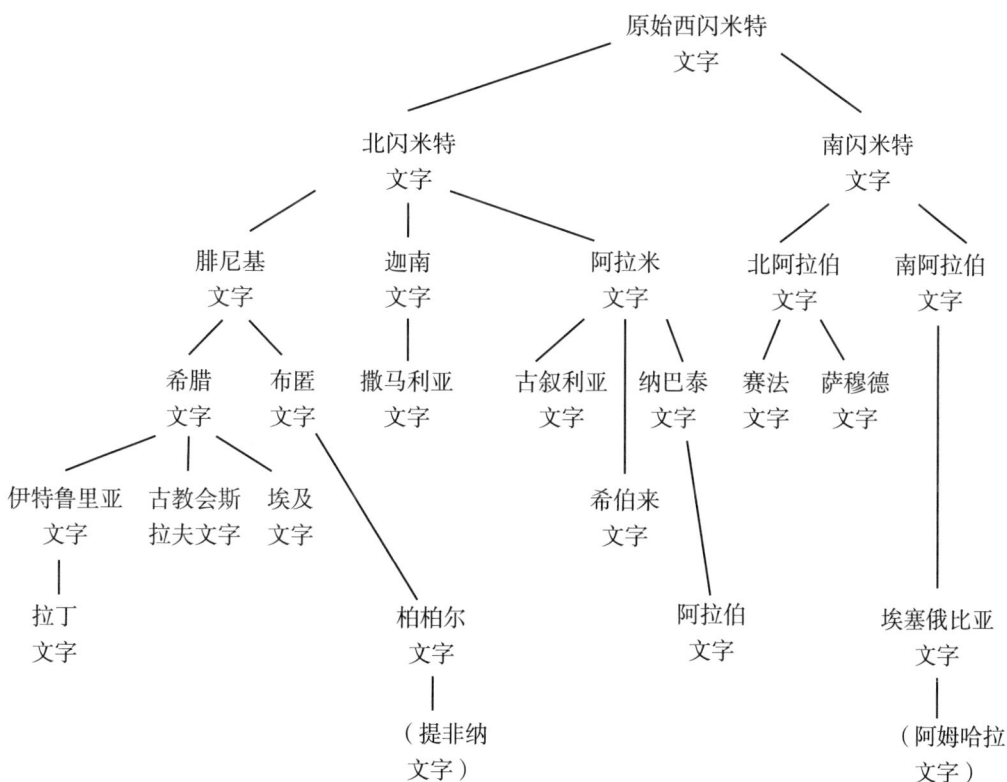

图 3-12 源自原始西闪米特的古代文字（有删节）

图 3-13　公元前 2000 年中期的原始迦南字母文字：（上，从左到右）基色的陶片
铭文和拉吉的铭文；（下，从左到右）示剑的匾牌和阿朱珥的铭文

亚和爱琴海地区各族群的贸易中心迅速发展和传播。古埃及书吏可能是字母表的"酿酒师"，但迦南书吏则是字母文字的"经销商"。迦南最古老的字母文字出现在公元前 16 世纪的基色罐上（发现于以色列）；在拉吉、示剑、阿朱珥和其他遗址中发现了稍晚时期的刻字工艺品（图 3-13）。[25] 这些铭文可能是一种文字，也可能是几种相关的文字，至今仍未成功释读。这类文本出现在约公元前 1050 年以前，即来自青铜时代的迦南语的线形文字，它们记录的统称为原始迦南语或古迦南语；约公元前 1050 年以后，这种文字演变成腓尼基文字。包括腓尼基文字、迦南文字和阿拉米文字在内的所有古代北闪米特文字，代表了少于 30 个字母的辅音字母文字。[26]

　　传统上，书吏继承基本原理的基础上改进。到了公元前 1450 年左右，地处青铜时代迦南人势力范围边缘的乌加里特（现在的叙利亚北部海岸的拉斯沙姆拉）也采用了辅音字母文字（见第二章）。乌加里特是一个重要的贸易中心，使用 10 种语言和 5 种文字，其中最重要的是美索不达米亚的苏美尔－阿卡德楔形文字，这种文字源于东闪米特语（而大多数乌加里特人讲的是西闪米特语）。也许是出于语言以及经济和文化的原因，乌加里特的书吏选择了一种独特的方式进行创新，即在借用南部迦南语辅音字母文字理念的同时，继续在黏土上刻美索不达米亚式的楔形文字（图 2-18）。

　　乌加里特辅音字母文字包含 30 个由楔形文字组成的独特符号（包括不同方向的单个楔形文字，以表示乌加里特语中最常见的辅音 /g/、/ʔ/ 和 /t/），以期尽可能简单地表示 30 个不同的辅音。这成了乌加里特书吏的首选书写方法。它的辅音文字在复制了西闪米特线形辅音字母文字的同时，还令人惊讶地包括了 3 个长元音和短元音：/aː/、/iː/ 和 /uː/。闪米特语言中变得尤为突出。几块保存下来的字板上记录了乌加里特语的字母表，也大致遵循了西闪米特线形字母文字的传统字母顺序（就像拉丁字母按照 "a、b、c" 等排序一样），显然这在公元前 2000 年中期的迦南被奉为金科玉律。[27]（这一顺序后来被希腊字母和阿拉伯字母继承，只是分别有所调整。）自 1929 年以来，人们发现了 1000 余块用乌加里特字母文字书写的税务账目、商业交易和其他公文，以及一些只用 27 个而不是 30 个辅音楔形文字书写的宗教和文学文本。

　　在约公元前 1225—前 1175 年的短短 50 年间，青铜时代的社会就土崩瓦解了，300 余年的繁华化为一场旧梦。强大的赫梯帝国覆亡了；包括特洛伊在内的大部分爱琴海沿岸中心毁灭了；克里特文化崩溃了；塔尔苏斯、乌加里特、阿拉拉赫和阿什克伦等贸易中心被夷为平地；埃及新王国的辉煌一去不返。所有这些都是来自爱琴海诸岛和沿岸 "海上民族" 或腓利斯丁人的 "杰作"，很可能是如维京人一样的达南人（也即迈锡尼希腊人），他们开始互相争斗，并威胁达达尼尔海峡，向黎凡特扩张，在那里建立殖民地，施加强大的文化影响。他们永远地改变了爱琴海地区、安纳托利亚、塞浦路斯和迦南（这里后来以他们的名字命名为巴勒斯坦）的地中海沿岸地区的面貌。乌加里特楔形字母文字似乎一夜之间就被抛弃了。在随后的混乱时期，只有一种衍生字母文字胜出，那就是比布鲁斯西闪米特人曾用过的腓尼基字母文字。

第五节　腓尼基字母文字

"阿布加德"，也即闪米特线形文字，以两种不同的形式繁荣和扩散，而两者显然都是迦南原始字母文字变体的后裔。[28] 早在约公元前1300年，有28个辅音的南闪米特语就已经从北闪米特语中分离出来。约公元前1000年，北闪米特语的腓尼基语辅音字母文字得到了充分的发展，只有22个辅音文字（它的语言已经丢失了几个辅音音素）。腓尼基字母文字使用长达千年之久，后来演化为布匿语的文字，成为居住在西地中海的腓尼基殖民者后裔的文字，直到公元3世纪。

青铜时代的迦南人变成了铁器时代的腓尼基人（字面意思是"穿紫袍的商人"）。腓尼基人并不是作为一个民族突然出现的，他们是居住在比布鲁斯、推罗、西顿、贝鲁特和阿什克伦等沿海中心的闪米特人。约公元前1050年前后，趁达南等"海上民族"力量衰落之机，腓尼基人取而代之，成为地中海各大港口的主人。这给腓尼基人带来了从天而降的自由驰骋的广阔空间，他们派出贸易远征队，在东地中海沿岸建立了一系列商业中心。

对于这些商业中心来说，需要一种新的更合适的文字——简化的辅音字母文字。腓尼基文字属于西闪米特文字家族（图3-14）。[29] 它提供了西闪米特文字中最古老的易读文本，即约公元前1150/前1000

年国王亚希兰石棺铭文。在用腓尼基文字取代比布鲁斯音节文字的同时，腓尼基人把他们青铜时代迦南祖先的图画字母文字变成了线形非图画字母文字。现在，他们把这些字母文字带到了邻近地区，用来书写一些西北闪米特语。虽然这种新文字的字形在每个中心都有所不同，但都是以腓尼基文字为基础的。所有的西方字母文字都源自腓尼基文字。古希腊人称自己的文字为"腓尼基字母"。腓尼基文字在约公元前 1050—前 850 年间一直是整个黎凡特的首选文字。在此期间，它书写方向相当随意，或从左到右，或从右到左，甚至是来回换方向的耕牛式。直到约公元前 800 年以后，腓尼基文字从右向左书写的方向才固定下来。腓尼基文一直存续到公元前 1 世纪，其中一般没有用来标示元音的文字。

图 3-14　最著名的腓尼基铭文之一，来自摩押人之地的摩押石碑（Meša' Stele，公元前 842 年）："我是米沙，来自底本的摩押王基抹的儿子……"所刻是古希伯来语

腓尼基文字最重要的殖民后裔是布匿文字，这种文字广泛应用于西地中海的腓尼基殖民者中间，并一直延续到公元后数个世纪（图 3-15）。

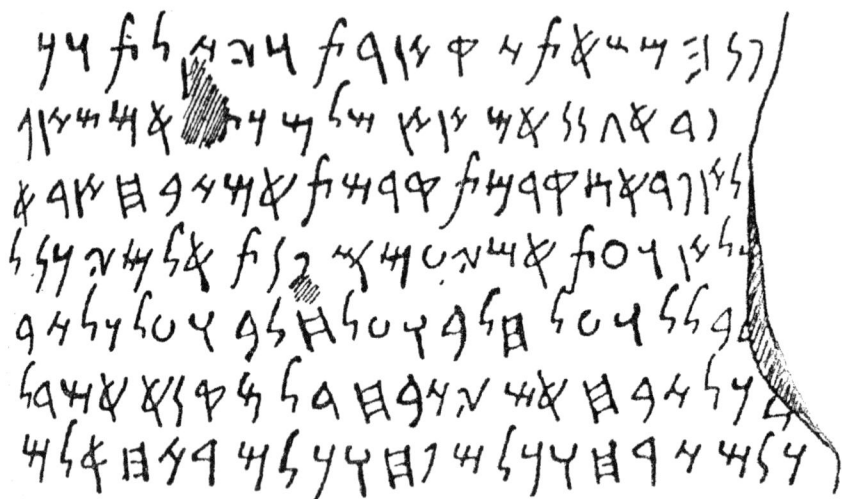

图 3-15　来自法国马赛的腓尼基殖民地布匿铭文片段，内容是公布迦太基的祭祀关税（约公元前 300 年）

晚期布匿文字删除了表示喉音的字母 'ālep、'ayin、hē 和 ḥēt，然后用保留的字母——复制自当时统治地中海世界的拉丁字母——作为元音字母写在辅音之间，与现在的做法如出一辙。这对闪米特文字而言是很了不起的，因为这种文字传统上只能识别辅音。

一种"或不止一种"古老的柏柏尔语言被保存在被称为努比底亚文字或"古利比亚文字"的柏柏尔文字中。与闪米特语和古埃及语一样，柏柏尔语也是亚非语系的一支。从埃及西部到摩洛哥，整个北非都使用这种语言。古代努比底亚文字可能是从布匿文字（图 3-16）衍生而来的。[30] 这种文字起源于北非柏柏尔的腓尼基殖民地，也许早在公元前 6 世纪就被创制出来了；然而，最早的可供查阅的铭文出自公元前 2 世纪。柏柏尔文字出现在公元前 1 世纪的西班牙凯尔特伊比利亚人的货币上，也可能出现在加那利群岛。它在罗马占领时期一直在流通。

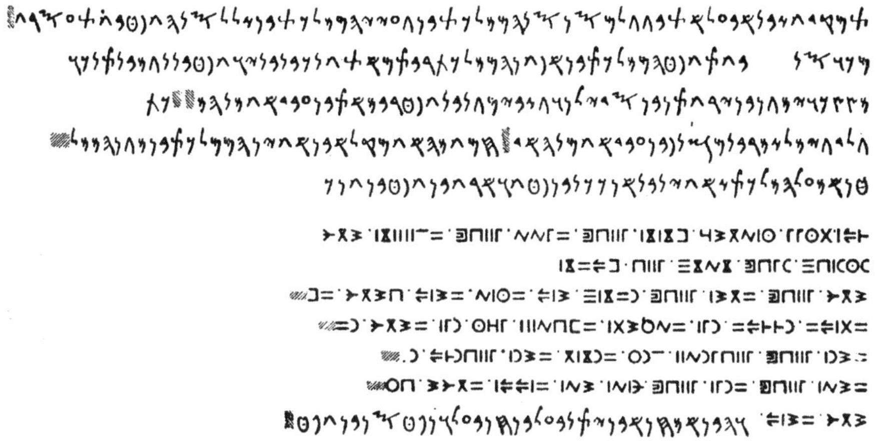

图 3-16　所谓的"来自杜加的马西尼撒铭文"，是布匿语（上图）和努比底亚语（下图）双语铭文，可追溯至第二次布匿战争（公元前 218—前 201 年）："这是杜加的居民为马西尼撒国王建造的神庙……"

自公元 11 世纪以来，除了少数使用希伯来文字书写的文本外，所有柏柏尔语都是用阿拉伯文字书写的。今天，北非图阿雷格人使用的提芬尼文字（Tifinigh，ti+ 拉丁语"腓尼基人"Punicus）保留了古柏柏尔文字。提芬尼文字是以文字方式记录家居生活的一个特例，无论男女都使用这种文字撰写情书、装点家庭饰物和传递家庭信息（通常是女性不会读写阿拉伯语的时候）等方面。

第六节　阿拉米文字家族

公元前 10 世纪，两个远北的闪米特文字——阿拉米文字和迦南文字（图 3-17）出现了。阿拉米文字变得和腓尼基文字一样重要，因为它不仅是 3000 年后的希伯来文字和阿拉伯文字这两种在近东地区使用最广泛的文字的源头，也可能是数百种印度次大陆和更遥远地区的文字源头。

起初，黎凡特北部、安纳托利亚南部和美索不达米亚北部的阿拉米人使用腓尼基文字。最古老的阿拉米语铭文仍是用腓尼基文字写成的，时间可前溯至公元前 9 世纪。但就在此时，阿拉米人精心设计了一种表达自己语言的独特文字——阿拉米文字（图 3-18）。在公元前 8 或前 7 世纪，阿拉米语已经成为古近东最广泛使用的语言，是整个地区的中介语言。它最终成为波斯帝国的官方语言（公元前 550—前 330 年）。

阿拉米文字的书吏借鉴了许多世纪前乌加里特闪米特文字书吏的做法，开始在单词的末尾标示长元音，然后在单词内部将现有的辅音字母用作一种有补充功能的特殊元音符号，并称其为"阅读之母"。只写辅音显然造成了太多的歧义，尤其是对于那些辅音"骨架"很短的单词来说（例如，在英语中，辅音 mn 可以表示"man""men"

图 3-17　迦南文字中所谓的西罗亚铭文，用以纪念公元前 700 年的地下水道的开掘。于 1880 年在耶路撒冷附近的西罗亚隧道出口发现

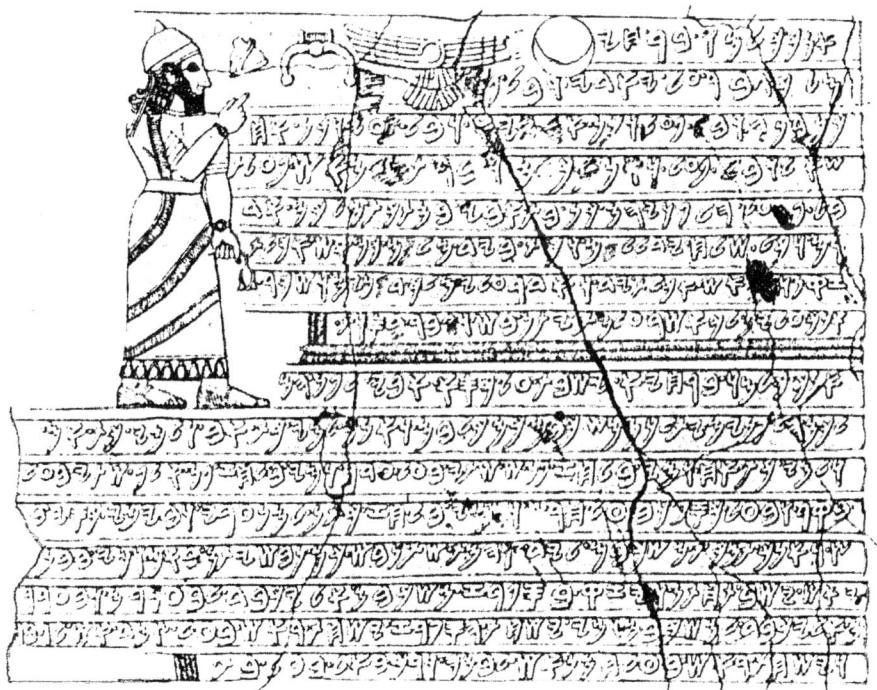

图 3-18　著名的迦南－阿拉米语"基拉姆瓦铭文"的上半部分，用古阿拉米文字列举了雅迪王国国王卡亚之子基拉姆瓦王子向亚述国王沙尔马纳塞尔三世（公元前 858—前 824 年）奉献的贡物

"moon""mean""mane""mine" 等）。此外，早期铭文中有限的词汇已经被一些更复杂的词汇所取代，这种词汇需要更准确地再现语音。所以阿拉米语书吏开始标示长元音。这种做法非常有效，很快被相关的迦南文字书吏采用（不过，南部闪米特人仍继续只用辅音字母书写）。

阿拉米语的影响力随着波斯帝国的崛起而增强，阿拉米文字成为西方主要的书写形式。它甚至取代了亚述人的楔形文字，改用墨水书写在兽皮或莎草纸上，而不是刻压在软黏土上。黏土时代正在不可逆转地走向终结。阿拉米文字流传甚广，影响甚巨，甚至在波斯帝国（阿契美尼德王朝）崩溃后仍然存续下来。帝国的政治条件在一段时间内继续支持着这种文字的稳定和统一。阿拉米文字被带到伊朗，然后传到南亚和中亚。然而，到了公元前 3 世纪末，它开始变异成诸多新文字。在西方，纳巴泰人精心设计了他们自己的文字形式（后发展成阿拉伯文字）。在叙利亚沙漠，帕尔米拉人亦如法炮制。在美索不达米亚的北部和南部，出现了几种衍生文字。[31] 希伯来文字也从阿拉米文字中演化出来，成为犹太民族的文字。

公元前 850 年左右，迦南希伯来人受腓尼基辅音字母文字的启发，创制了古希伯来文字，相关内容主要记载在宗教文献中（图 3-19）。当被称为线形希伯来辅音音素文字的"阿布加德"在"巴比伦之囚"时期，也即犹太人被放逐的时期（公元前 597—前 539 年）被写出来的时候，古希伯来文字的世俗应用就停止了。当时的古希伯来语被多种多样的阿拉米文字所取代，而阿拉米文字本身也深受古希伯来文字的影响（出于特殊目的，古希伯来文字一直使用到公元 135 年；它是公元前 1 世纪撒马利亚文字的原型，至今仍在犹太人的一些宗教活动中使用[32]）。公元前 5 世纪，大多数犹太人使用阿拉米文字，他们通过将每个字母规范为一种方块结构来完成标准化，称其为"方形文字"。及至公元前 1 世纪，正如在《死海古卷》（图 3-20）中所见到的，这种文字已经完全标准化了。后来，出现了两个变体，即圆线的赛法迪犹

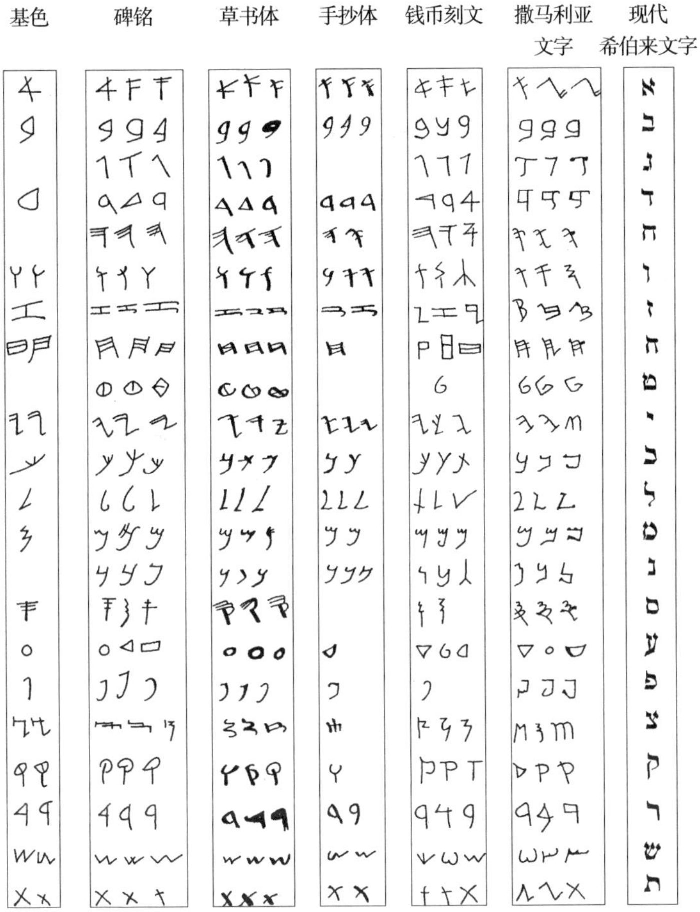
基色
碑铭
草书体
手抄体
钱币刻文
撒马利亚文字
现代希伯来文字
א
ב
ג
ד
ה
ו
ז
ח
ט
י
כ
ל
מ
נ
ס
ע
פ
צ
ק
ר
ש
ת

图 3-19 最早的希伯来字母的分期

太文字（东方西班牙犹太文字）和角状的德系犹太文字。希伯来方块文字成为所有犹太宗教和世俗文献的文字。在中世纪，它只用于宗教场合，但在 19 世纪犹太作家开始再次将其用于世俗目的。这就是以色列国家的现代文字。

希伯来方形文字仍然非常接近公元前最初几个世纪的阿拉米文字，正如英语大写字母非常接近同一时期的拉丁字母一样。希伯来人从阿拉米文字中继承了元音标记，并扩展了这一原则以进一步减少歧义。叙利亚的铭文第一次使用了变音符号——特殊的破折号和围绕辅音

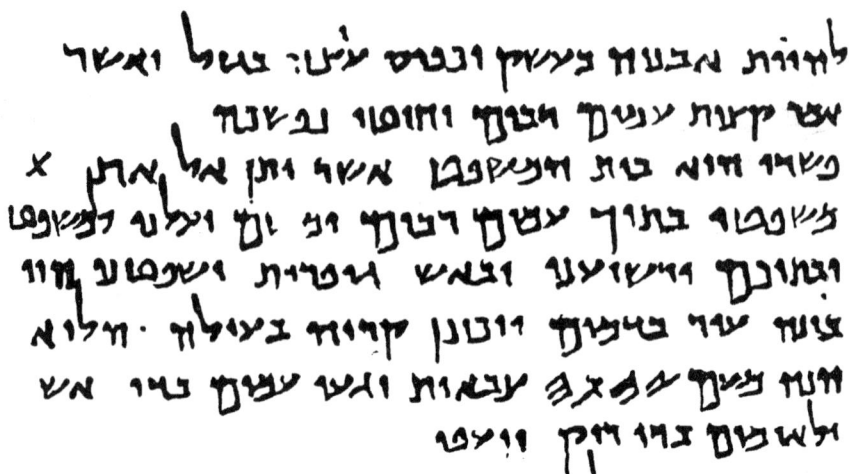

图 3-20　早期希伯来方块文字的《死海古卷》的先知哈巴谷文本（公元前 170
年）。在倒数第二行右边的第三个词"耶和华"是用更古老的希伯来文字书写的，
这是一种残余的敬语用法

的加点，以表示元音。这可能促使希伯来文字也添加了与阿拉米文字
中的长元音标记功能相同的变音符号。[33] 然而，早在公元前几个世纪，
希伯来书吏就已经使用了不止一种变音符号系统。希伯来语变音符号
"提伯里亚系统"（Tiberias System）至今仍被用来标记诗歌和儿童读
物，尤其是宗教文献中的元音，它创制于 1100 多年前的巴勒斯坦重要
港口提伯里亚（图 3-21）。

　　虽然希伯来文字在形式上仍然是辅音字母文字，但它所继承下来
标记长元音的辅音字母，以及它自己精心设计的变音符号指示其他元
音，在很多方面，让它的发音比大多数现代拉丁字母文字更精确。[34] 它
甚至保留了在现代希伯来口语中丢失的长元音和短元音之间的区别。
（英式英语只在默认情况下显示元音长度，如"cot"和"cart"。）因
此，希伯来文字是古老的文字，有许多冗余。例如，/i/ 既可以写成辅
音 jodh，也可以写成前面辅音下面的一个点；有些书写者两种方法都
采用。在日常使用中，希伯来文字仍是两种文字合而为一：一种高度

标记，显示每个元音；另一种高度简化，识别元音只能通过上下文。[35]
今天，同以辅音字母为基础的所有闪米特文字一样，希伯来文字中的
辅音字母仍占据着主导地位。

ba-rēʾšīþ bārāʾ ālōhīmʾ eþ ha-ššāmajim waʾ eþ hā-ʾāräṣ. wa
hā-ʾāräṣ hājaþā þōhū wā-βōhū wa ḥošäχ ʿal-panē þəhōm,
wa rūăḥ ʾālōhīm mərahạ̄fäþ ʿal-panē ha-mmājim.

图3-21 《创世记》1：1–2 在现代方块希伯来文字中，使用了变音符号的"提伯里亚
系统"："[1] 起初神创造天地。[2] 大地是空虚混沌。渊面黑暗。神的灵运行在水面上"

纳巴泰阿拉伯人使用阿拉米语作为一种特殊的文化第二语言。他
们在公元前 1 世纪到公元 3 世纪之间也用阿拉米语书写（图3–22）。
纳巴泰是阿拉伯游牧部落的聚集地，居住在从西奈半岛延伸到阿拉伯

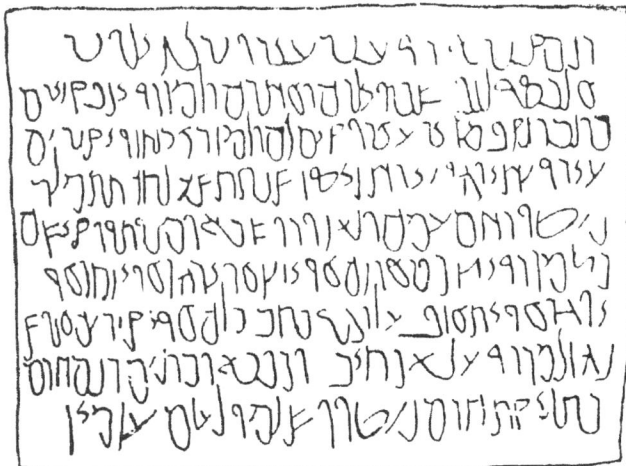

图3-22 公元前 1
年的纳巴泰铭文：
"这是'埃都，库
海路之子，埃尔卡
西之子，为自己
和子孙建造的坟
墓……'"

北部和约旦东部的地区。在被亚历山大大帝征服之后的希腊化时代，纳巴泰人建立了一个王国，从公元前 150 年左右一直持续到公元 105 年被罗马人征服；他们的首都是无与伦比的岩石城佩特拉。纳巴泰式阿拉米文字成为阿拉伯文字的直接祖先。

像希伯来文字一样，阿拉伯文字是一种重要的宗教文字，其意义、寿命和扩展，都归功于它作为一种信仰载体所受到的尊崇。[36] 作为北方闪米特语族中的后来者，阿拉伯文字在公元 4 世纪，也即前伊斯兰时期发展起来（图 3-23）。自公元 7 世纪被选为传布《古兰经》的文字后，阿拉伯文字在该地区及其他地区的霸权地位就得到了保证。今天，受伊斯兰教影响的阿拉伯半岛、整个近东、西亚、中亚和东南亚、非洲部分地区和欧洲所有地区都有人读写阿拉伯辅音字母文字（图 3-24）。与其他闪米特文字相比，阿拉伯文字传达了更多语族

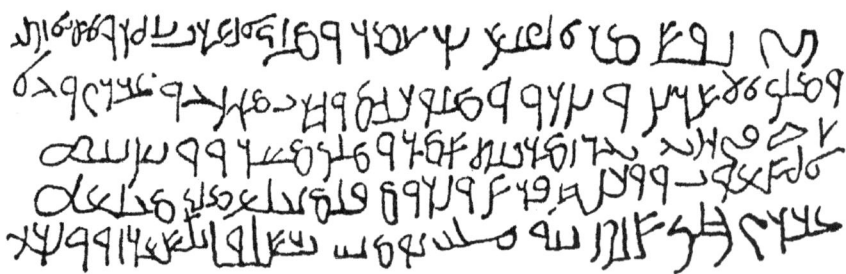

图 3-23　来自叙利亚纳马拉的铭文（公元 328 年），揭示了纳巴泰文字到阿拉伯文字的过渡阶段，特别是在连字符（连接字母的线）的用法上

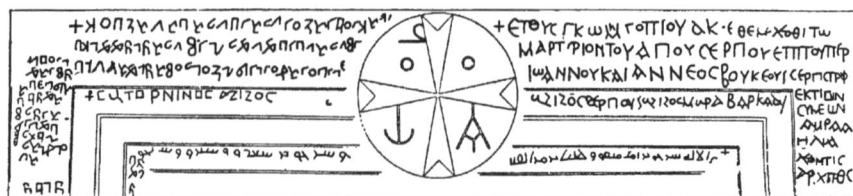

图 3-24　三语铭文（公元 512 年）：右上为希腊语铭文；左上为叙利亚语铭文；下为最早的阿拉伯语铭文

的更多语言，如柏柏尔语、索马里语、斯瓦希里语（图 3-25）、乌尔都语、土耳其语、维吾尔语、哈萨克语、波斯语、克什米尔语、马来语，甚至欧洲的西班牙语和斯拉夫语。[37] 当被借用时，阿拉伯字母全部保留，但需要经常地添加新的或派生的字母以表现原阿拉伯字母中没有的声音。阿拉伯文字通过改变字母上点的数量来区分字母，从而促进了这一过程；这个功能可以很容易地扩展到需要与阿拉伯文字基本外观兼容的新字母的其他语言中。[38] 阿拉伯文字是世界上最伟大的文字之一，毫无疑问，它还将继续长期存在下去。

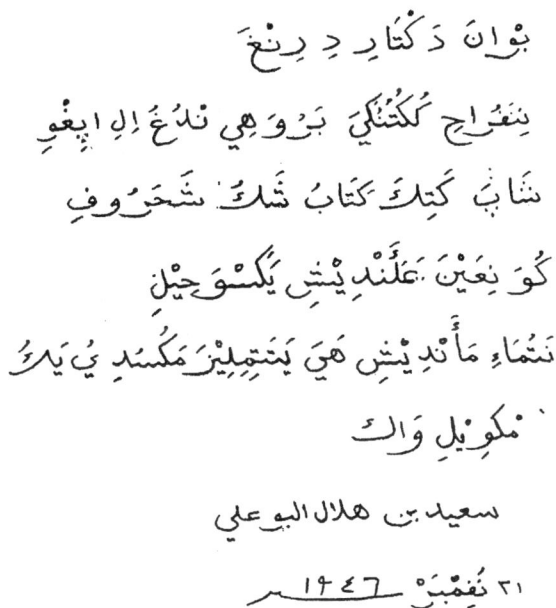

图 3-25　斯瓦希里语字母，从右到左书写，使用经过改编的阿拉伯辅音字母，在辅音上下有完整的变音符号来显示所有的元音

　　像所有闪米特文字一样，阿拉伯文字通常用辅音字母表示词根，但有更丰富的 28 个基本字母和额外的扩充，有些是通过在现有字母下面加一个点创建的（图 3-26）；"第 29 号字母"是 lām 和 'ālif 的连接。阿拉伯文字还继承了一些辅音的长元音用法，以及用特殊变音符号表示其他元音的用法。然而，阿拉伯文字的元音字母始终仅出现

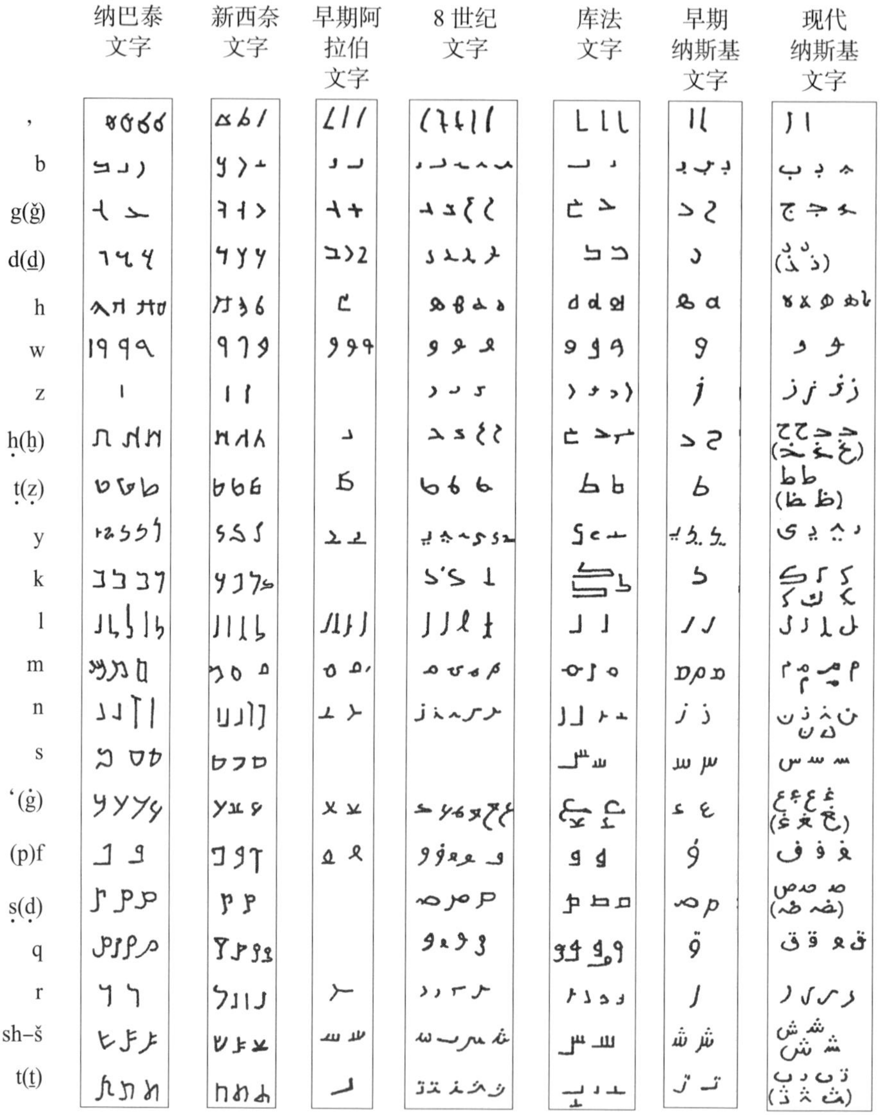

	纳巴泰文字	新西奈文字	早期阿拉伯文字	8世纪文字	库法文字	早期纳斯基文字	现代纳斯基文字
'							
b							
g(ǧ)							
d(ḏ)							
h							
w							
z							
ḥ(ḫ)							
ṭ(ẓ)							
y							
k							
l							
m							
n							
s							
'(ġ)							
(p)f							
ṣ(ḍ)							
q							
r							
sh–š							
t(ṭ)							

图 3-26　从古代的纳巴泰文字到现代的纳斯基文字，标准的阿拉伯文字

在《古兰经》和诗歌中。所有其他文本只使用辅音字母，偶尔用变音符号辅助解决阅读歧义问题。用 'ālif 表示长元音 /a:/ 是阿拉伯文字的创新。短元音 /a/、/i/ 和 /u/ 使用简化辅音字母的派生形式表示：/a/ 用辅音符号上方加水平横杠表示；/i/ 用辅音符号下方加类似水平横杠表

示；/u/ 用辅音符号上方加小弯钩表示。如果一个小圆圈写在一个辅音上面，这意味着没有元音伴随辅音。几乎 6 种阿拉伯字母都有 4 种不同字形，每种字形都由字母在单词中的位置决定：独立的（中性或标准形状）、词首、词中或词尾（图 3-27）。[39]

名称	词首	词上	词尾	独立	音值
'elif			ل	ا	;
bā	ب	‍ب‍	‍ب	ب	b
tā	ت	‍ت‍	‍ت	ت	t
ṯā	ث	‍ث‍	‍ث	ث	ṯ
ǧīm	ج	‍ج‍	‍ج	ج	ǧ
ḥā	ح	‍ح‍	‍ح	ح	ḥ
ḫā	خ	‍خ‍	‍خ	خ	ḫ
dāl			‍د	د	d
ḏāl			‍ذ	ذ	ḏ
rā			‍ر	ر	r
zā			‍ز	ز	z
sīn	س	‍س‍	‍س	س	s
šīn	ش	‍ش‍	‍ش	ش	š
ṣād	ص	‍ص‍	‍ص	ص	ṣ
ḍād	ض	‍ض‍	‍ض	ض	ḍ
ṭā	ط	‍ط‍	‍ط	ط	ṭ
ẓā	ظ	‍ظ‍	‍ظ	ظ	ẓ
'ain	ع	‍ع‍	‍ع	ع	:
ġain	غ	‍غ‍	‍غ	غ	ġ
fā	ف	‍ف‍	‍ف	ف	f
kaf	ق	‍ق‍	‍ق	ق	ḳ(q)
kāf	ك	‍ك‍	‍ك	ك	k
lām	ل	‍ل‍	‍ل	ل	l
mīm	م	‍م‍	‍م	م	m
nūn	ن	‍ن‍	‍ن	ن	n
hā	ه	‍ه‍	‍ه	ه	h
wāw			‍و	و	w
jā	ي	‍ي‍	‍ي	ي	j
lām-elif			لا	لا	lā

图 3-27 现代纳斯基语（或标准阿拉伯语）辅音字母表：位置形式大全

阿拉伯语在地理上的扩张产生了大量的当地阿拉伯语用法，就像拉丁字母在同一时间在整个西欧的情形一样。然而，阿拉伯文字与《古兰经》及其注释联系紧密，因而形成了一种固有的保守主义——文字几乎一成不变，而使用文字的语言却不断演化。学校与宗教保守主义结盟，阿拉伯书面语和口语之间产生巨大鸿沟。[40] 虽然这两种形式已有所不同，但它们仍被视为一种语言的变种。

早在公元前 1300 年，南方闪米特文字就从起源于阿拉伯半岛的北方闪米特文字中分离出来。这个南方线形文字"阿布扎德"在公元 1000 年就消失了，它曾是表达北部阿拉伯语（叙利亚语）和阿比西尼亚语（埃塞俄比亚语）这两种语言文字的祖先。它的两个最重要的成员是阿拉伯南部文字和埃塞俄比亚文字。南阿拉伯文字，像北闪米特文字一样，高度对称，棱角分明。

埃塞俄比亚铭文体文字（不是埃塞俄比亚音节文字，这是另一种文字）最初没有元音字母。埃塞俄比亚的铭文是用吉兹语写的，这是公元头几个世纪埃塞俄比亚基督教会使用的语言。公元 4 世纪，书吏开始系统地改变辅音的形状，以指示 7 个不同元音，形成了阿布基得 CV 音节符号——吉兹音节。于是，晚期埃塞俄比亚文字就发展成为一种完全的字母文字（图 3-28）。埃塞俄比亚文字对应的发音在所有闪米特文字中独树一帜。一位学者认为，这是通过与印度的佉卢文字（Kharosthi）的接触而发展起来的，后者的运作原理和它一样，即每个字母代表一个辅音 + /a/，用变音符号代表其他元音，这比埃塞俄比亚文字的创新早了几个世纪。[41] 另一个暗示着借用（但不是来自佉卢文字）的事实是，在闪米特文字中，只有埃塞俄比亚文字从左到右阅读。今天的埃塞俄比亚铭文保存着埃塞俄比亚基督教会早已灭绝的吉兹语。在过去的 700 年里，阿姆哈拉语在埃塞俄比亚发展成为该国的官方语言，在此期间，埃塞俄比亚的文字不断演化，以传达阿姆哈拉语（产生了阿姆哈拉文字）和其他一些原住民语言。

	+ă	+ū	+ī	+ā	+ē	+ĕ 或没有元音	+ō
h	ሀ	ሁ	ሂ	ሃ	ሄ	ህ	ሆ
l	ለ	ሉ	ሊ	ላ	ሌ	ል	ሎ
ḥ	ሐ	ሑ	ሒ	ሓ	ሔ	ሕ	ሖ
m	መ	ሙ	ሚ	ማ	ሜ	ም	ሞ
š	ሠ	ሡ	ሢ	ሣ	ሤ	ሥ	ሦ
r	ረ	ሩ	ሪ	ራ	ሬ	ር	ሮ
s	ሰ	ሱ	ሲ	ሳ	ሴ	ስ	ሶ
q	ቀ	ቁ	ቂ	ቃ	ቄ	ቅ	ቆ
b	በ	ቡ	ቢ	ባ	ቤ	ብ	ቦ
t	ተ	ቱ	ቲ	ታ	ቴ	ት	ቶ
ḫ	ኀ	ኁ	ኂ	ኃ	ኄ	ኅ	ኆ
n	ነ	ኑ	ኒ	ና	ኔ	ን	ኖ
'	አ	ኡ	ኢ	ኣ	ኤ	እ	ኦ
k	ከ	ኩ	ኪ	ካ	ኬ	ክ	ኮ
w	ወ	ዉ	ዊ	ዋ	ዌ	ው	ዎ
'	ዐ	ዑ	ዒ	ዓ	ዔ	ዕ	ዖ
z	ዘ	ዙ	ዚ	ዛ	ዜ	ዝ	ዞ
j	የ	ዩ	ዪ	ያ	ዬ	ይ	ዮ
d	ደ	ዱ	ዲ	ዳ	ዴ	ድ	ዶ
g	ገ	ጉ	ጊ	ጋ	ጌ	ግ	ጎ
ṭ	ጠ	ጡ	ጢ	ጣ	ጤ	ጥ	ጦ
p̣	ጰ	ጱ	ጲ	ጳ	ጴ	ጵ	ጶ
ṣ	ጸ	ጹ	ጺ	ጻ	ጼ	ጽ	ጾ
ḍ	ፀ	ፁ	ፂ	ፃ	ፄ	ፅ	ፆ
f	ፈ	ፉ	ፊ	ፋ	ፌ	ፍ	ፎ
p	ፐ	ፑ	ፒ	ፓ	ፔ	ፕ	ፖ

图 3-28 埃塞俄比亚文字：对于已经有短元音 /a/ 值的辅音，在相应位置上有规则附加一系列符号，以标识其他元音，从而形成一个完整的字母表

第七节　印度和东南亚文字

印度次大陆过去和现在数以百计的文字，以及它们在亚洲和太平洋地区的堪称"世界上最丰富的文字宝库"的海量衍生品，无法在一本书中得到充分列举和描述。如果本书分为 5 卷，印度文字可能会占其中的 3 卷。尽管如此，印度仍有超过 50% 的人口是文盲，数百种少数民族语言仍然没有文字。在这一地区，人们通常更倾向于口头传播。作为印度僧侣阶级的婆罗门长期以来认为书写不如言语。也许正是由于这个原因，直到公元前 8 世纪，书写才开始在印度次大陆上出现（印度河流域文字已经灭绝了 1000 年，没有留存下来）。即使书写出现后，口头传播也持续了好几个世纪。后来，书写艺术得到了蓬勃发展，出现了以多种语言和文字创作的伟大文学作品，尽管这只是少数人的事业，更不用说在几乎所有其他地方普遍缺乏书写所享有的荣誉和威望。

印度展示了世界上"最丰富和最多样化的文学传统"之一。[42]自从 20 世纪中期印度建国以来，就有很多人呼吁采用一种所有印度人都能读懂的单一文字。这一呼吁是徒劳的。事实上，据一位印度学者说："如今，印度几乎每三个月就会产生一种新的文字。"[43]如果说有什么区别的话，这揭示了书写的社会象征意义：书写不仅仅是一种记录言论的工具，而且是社会特权的象征。印度比其他任何地方都能更好地证明这一点。[44]

　　一方面，在印度的民间传说中，司智慧的象鼻神发明了文字，传说他折断了自己的一根象牙制成铅笔。另一方面，学者们普遍认为闪米特文字是印度次大陆上文字的直接来源，很可能是公元前 1000 年统治中东的阿拉米文字。虽然早期印度文字的文献已经为人所知，但最早一批较长的文献是公元前 253—前 250 年著名的阿育王敕令，这些敕令被刻在遍布印度的石柱或岩石上。佉卢文字和婆罗米文字（Brahmi）这两种最早的印度文字都出现在阿育王的铭文中。很明显，这些铭文中的文字不是本土的。的确，在印度次大陆上，从来没有一种文字是从零开始"创作"的。尽管该地区可以自豪地宣称有超过 200 种文字，但它们完全源自单一的婆罗米文字，而婆罗米文字本身就是一种闪米特文字之一（图 3-

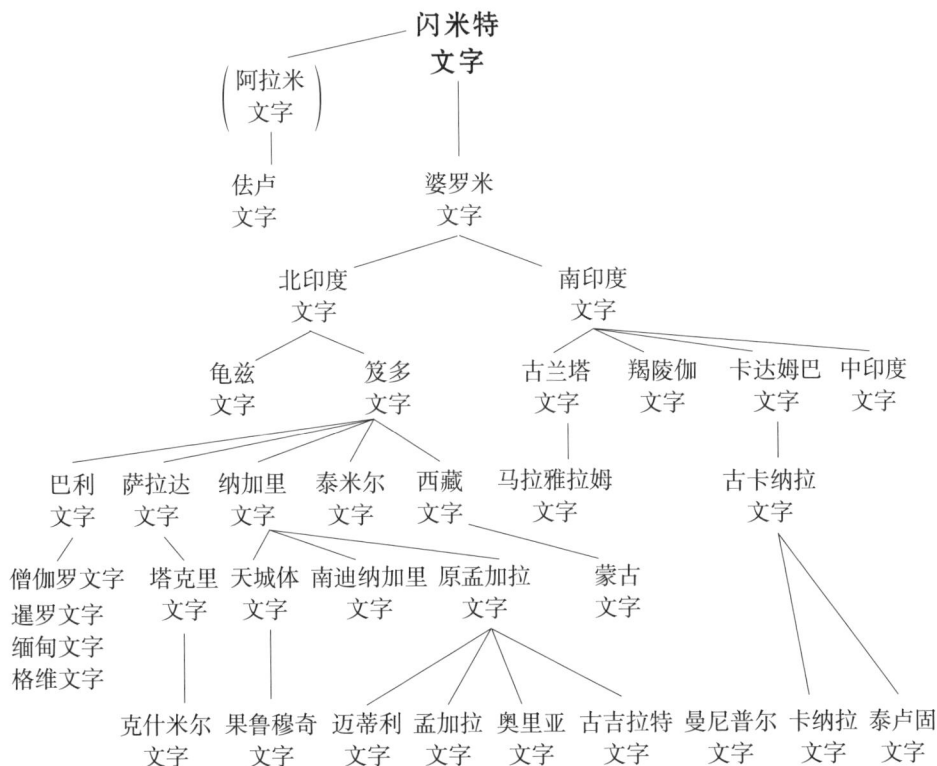

图 3-29　一些最重要的印度文字谱系

29）。

佉卢文字从右到左阅读，显然是受到了印度北部阿拉米文字的启发，那是从西部的叙利亚延伸到东部的阿富汗地区的中介语言文字（图 3-30）。在佉卢文字中，每个字母都表示 C+/a/（一个辅音 + 元音 /a/），除非另一个元音被指定——就像在后来的埃塞俄比亚文字，在这种情况下，元音会通过附在辅音字母上的变音符来表示。虽然一些学者认为这是一种音节文字，它的辅音框架确定它是一个"阿布迪

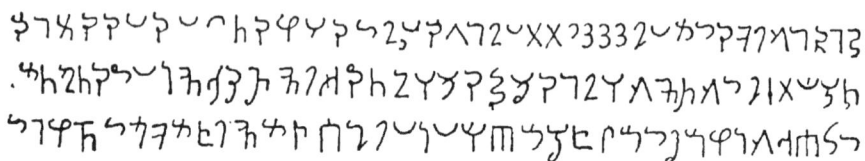

图 3-30　公元前 3 世纪用哈罗提文字书写的铭文

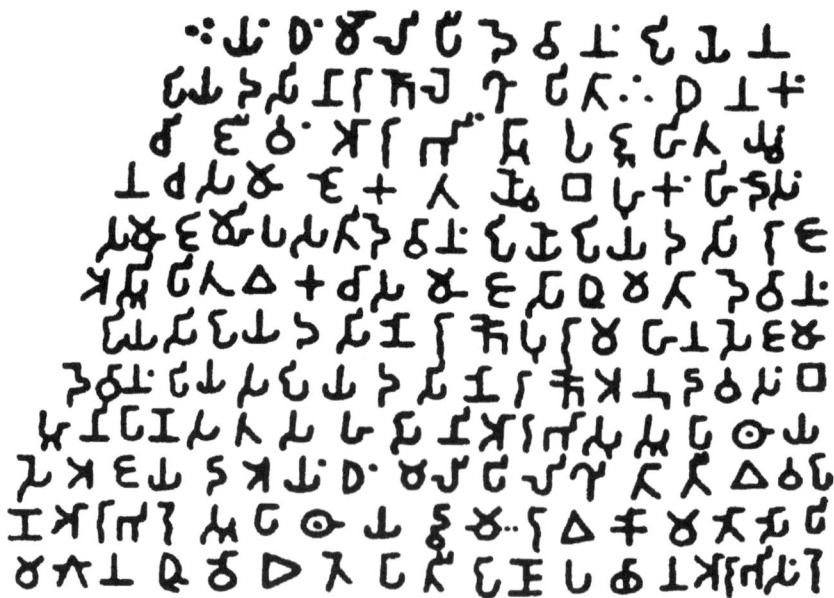

图 3-31　阿育王铭文中的婆罗米文字（约公元前 253—前 250 年）："这是毗亚大喜国王的法令，众神的宠儿……"

加"系统，其中每个字母都代表一个辅音，并且有一个特定的元音附加，剩下的元音由每个辅音符号的一致修饰来表示（"阿布迪加"这个名字实际上是埃塞俄比亚语，在这个字母传统顺序的前 4 个辅音和前 4 个元音之后）。在公元前几百年间，佉卢文字曾在印度西北部广泛使用，但后来让位于更具优势的婆罗米文字。

随后的印度文字仅有意地模仿婆罗米文字，婆罗米文字是除佉卢文字之外所有印度文字的祖先。婆罗米文字起源于公元前 8 或前 7 世纪，在公元前 5 世纪就已经得到广泛使用（图 3–31）。像其他闪米特派生文字一样，婆罗米文字包含了一个非常类似于佉卢文字的系统，同样遵循"阿布迪加"。看来，印度语书吏有意识地重新设计了根据众所周知的音位学原则借用的闪米特文字。[45]印度人是古代最优秀的语言学家，西方直到 19 世纪初，有些情况下是 20 世纪初，才开始接近他们语言的复杂程度。[46]古印度书吏根据发音部位（令人惊讶的"现代"做法）来给他们的字母分类：首先是元音和双元音，然后是辅音（带有"默认"元音 /a/），完全按照在人类的口腔里从后到前的顺序——喉音、颚音、卷舌音、齿音、唇音、半元音和擦音。这似乎证实了书写系统的基本平等性，拥有这种语言洞察力的印度人在遇到希腊文字时，并没有为了简化的字母文字而放弃"笨重"的系统，也就是说，他们保持了他们的系统，因为它最完整地传达了印度语语音。[47]至少对印度语书吏来说，他们的"图形音节"是由辅音 + 变音符组成的"阿布迪加"（元音附标）系统，似乎比单纯的字母产生了更凸显的语音信息。所以在全部派生文字中，印度文字仍然是辅音字母文字。

婆罗米语的辅音有一个固有的元音 /a/，除非它们有一个附加的变音符，表明要用另一个元音（图 3–32）。元音首字母，也就是单词开头的 /a/、/i/、/u/ 和 /e/，有各自独立的字母，因而它们也被称为"音节元音"。我们常在闪米特语文字中发现的简单辅音"框架"，在这里被印度语中更丰富的 C（辅音）和 V（元音）结构复杂化了，这要求识别 V、CV、CCV、CCCV、CVC、VC 等特定的元音和其他成音节

	婆罗米文字（公元前3世纪）	洞庙文字（约公元100年）	笈多文字（约公元380年）	中亚笈多草写体文字	吐火罗文字	悉昙文字	天城体文字	莫迪文字
a	K	り	H	?	邑	升	अ	ळ
i	∵	∵	⊔	?	?		?	?
u	L	∠	∠	?	?	?	?	?
e	◁	▽	△	?	?	▽	?	?
o				?	?		?	?
ā	K∙	K	K	?	?		?	?
ka	+	+	+	?	?	+	?	?
kha	ꓱ	ꓱ	ꓤ	?	?	ꓤ	?	?
ga	∧	∩	∩	?	?	?	?	?
gha	⊔	Ш	Ш	?	?		?	?
ṅa	ᒋ		ᒋ	?	?		?	?
č	ᖅ	ᖀ	?	?	□	△	?	?
čha	φ	ᖂ	ᖂ	?	?		?	?
ja(=ǧa)	ᘓ	E	E	?	?	E	?	?
jha(=ǧh)	Y	ᖆ	?	?	?		?	?
nā	ᖔ	ᖔ	ᔕ	?	?		?	?
ṭā	⊂	⊂	⊂	?	?	⊂	?	?
ṭhā	○	○	○	?	?		?	?
ḍa	⌐	⌐	?	?	?		?	?
ḍha	ᖕ	ᖕ	ᘓ	?	?		?	?
ṇa	I	I	?	?	?	ᗐ	?	?
ta	Y	ᒄ	?	?	?	ᐱ	?	?
tha	⊙	⊙	Θ	?	?	ᐱ	?	?
da	ᔆ	ᔆ	⊂	?	?	ᔆ	?	?
dha	D	D	○	?	?	ᔆ	?	?
na	⊤	⊤	ᐃ	?	?	ᐅ	?	?
pa	ᒉ	ᒉ	?	?	?	ᐅ	?	?
pha	ᖾ	△	△	?	?		?	?
ba	□	□	?	?	?		?	?
bha	ᖙ	ᖙ	ᖙ	?	?	ᖙ	?	?
ma	᙭	᙭	∨	?	?	᙭	?	?
ya	ᒋ	ᒋ	ᒄ	?	?	ᒋ	?	?
ra	Ⅰ	Ⅰ	ᒉ	?	?	ᒉ	?	?
la	ᒍ	ᒍ	ᒍ	?	?	ᒍ	?	?
va	ᕼ	ᐱ	ᐱ	?	?	ᐱ	?	?
śa	ᖴ	ᖴ	ᖴ	?	?	ᖴ	?	?
ṣa(ša)			ᐱ	?	?		?	?
sa	ᖱ	ᖱ	ᖱ	?	?	ᖱ	?	?
ha	ᒻ	ᖚ	ᖚ	?	?	ᖚ	?	

图 3-32　婆罗米文字和一些衍生文字

的可能结构。婆罗米语通常是从左到右书写的，就像阿育王铭文一样，尽管最早的婆罗米语铭文，像大多数闪米特文字一样，是从右到左书写的。没有人知道为什么婆罗米语书吏在2000多年前突然改变了书写方向。

世界上两个主要语系是由婆罗米语派生的文字来传播的。这两个语系分别是今天主要在印度南部的本地德拉威语系，以及印度北部和印度西南部部分地区的印欧语和梵语语系。大约2000年前，婆罗米文字分为北印度文字和南印度文字两个分支（图3-29），每一分支中又有许多不同的文字。它们都使用相同的婆罗米原理，通过变音符来表示元音，而且许多在外观上非常相似。然而，能够读懂其中一种并不意味着就能读懂另一种，因为尽管底层书写系统几乎是一样的，但字母的形状和变音符号却有所不同。

北印度文字包括那些从印度西北部延伸到东南亚的文字，还包括尼泊尔和孟加拉等地的文字。北印度文字早期的一个分支是出现在公元4世纪的婆罗米文字的第一个衍生文字——笈多文字。笈多字母文字成为大多数印度文字的始祖（通常通过后来的天城体文字）。笈多文字家族主要有4种亚型，每一亚型都源于东方、西方、南亚和中亚原始笈多字母文字。中亚笈多文字进一步分为中亚斜体笈多文字（包括阿格尼安变体和库切变体）和中亚笈多草写体（或称和田文）。

大约从公元600年开始，笈多文字启发了重要的纳加里文、萨拉达文、藏文和巴利文的创制。纳加里文字起源于印度西北部，最早出现于公元633年左右。纳加里文字在11世纪得到充分发展并进化为天城（意为天国的城）体文字，现在已经成为梵语文献主要载体之一（图3-33）。[48]天城体文字有48个字母，由13个元音字母和35个辅音字母组成，其顺序自古以来就由印度语法学家确定下来（图3-34）。学生必须学习许多书写习惯，如词首或词中位置的不同元音形式、鼻音化、"默认值"的静音 /a/、微弱的送气和其他细节，特别是连字的使用等，这些规则复杂多样，数量巨大，其中梵文书写尤其如此。[49]与所有印度文字一样，天城体文字是从左到右书写的。由于其特殊的书写习

惯，分隔只需在特定的连接处显示。也就是说，连接所有辅音字母的习惯性横杠在某些情况下会被打破：当一个单词以元音、双元音、鼻音或弱擦音结尾时，又或者当单词以辅音开头时。否则，所有的单词都写在一起。分词只能通过所谓的"连续音变"来标记，而梵语书吏非常小心地加以区分：句子在次序上优先于其组成单词，并标记出"呼吸组"（就像今天的专业歌手所做的那样）。句子结尾用"|"标记；段落结尾用"||"标记（图 3-33）。

व्यवहारान्नृपः पश्येदिद्विद्विब्राह्मणैः सह ।
धर्मशास्त्रानुसारेण क्रोधलोभविवर्जितः ॥१॥

vyavahārān nṛpaḥ paśyed vidvadbhír brāhmanaiḥ

saha dharmaśāstrānusāreṇa krodhalobhavivarjítaḥ

图 3-33　天城体文字，梵语文献的主要载体："统治者应与博学的婆罗门共同依法审理案宗，不受极端情绪的影响"

最后，天城体文字成为印度的主要文字。它也成为世界上最重要的文字之一，被用来传达该地区的许多其他语言，如印地语（图 3-35）、尼泊尔语、马尔瓦里语、库马尼语和几种非印度 – 雅利安语。也许是因为该地区长期不统一的缘故，天城体文字没能成为印度唯一的文字。随后，它成为锡克人在 15 世纪为书写旁遮普语而精心设计的果鲁穆奇（Gurmukhi）等文字（图 3-36）的祖先。今天，天城体文字书与其他十种主要文字（包括拉丁语和阿拉伯字母）和约 190 种相对次要的文字一起，在印度存续下来。

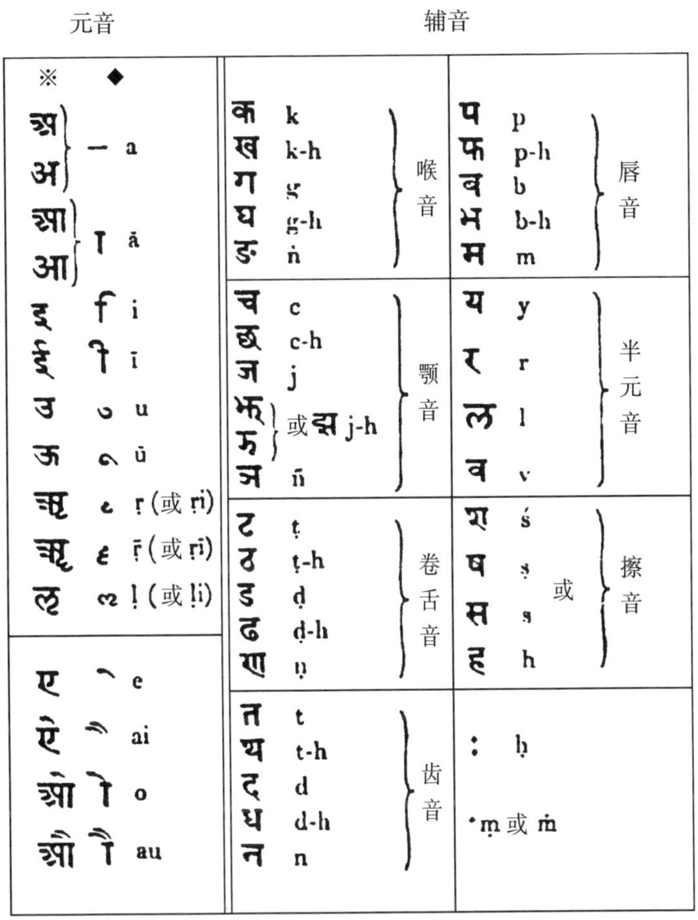

元音　　　　　　　　　辅音

元音		辅音	
※　　◆			
झ अ }— a		क k ख k-h ग ṣ घ g-h ङ ṅ } 喉音	प p फ p-h ब b भ b-h म m } 唇音
आ }ाँ ā		च c छ c-h ज j झ 或 झ j-h ञ ñ } 颚音	य y र r ल l व v } 半元音
इ ि i ई ी ī उ ु u ऊ ू ū		ट ṭ ठ ṭ-h ड ḍ ढ ḍ-h ण ṇ } 卷舌音	श ś ष ṣ स s ह h } 或 擦音
ऋ ृ ṛ (或 ṛi) ॠ ॄ ṝ (或 ṛi) ऌ ॢ ḷ (或 ḷi)		त t थ t-h द d ध d-h न n } 齿音	ः ḥ ·ṃ 或 ṁ
ए े e ऐ ै ai ओ ो o औ ौ au			

※ 初始位置的形式　　　◆ 中间位置的形式

图 3-34　梵语文献中使用的天城体辅音字母

另一个来自笈多文字而非天城体文字的北印度语系的重要成员是原孟加拉语。原孟加拉文字衍生出孟加拉文字（图 3-37），这种文字已经被使用了超过 500 年，用来传达许多重要的语言，如孟加拉语、阿萨姆语（增加了 4 个字母，图 3-38）、曼尼普尔语（图 3-39）、迈蒂利语（图 3-40），以及一些藏缅语言和桑塔利语族（西孟加拉邦、比哈尔邦和奥里萨邦）。奥里萨邦的奥里亚人在孟加拉文字（图 3-41）的基础上精心创制了自己的文字。古吉拉特文字（图 3-42）和凯提文字（图3-43）表达古吉拉特语和比哈尔语，与孟加拉语密切相关；然而，天城体文字现在被用来书写比哈尔语。

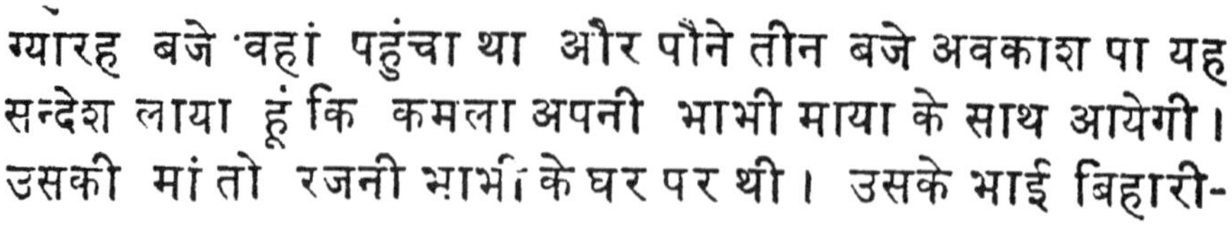

ग्यारह बजे वहां पहुंचा था और पौने तीन बजे अवकाश पा यह
सन्देश लाया हूं कि कमला अपनी भाभी माया के साथ आयेगी।
उसकी मां तो रजनी भाभी के घर पर थी। उसके भाई बिहारी-

图 3-35　印地语

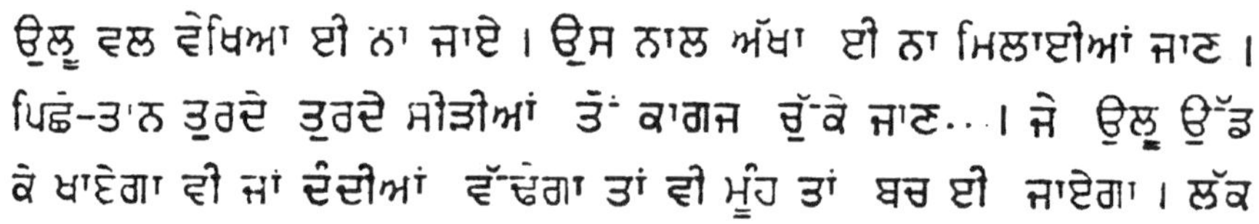

ੳੁਲੂ ਵਲ ਵੇਖਿਆ ਈ ਨਾ ਜਾਏ। ੳੁਸ ਨਾਲ ਅੱਖਾ ਈ ਨਾ ਮਿਲਾੲਿਆਂ ਜਾਣ।
ਪਿਛੇ-ੳੱਨ ਤੁਰਦੇ ਤੁਰਦੇ ਸੀੜੀਆਂ ਤੋਂ ਕਾਗਜ ਚੁੱਕੇ ਜਾਣ…। ਜੇ ੳੁਲੂ ੳੁੱਡ
ਕੇ ਖਾਏਗਾ ਵੀ ਜਾਂ ਦੰਦੀਆਂ ਵੱਢੇਗਾ ਤਾਂ ਵੀ ਮੂੰਹ ਤਾਂ ਬਚ ਈ ਜਾਏਗਾ। ਲੋਕ

图 3-36　果鲁穆奇文字

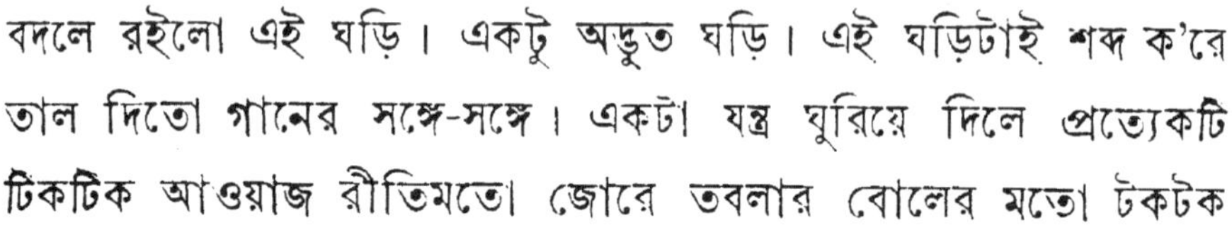

বদলে রইলো এই ঘড়ি। একটু অদ্ভুত ঘড়ি। এই ঘড়িটাই শব্দ ক'রে
তাল দিতো গানের সঙ্গে-সঙ্গে। একটা যন্ত্র ঘুরিয়ে দিলে প্রত্যেকটি
টিকটিক আওয়াজ রীতিমতো জোরে তবলার বোলের মতো টকটক

图 3-37　孟加拉文字

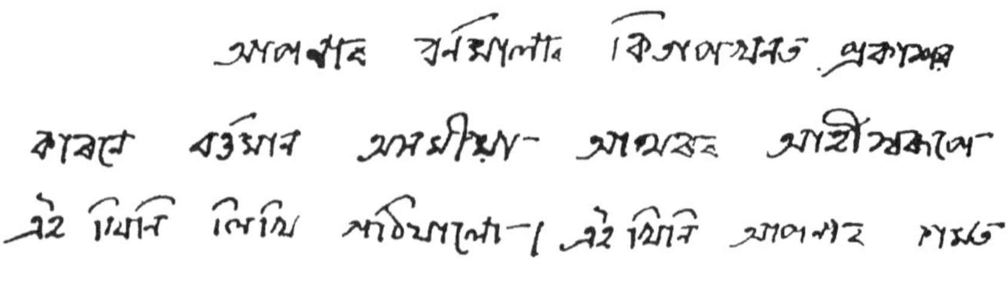

ΑΝΑΝΗ ΣΝΗΑΝΑΝ ΙΚΙΝΑΝΑΝΑΝ ΨΚΑΝΗ
ΝΑΝΝ ΝΑΝΑΝ ΑΝΣΝΑΝ ΑΝΑΝΝ ΑΝΣΝΑΝΝΑ
ΝΝ ΙΝΗΝΙ ΙΗΝΗ ΝΗΙΝΑΝΗ ΝΝ ΙΝΙΝ ΑΝΑΝΝΝ ΝΑΝΝΝ

图 3-38　阿萨姆文字

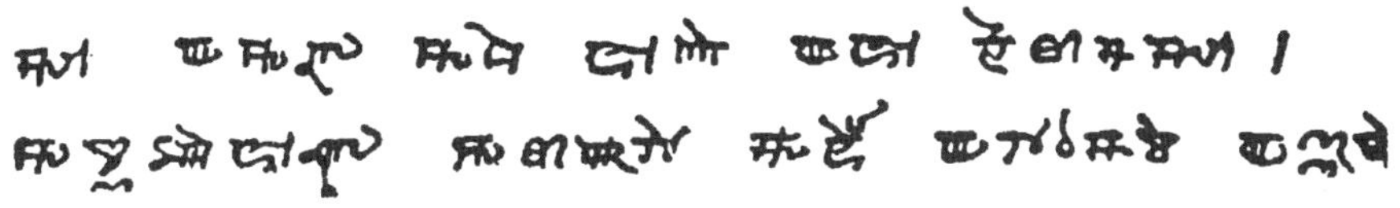

图 3-39　曼尼普尔文字

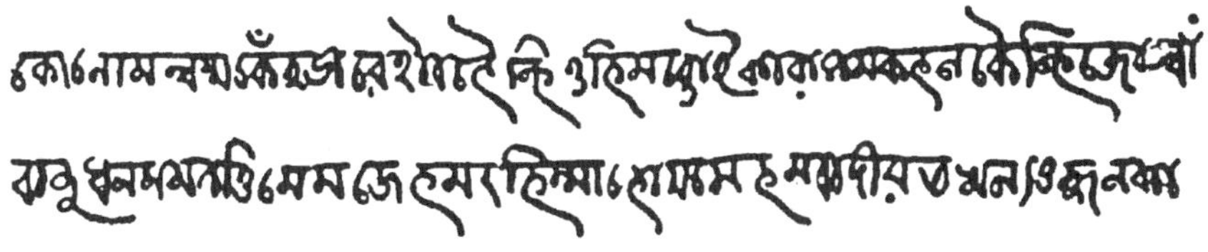

图 3-40　迈蒂利文字

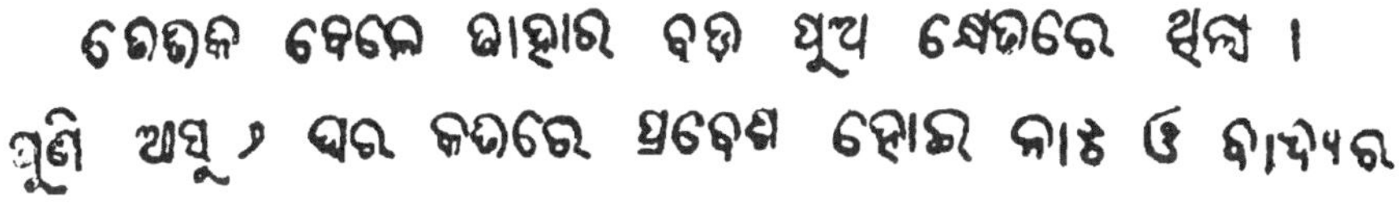

图 3-41　奥里亚文字

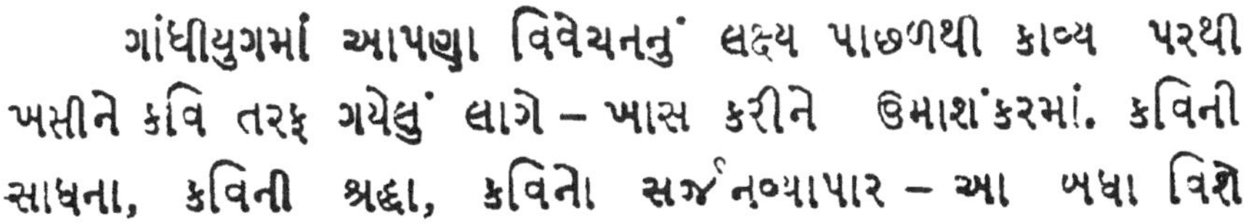

ગાંધીયુગર્મા આપણા વિવેચનનું લક્ષ્ય પાછળથી કાવ્ય પરથી
ખસીને કવિ તરફ ગયેલું લાગે – ખાસ કરીને ઉમાશંકરમાં. કવિની
સાધના, કવિની શ્રદ્ધા, કવિનો સર્જનવ્યાપાર – આ બધા વિશે

图 3-42　古吉拉特文字

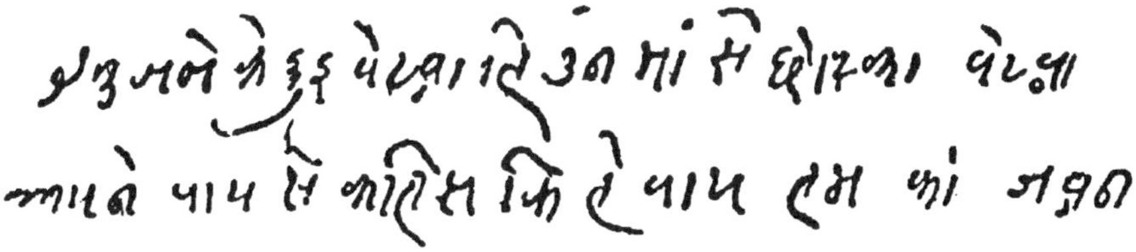

图 3-43　凯提文字

萨拉达文字是笈多文字的另一支脉，衍生出塔克里文字。反过来，这就产生了克什米尔文字。

笈多文字的衍生文字还有巴利文字，而巴利文字又衍生了暹罗语或古泰语、缅甸语、卡维语、僧伽罗语等许多文字，这些文字是专门为书写与佛教有关的普拉克语（一种印度北部和中部的土语，起源于梵语或与梵语有关）而精心设计的。随着佛教的发展，巴利文字也在演化。今天的印度已经没有巴利文字了。在中亚和东南亚的佛教国家，以及印度尼西亚群岛，可以发现一些幸存下来的文字，它们为许多新文字提供了一个模式。暹罗文或古泰文探索了一种表示音素音调的独特方法。[50] 因为在引入文字后，泰语发生了变化，文字中的一些辅音变得多余了：这些"多余的"字母后来变成了带音调的字母。泰语中还有 4 个变音符，它们依附在辅音的右上角来表达语气（如果辅音已经有一个元音变音符号，那么音调指示符就写在它上面）。连续元音在泰语中很常见，但在印度雅利安语中不常见，因此使用特殊标记来注明这些元音。不发音的字母保留了过去的拼写方式——但不再发音，就像英语中"bean"中的 a——也会有一个变音符号，就好像我们要写的是"bea*n"。

另一个巴利文字是卡维文字（Kavi）。在印度长期的宗教和文化影响下，印度尼西亚群岛出现了一些新的文字。公元 9—15 世纪期间，卡维语在爪哇盛行。它模仿暹罗语，为岛上最大的语言社区爪哇语使用者服务。卡维文字是用印地语惯例来表示元音的。然而，爪哇卡维文字变体引入了一些有趣的特征：在通信中使用的特殊符号表示作者相对于收件人的等级（即较高、相等、较低；爪哇卡维文字是建构社会关系的唯一印度语言的指示文字）；标点符号表示新段落；大写字母用来写每个字母的专有名称。[51] 在这一地区有几种卡维衍生文字（图 3-44）。卡维文字还衍生出大洋洲被"发现"之前的唯一文字：西里伯斯的马卡萨－布吉尼斯文字（可能是通过苏门答腊巴塔克文字这一桥梁），以及现在已经灭绝的菲律宾的塔加拉文字和比萨亚文字。

西方人在 1521 年首次知道了这两种文字。

巴利文字还包括南印度、斯里兰卡和马尔代夫的僧伽罗文字，僧伽罗文字遵循巴利文字的基本原理，但也受到南印度语马拉雅拉姆语（图 3-45）的强烈影响。

另一个重要的北印度语言是藏语，它可能直接来源于笈多语，也就是纳加里语、萨拉达语和巴利语的姊妹语言（图 3-46）。[52] 然而，藏语并不适应这种外来的印度 – 雅利安文字。印度 – 雅利安文字保留了印度语言的辅音字母和变音符来表示元音，但只有一个元音字母 /a/，这与系统自己的"默认"元音 /a/ 相同。这个 /a/ 字母然后被用来附加其他的变音符，以表示进一步的元音。因为藏语自公元 700 年以来发生了巨大的变化（当时的文字最初是由笈多人完善的），而文字却几乎没有改变，所以藏语在今天是极其难以阅读的。藏语最大的问题是，作为声调语言它的文字不标记音调。

蒙古文字主要有八思巴文和改编的维吾尔文两种，都是字母文字。根据中国元朝皇帝忽必烈的谕令，大喇嘛八思巴于 1260 年参照藏文创造了八思巴文。维吾尔语最终起源于阿拉米语；14 世纪，蒙古书吏从藏文中借用了一些符号和标记来改造维吾尔文，以创造一种更实用的字母文字，称为加利克文字。现代蒙古文字（图 3-47）从左到右用竖栏书写。

南部印度文字主要传达印度次大陆的主要本土语系，即德拉威语系，就像北部语系一般，同时也包括了约公元前 1900 年传入该地区的印欧语系的印度 – 雅利安语。南部印度语在规模和影响上都逊色于北部印度语，它的文字传达泰米尔语、泰卢固语、马拉雅拉姆语、卡纳拉语等。在纳加里文字改进前的两百年间，南部印度已有超过 5 种不同的文字。早期卡达姆巴文字是古卡纳达文字的原型，而古卡纳达文字本身就启发了一些在印度南部地区具有重要意义的文字的创制。公元 1500 年左右，这种文字的晚期形式——卡纳达文字（图 3-48）和泰卢固文字（图 3-49）开始发展成为现代可识别的文字——印度南部最重要的两种文字。

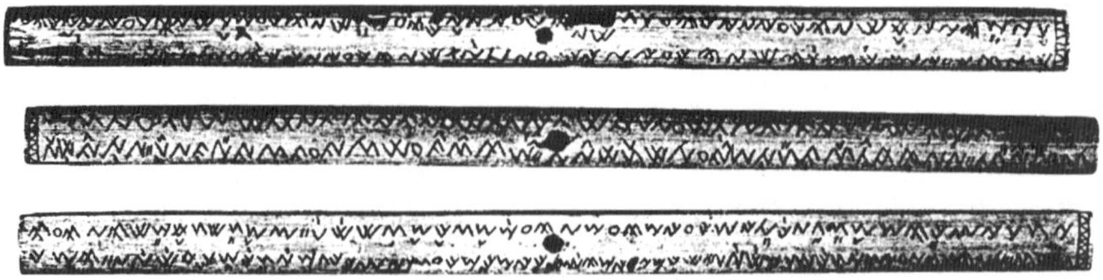

图 3-44　写于 19 世纪的竹条上的传达马来语的勒姜文字，该文字由南苏门答腊岛卡维文字衍生而来

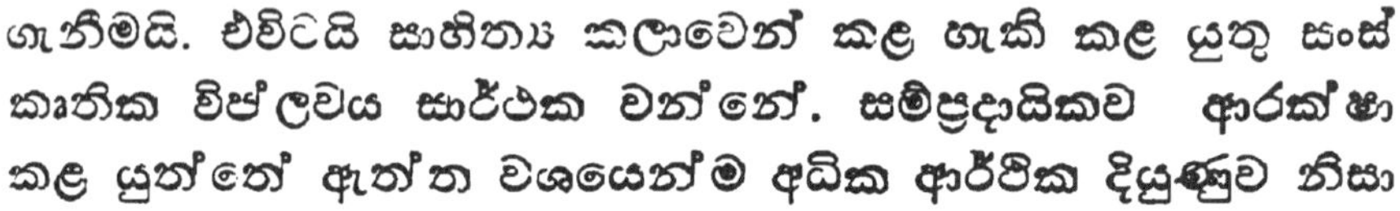

ගැනීමයි. එවිටයි සාහිත්‍ය කලාවෙන් කළ හැකි කළ යුතු සංස්
කෘතික විප්ලවය සාර්ථක වන්නේ. සම්ප්‍රදායිකව　ආරක්ෂා
කළ යුත්තේ ඇත්ත වශයෙන්ම අධික ආර්ථික දියුණුව නිසා

▲图 3-45　僧伽罗文

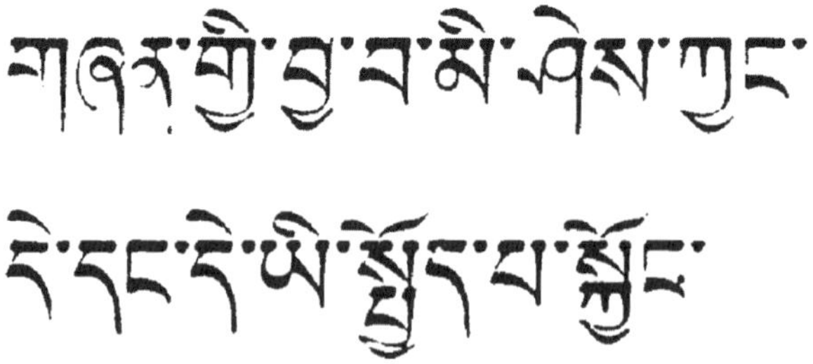

▲图 3-46　藏文

▶图 3-47　现代蒙古文

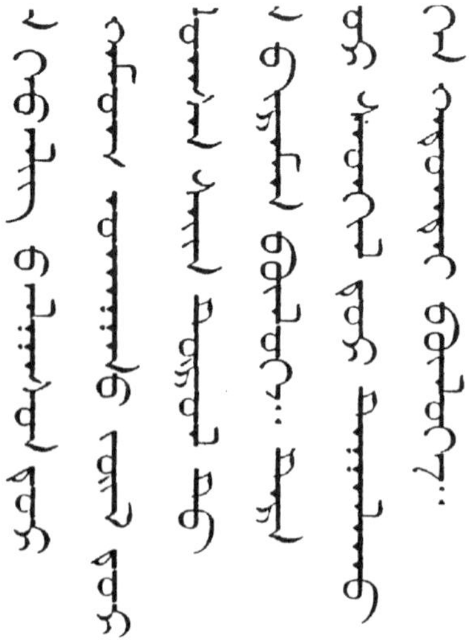

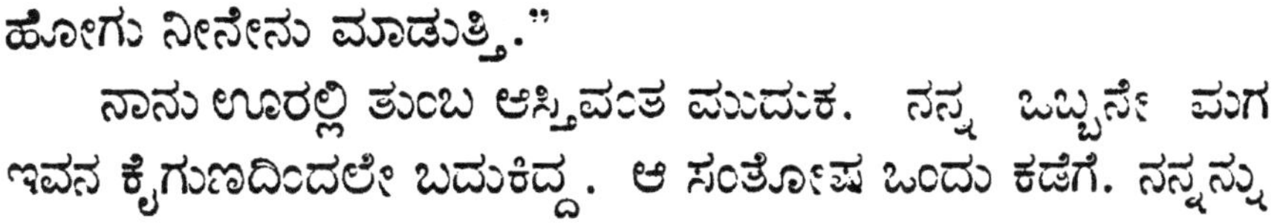

ಹೋಗು ನೀನೇನು ಮಾಡುತ್ತಿ."

ನಾನು ಊರಲ್ಲಿ ತುಂಬ ಅಸ್ತಿವಂತ ಮುದುಕ. ನನ್ನ ಒಬ್ಬನೇ ಮಗ ಇವನ ಕೈಗುಣದಿಂದಲೇ ಬದುಕಿದ್ದ. ಆ ಸಂತೋಷ ಒಂದು ಕಡೆಗೆ. ನನ್ನನ್ನು

图 3-48 卡纳达文

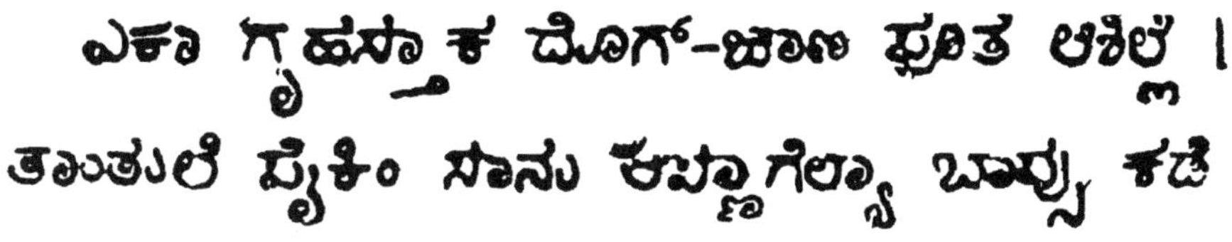

ಎಕಾ ಗೃಹಸ್ಥಾಕ ಡೊಗ್-ಜಾಣ ಫುಥತ ಲಶಿಲ್ಲ ।
ತಾಂತುಲೆ ಪೈಶಿಂ ಸಾನು ಕಟ್ಟಾಗೆಲ್ಯಾ ಬಾರ್ಬು ಕಡೆ

图 3-49 泰卢固文

രതിയുടെ ദുഃഖം കുനിഞ്ഞു. കാരണമില്ലാതെ ശരീരം വിറച്ചു. നെഞ്ചിൽ ചുണ്ടൽകൊക്ക കൊളുത്തി വലിക്ക ന്ന അനുഭവം. എന്തൊരളപ്പുകെട്ട മനുഷ്യനാണിയാം.

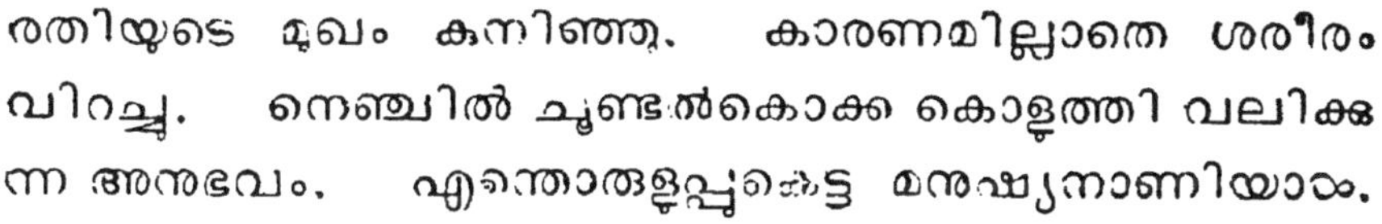

图 3-50 马拉雅拉姆文

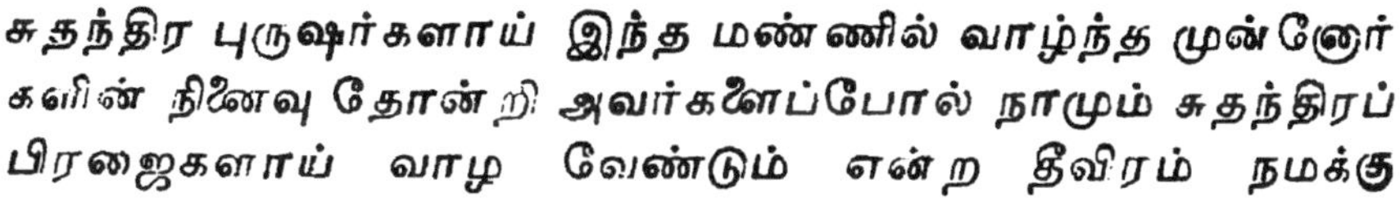

சுதந்திர புருஷர்களாய் இந்த மண்ணில் வாழ்ந்த மூன்ரோர் களின் நிஊவு தோன்றி அவர்கஊப்போல் நாமும் சுதந்திரப் பிரஜைகளாய் வாழ வேண்டும் என்ற தீவிரம் நமக்கு

图 3-51 泰米尔文

　　另一个重要的南印度文字是格兰塔文字。大约 800 年前，它是马拉雅拉姆文字的原型，传达了马拉雅拉姆语和南印度的梵语（图 3-50）。今天，它在印度南部只传达马拉雅拉姆语，在印度西部也传达泰卢固语。格兰塔文字于公元 750 年左右，也许是通过纳加里文字衍生出泰米尔文字，它在功能上类似于北印地语文字。传统泰米尔文字以简单易读而闻名，现代泰米尔文字则困难重重（图 3-51）。[53] 古泰米尔书面语不需要标明像 /ph/ 这样的送气音或像 /f/ 这样的擦音，因此它的字母总数只有 20 个左右（相比之下，古卡达姆巴文字有约 40 个字母，马拉雅拉姆文字有 53 个字母）。

北部印地语和南部印度文字分享原初的婆罗米文原则，即用强制性变音符来表示元音。差异只存在于单一系统所传达的不同语言中，每种语言的需求各不相同。所有印度文字的外部差异比内部差异要大得多，就像一个大家庭穿着不同的衣服。书写的内部形式，即辅音字母系统，从基因上把它们联系起来；书写的外部形式，数百种不同的文字，将它们从社会上分开。人们通常首先认同图符的外观，也即字母形状。对于整个系统，很少有人会感觉到它的存在。

大部分印度文字都没有在这里命名——在 2400 多年的时间里，那些源于婆罗米语的文字传达了数百种语言。人类的很大一部分都接触过这种文字。在公元第三个千年之初，这一地区保持着世界上最大的文字多样性。全球化的结果毫无疑问是简化和减少，甚至是完全取而代之。然而，这里的改变可能比其他地方需要更长的时间。

最早的书写系统时代是书写的加速扩散和多样化。在比布鲁斯、安纳托利亚和爱琴海地区，音节文字已经盛行了好几个世纪。辅音字母文字逐渐传播开来，首先从埃及，然后从黎凡特，最终取代了音节文字。随着系统的重大转变，辅音字母文字继续传达着印度次大陆以及中亚和东南亚的语言。但这只是部分原因，主要还是由于表示辅音音素的辅音字母文字的结构原则非常容易借用。书写系统或文字的有效性很少决定于它的生命力和影响力，而是决定于使用它的人的经济实力和社会声望。书写及其兴衰堪称古代社会权力的晴雨表，从腓尼基文字到阿拉米文字，再到阿拉伯文字，记录了中东地区长达 1700 年的命运起伏。一个强大社会的书写系统——辅音字母文字——将成为时代的表征，而一个弱小社会的书写系统终会消亡。

然而，辅音文字并非一个放之四海而皆准的体系。它可能非常适合闪米特语的架构，但对辅音和元音都同样需要得到表达的非闪米特语言而言并不胜任。没有一种书写系统天生比其他的"更好"，即使是那些强大而富足的民族。正如我们所见，大多数没有文字的民族都借用了文字，然后改编了文字。对于许多人来说，为了使其成为可用的文字，系统本身的重大创新是必要的。书写的 3 种类型——符号、音节和字母（以及它们的过渡和混合用法）——都被特定的语言、社会和时代最大化了。[54] 正如在自然科学中一样，一个系统的成功或生存不需要优势，而是需要适应能力。

这种情况导致了文字史上最后一项重大创新——希腊人的赠礼——完整的字母文字，显然适用于从 α 到 ω 的一切事物。

第四章　从 α 到 ω

生活在公元前 5 世纪的希罗多德在描述腓尼基城邦推罗王子、欧罗巴的兄弟卡德摩斯的传说时写道："与卡德摩斯一起迁来的腓尼基人在希腊定居后，成就斐然，其中最重要的是书写。我认为，直到那时，希腊人才知道这种技艺。"古希腊人于是从腓尼基人那里学会了使用辅音字母，在此之前，他们已经掌握了音节文字（见第三章）。按照希罗多德的说法，早在约 1650 年之前，也即卡德摩斯生活的时代，音节字母就传到希腊了。也许这位历史学家的记载是古希腊人首次借用外来文字传说的回响，而不是第二次。

　　当然，是古埃及人，而不是古希腊人或腓尼基人，首先采用一个符号对应一个单辅音音位的方式来记录自己的语言（音位是在语言系统中按照功能关系来考虑的语音，就像英语 bin 和 pin 中的 b 和 p）。这种巧夺天工的书写方法——每个辅音音位对应一个符号——传播到西奈和迦南，并在灵活性和经济性方面彻底改变了书写模式。人们不再需要学习数百种符号了；通常，在任何一种语言中，传达辅音音位只需不到 30 个"字母"（字母表中的符号）。通过这种方式，每个人都可以掌握书写技能。这一创新，特别是在北方闪米特文字的演进和文本中所呈现，迅速传播，成为基于多样化的地理和语言的 3 种书写系统的源头。[1]

腓尼基人启发了阿拉米文字的诞生，而阿拉米文字又启发了南亚和东南亚的数百种文字的创造（见第三章）。此外，受腓尼基文字启发的阿拉米文字也催生了蒙古文和满文，甚至间接影响到遥远的印度次大陆文字。但在所有这一切之前，是腓尼基人启发了古希腊人。正是古希腊人对腓尼基人的辅音字母文字的借鉴和优化，才出现了"完整的"字母表——一个赋予元音与辅音同等地位的字母表（只有语言学家使用的国际音标才是完整的语音系统，但它对于日常应用来说太过笨拙了）。

第一节　希腊字母

　　所有学者都同意，古希腊人直接从推罗、西顿、比布鲁斯、阿什克隆和其他富裕的地中海港口的四处旅行的商人那里学到了"腓尼基字母"，这些商人在"海上民族"入侵浪潮消退后控制了地中海的贸易。然而，并不是所有人都同意这种"借用"发生的时间和地点。最近有学者认为，古希腊人"发明"字母表的唯一目的是写下荷马的作品。我认为，这种说法纯属异想天开。那种认为是"迈锡尼文明在公元前13世纪的崩溃导致所有希腊人失去书写艺术长达数个世纪之久"[2]的说法，是完全错误的，因为塞浦路斯的古希腊人在此之后不久就把他们的塞浦路斯－米诺安文字变成了线形文字C。在使用线形文字C的同时，他们"借用"了腓尼基文字。

　　后一种"借用"显然是与腓尼基商人密切接触的结果。塞浦路斯的书吏认为，对于会计来说，他们的字母书写比音节书写更快更容易。这种观点为早期塞浦路斯字母文字的某些现象所印证，如有一些用法，如果书吏不习惯音节文字，是不可能想到的。虽然古希腊人借用腓尼基字母的确切时间不得而知，但古典学者的普遍共识是，它发生在公元前10世纪左右，最晚不迟于约公元前850年。[3]早在1906年，大英博物馆馆长兼首席图书管理员爱德华·莫恩德·汤普森就认为，"古希腊人早在公元前 9 世纪就从腓尼基人那里学会了书写的艺术，他们甚至在一两个世纪以前就获得了这种能力，这也不是不可能的"。[4]一个世纪后的今天，这一观点仍然成立。

因此，不间断的书写传统一直赋予古希腊人力量，自公元前 2000 年前后从黎凡特那里学会了书写后，他们一直在书写，从未完全丧失书写能力但不像其他印欧民族有这么长时间的书写。

这也意味着早期使用古希腊语的社区经历了两种文字的借用，而两种不同的书写系统都来自黎凡特。公元前 2000 年左右，克里特岛的米诺安人借用了比布鲁斯的音节文字（但既不是个别符号，也不是他们的闪米特语音值）。然后，约公元前 1000—前 900 年，塞浦路斯人借用腓尼基人字母书写的观念（这一次包括符号和他们的闪米特语音值）。从约公元前 850—前 775 年，字母文字在爱琴海地区的古希腊人间扩散开来，先是罗得岛和克里特岛，接着是埃维厄岛。这种从音节到字母的发展，在古希腊文字中显示出越来越多的元音主义倾向，类似于印度次大陆不久所经历的情况。这两个地区的语音发展与他们的闪米特语源头相矛盾，那里的文字仍基本上由辅音构成。

古希腊人对东方书写系统的第二次借用代表了一次"初级传播"，这一行为产生了一种全新的书写形式，然后，通过"次级传播"传遍了希腊语的社区。[5]正是这种二次传播，创造了丰富的早期希腊字母的地域变体，考古发现证明了这一点。字母表中许多地域变化偶然地与希腊语重新扩张的历史动态相吻合，主要是通过欧洲人，他们立即开始使用新的字母，并带着它们离开了希腊的海岸线。[6]特别是在公元前 8 世纪早期，埃维厄人为希腊的商业扩张开辟了道路，他们带着他们特有的希腊字母，从东边的叙利亚到西边靠近那不勒斯的伊斯基亚（Ischia）建立了贸易殖民地。[7]埃维厄文字在 8 世纪完成改进，它有别于克里特岛、锡拉岛和米洛斯岛的那些更接近腓尼基原型的古希腊字母。

古希腊人是历史上第一个系统而连贯地表现元音音位的族群（阿拉米语书吏在几百年后通过元音字母达到了同样的目的，接着希伯来人也用元音变音符号解决了这一问题。参见第三章）。更重要的是，他们赋予每个希腊元音一个符号，同辅音一样把这些符号单独写出来，或者用辅音把它们连在一起。通过同时使用辅音和元音的方式，他们比以前或以后设计的任何系统都更忠实地再现了语音。因此，古希腊人第一次实现了一种对语言相关语音的"映射"。尽管只想用新的腓尼基文字来表达他们自己的希腊方言，但塞浦路斯的希腊书吏不经意间完成了一个创举，即只需稍作修改，就可以用这一系统表达世界上任何一种语言。这样，古希腊人在一定的限度内"完善"了字母书写。

公元前 2000 年左右，古希腊人借用了音节文字，根据图形字画谜原则，他们不得不在米诺斯时期的希腊语名称基础上，精心设计了一套全新的图形音节文字。现在，通过字母文字，塞浦路斯希腊人接受了字母的概念和腓尼基符号本身，因为它们是字母，而不是图形。也就是说，一个符号的语音是重要的，而不是它的意义。

正因为如此，古希腊人甚至采用了古腓尼基语的名字来命名每一个符号，并且没用他们传统的闪米特语序列——'ālep、bēt、gīmel、dālet 等等，但发音都是希腊语 alpha、bēta、gamma、delta。每个名字的意义并不重要。只是这样的字母的名字也就足够了。

换言之，古希腊人做了几千年前许多人在类似情况下所做的事情：借用别人的系统，然后使其适应当地语言的迫切需要。大约 500 年前，乌加里特书吏已经使用 3 个长元音和短元音 /a/、/i/ 和 /u/ 来"完成"他们的辅音字母表。古希腊人的辅音和元音字母只是另一种变体。腓尼基人已经在使用一种"完整"的字母文字来满足他们自己的需要，因此，这已经是一种成熟的字母文字（图 4-1）。尽管如此，鉴于其简洁性和适应性，塞浦路斯希腊人的贡献必须被视为文字史上最后一次重大创新。

为什么古希腊语会做出改变？因为，正如语言学家弗洛里安·库尔马斯敏锐地指出的那样："如果没有重大的调整，应用于非闪米特语言的闪米特字母就不能用来代表该语言的发音。"[8] 与腓尼基人的闪米特文字不同，古希腊文字中元音和辅音都被用作信息载体。元音在古希腊语早期的音节文字中已经是固有的，塞浦路斯书吏肯定意识到了这一点。于是，这些书吏就用腓尼基人特有的字母创造了元音。当用

腓尼基 公元前 1000—公元前 900		克里特 公元前 750	雅典 公元前 700	爱奥尼亚 公元前 400	名称 / 音值 /
Ɐ	ʼālep/ʔ/	A	Ⱶ	A	alpha/a,ā/
ᓚ	bēt/b/	ᓚ	[none]	B	bēta/b/
↖	gīmel/g/	⋀	[none]	Γ	gamma/g/
Δ	dālet/d/	Δ	[none]	Δ	delta/d/
ⱻ	hē/h/	ⱻ	ⱻ	E	epsilon/ɛ/
Y	wāw/w/	⅂	[none]	[none]	(digamma/w/)
I	zayin/a/	I	I	I	zēta/z/
日	ḥēt/ḥ/	日	日	H	ēta/æ/
⊗	ṭēt/ṭ/	⊗	[none]	Θ	thēta/tʰ/
⤷	yōd/j/	⌇	⌇	I	iōta/i,ī/
⤲	kāp/k/	⤲	⤲	K	kappa/k/
∠	lāmed/l/	⋀	⌐	Λ	lambda/l/
⤵	mēm/m/	⤵	M	M	mu/m/
⤼	nūn/n/	⋁	⋁	N	nu/n/
⹌	ṣāmek/ṣ/	[none]	[none]	Ξ	xi/ks/
⊙	ʼayin/ʕ/	⊙	O	O	omikron/o/
↑	pē/p/	⌐	⌐	Γ	pi/p/
Z	çādē/sᵖ/	M	[none]	[none]	(san/s/)
Φ	qōp/kᵖ/	Φ	Φ	[none]	(qoppa/k/)
⤸	rēš/r/	⤸	⤸	P	rhō/r/
W	šīn/s, š/	[none]	Ƨ	Σ	sigma/s/
+	tāw/t/	Τ	Τ	T	tau/t/
		Y	Ⴤ	Y	upsilon/y,ȳ/
				Φ	phi/pʰ/
			X	X	chi/kʰ/
				Ψ	psi/ps/
				Ω	ōmega/ɔ/

图 4-1　腓尼基语的辅音字母借用到希腊，每个字母仅代表几种可能的变体之一

每个字母的全名以"连读"的方式朗读时，这个字母表包含的发音与已知的希腊元音相似，但是前面有辅音，希腊人要么没有察觉到（因为这些声音在希腊语中并不存在），要么为了利用其元音音值，从而有意忽略了其辅音音值。[9]腓尼基字母的重新解释可能是"使用非闪米特语音系统的语言的人在学习字母名称和截头表音原理的过程中自动发生的"。[10]

作为一种重要的语言发音系统，闪米特语音系统确实与希腊语非常不同。所有腓尼基语单词都以辅音开头，但许多希腊语单词都以元音开头。讲希腊语的书吏实际上被迫做出重大改变，仅仅是为了念出腓尼基字母的名字，腓尼基字母的意思现已不可考。一些辅音字母的发音在公元前 1000 年左右的古希腊语中是不需要的，在被借用后，只用于它们名字中的元音。这样，每个腓尼基字母的"弱辅音"或"半元音"的发音都被当作纯元音，而不是辅音或半元音。所以古老的腓尼基语喉塞音'ālep 变成了希腊语的 A，即 alpha。古老的腓尼基语的 hē 被解读成了希腊语的 E（/h/ 没有标记，虽然在希腊语中经常出现；很久以后，这个词才在需要的时候变成了变音符号）。古老的腓尼基语的 yōd，y– 的发音，变成了希腊语的 I。古老的腓尼基语'ayin（喉音'）变成了希腊语 O。最早的希腊字母文字已经显示了所有这些形式。

希腊语中的 Y 表示 / y /（如法语中的 tu）是从别处借鉴而来的，因为这个音在古腓尼基语中没有出现。在后来的几个世纪里，希腊人把 Y 和 ov 区分开来（如英语中的 BOOT），就像现代法语把 u 和 ou 区分开来一样。然而，Y 也是古老的腓尼基语 wāw，/w/ 经过改变，后来变成了早期希腊语的"digamma"或 /w/（随着希腊语的变化，这个字母最终从字母表中删除）。

此外，希腊人还增加了 3 个新符号（最有可能来自塞浦路斯早期的文字）。这些字母表达了古腓尼基语中不存在而希腊语中常见的辅音：Φ 表示 /ph/、最初的 p+ h 音（如在"top hat"中）；X 表示"kh"；ψ 表示双辅音 /ps/。[11]此外，在早期希腊语中，元音的长度是存在音位差异的，也就是说，在某些单词中，短元音与长元音形成了显著的对立。因此，从最早的铭文到古希腊语，最常见的两个长元音分别被赋予一个特殊的字母：Ω 表示长元音 /o：/（通过打开希腊语短 o 的底部），H 代表长元音 /ε：/（源于古腓尼基语人 ḥēt，发音时带有长元音 /e：/ 音）。

从一开始，希腊字母文字的设计就是相当完善的。尽管如此，书写仍然是一项"原始"的工作（图 4-2）。几个世纪以来，没有标准的希腊正字法。大写字母和小写字母之间没有区别，没有标点符号，也没有单词分隔，每个地区都遵循当地的惯例——有时使用他们当地的字母。最早的希腊铭文是以闪米特人的方式书写的，从右到左，或用"牛耕式"，每行交替书写方向。直至公元前 6 世纪，大多数书吏更喜欢从左到右依行书写。这种方法最终取代了所有其他方法。

图 4-2 迪普利翁壶（约公元前 730 年），发现于雅典古西门附近，上面刻有最早的希腊字母铭文："献给舞姿最优美的人"

早期希腊字母文字主要分为三大类：一是克里特、锡拉和米洛斯的古代字母文字；二是爱琴海、阿提卡和小亚细亚西海岸的东部字母文字；三是希腊西部和西西里殖民地的西部字母文字。在这一时期的大部分时间里，古希腊由各自为政的城邦组成，而不是一个王国或统一的国家。然而，到公元前4世纪中叶，爱奥尼亚字母作为一种东方文字（今天土耳其西部），在所有竞争者中脱颖而出，成为唯一的希腊字母文字。希腊语书吏对这种字母文字情有独钟，用它来表达基于雅典阿提卡方言的古典希腊语（图4-3）。

作为记录来自爱奥尼亚的荷马的《伊利亚特》和《奥德赛》的主要语言，爱奥尼亚文字成为表达雅典古希腊语的权威文字，公元前403—前402年，雅典要求所有雅典文献都必须使用爱奥尼亚字母文字。

在希罗多德时代（公元前5世纪），书籍由莎草纸卷制成，有些超过20米长。到那时，较早几个世纪的兽皮已经成为一种神学珍品。从公元前2500年开始，一些用古埃及象形文字书写的皮革文件（用阿拉伯树胶或橡树皮等鞣制过的兽皮都变成了皮革）保存了下来。在古风时代早期，作为书写材料的兽皮在西亚、伊拉克和波斯都很受欢迎。只有无毛的一面可以写字，于是出现了一种卷轴格式——一卷卷相连的皮革单面书写。

正如希罗多德在《历史》中所写："爱奥尼亚人也称其为'纸草皮'，这是古风时代一纸难求情形下的莎草纸替代品，他们确实在山羊皮和绵羊皮上写字。事实上，直到今天，许多外族还在使用这种材料。"（当然，在公元第一个千年，按照羊皮纸和犊皮纸加工程序制作的动物皮，再次成为首选的书写材料，正如基督教作家喜欢犊皮纸一样。参见第七章。）几个世纪以来，希腊、伊特鲁里亚和罗马的文字都是写在石头、树叶、树皮、亚麻布、黏土和陶器、墙壁空间、贵重金属、铅、青铜和木材上，有时也写在兽皮上。然而，大多数文字出现在涂有蜡的石板（希腊语写作 pínaksoi 或 déltoi，拉丁语写作 ceræ 或 tabulæ）和莎草纸上（在整个古典时期，埃及都能够持续地供应足够的莎草纸）。这些书籍大多是卷轴形式的，也有极少数是单页装订的，后者在希腊语和拉丁语中分别写作 bíbloi 和 libri。

文字史通常聚焦在正式书写上，通常被称为"书面体"。然而，大多数正式的文字——就像埃及的象形文字一样——最终都会精心设计出更快捷、更简单的书写普通事物的方法，把书面体留作特殊用途。这些较简单的文字通常是草写体或流动体，用草写体写的东西要比用书面体写的多得多。古希腊文字的草写体至少可以追溯到公元前 3 世纪，大部分是在莎草纸上（图 4-4）。显然，一个字母通常由一个笔画

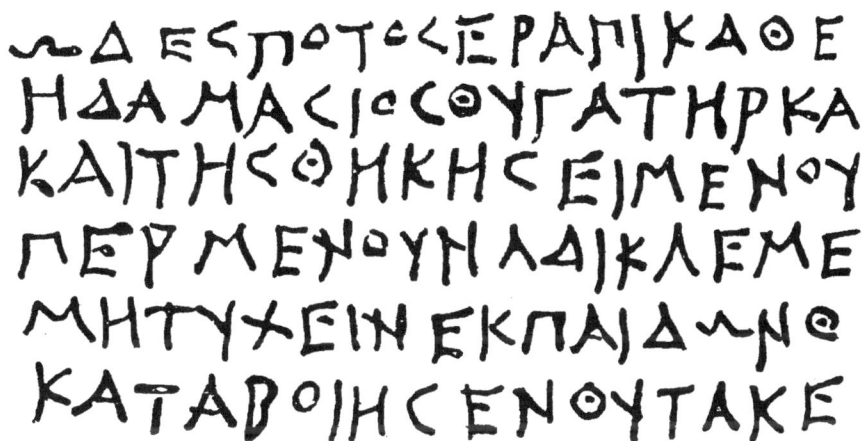

图 4-3 古典希腊语：所谓的"阿特米西亚莎草纸"写于公元前 3 世纪上半叶，是现存最早的希腊文学体或书写体样本之一

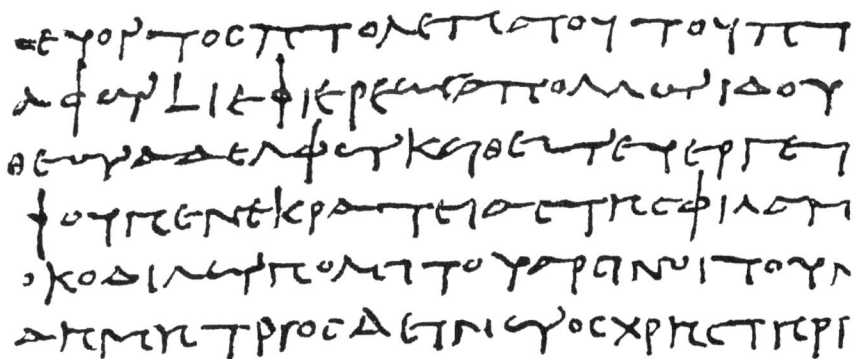

图 4-4 早期希腊草写体：代农之子德米特里乌斯的遗嘱，公元前 237 年

完成；有时将多个字母串联起来，形成连字。希腊草书体成为日常书体，用于写在莎草纸、蜡板、陶片、涂鸦墙等界面上（图 4-5）。石碑以及各种金属和黏土制品上的铭文几乎都是书面体的。

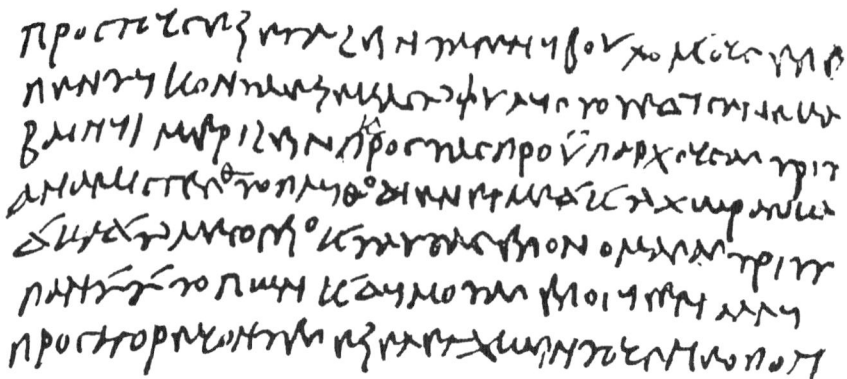

图 4-5　晚期希腊草写体：亚里士多德《雅典政制》副本，约公元 100 年

希腊和拉丁古文字学——研究古文字和铭文的学问——没有发现大小写字母之间的原初区别。早期希腊文字和拉丁文字只有大写，其中有两种：大写字母是希腊字母中最古老的形式，它的笔画相交成角度，以避免出现曲线，除非是为了便于识别；大写字母是纪念性和其他正式铭文的标准字母。

安色尔体允许使用曲线，更容易写在像莎草纸这样的软材料上。在早期希腊莎草纸中，安色尔体是最常见的字式。安色尔体与现代大写体非常相似，但更为圆润，在公元 4 世纪至 8 世纪之间，尤其广泛应用于几乎完全使用羊皮纸和犊皮纸的手稿中。

由于希腊的军事（亚历山大大帝）、经济和文化的影响，希腊字母成为"完整"（即完全元音化）字母的原型，这些字母在随后的几个世纪里出现在欧洲。这些最终几乎完全通过希腊语的再传文字——拉丁字母和西里尔字母传遍世界。这一过程在 2000 多年后仍在继续（图 4-6）。

（腓尼基语）

希腊语

古西班牙语）伊特鲁里亚语 哥特语 格拉哥里语 西里尔语 安纳托利亚语 阿拉米语 格鲁吉亚语 科普特语

东北古　　西南古　　　　　　（克罗　　俄罗斯语　卡里亚语　　　　　　　　　　　（努比亚语）
西班牙语　西班牙语　　　　　地亚语）　乌克兰语　吕底亚语
　　　　　　　　　　　　　　　　　　　保加利亚语　利西亚语
凯尔特　　东南古　　　　　　　　　　　塞尔维亚语　潘菲利亚语
伊比利尼语　西班牙语　　　　　　　　　　　　　　皮西迪亚语
　　　　　　　　　　　　　　　　　　　　　　　　西代语

莱提亚语 高卢语 威尼斯语　　　　拉丁语
　法利希语 北皮切诺语
　南皮切诺语 欧斯干语
　　　翁布里亚语

古福塔克如尼语

凯尔特欧甘语 英国如尼语 北较早期福塔克语

英语 西班牙语 法语 意大利语 葡萄牙语 德语 挪威语 瑞典语 荷兰语 其他文字

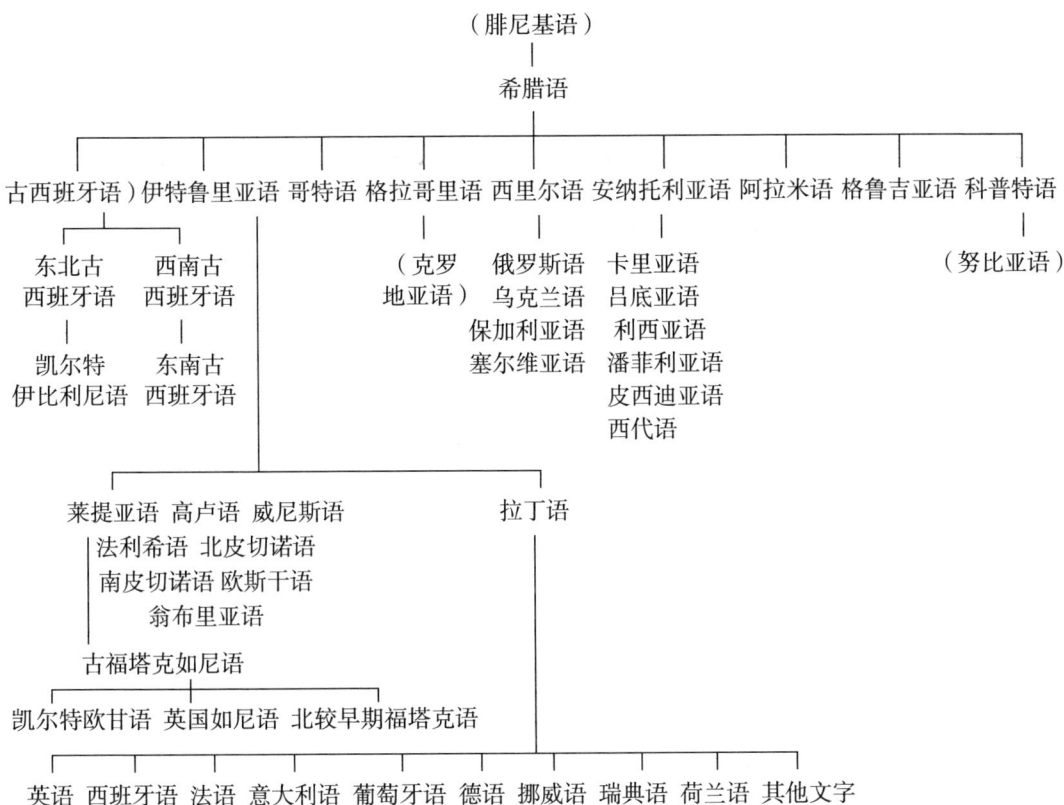

图 4-6　希腊语衍生文字简谱

在公元前第一个千年的小亚细亚（今天的土耳其），希腊字母启发了许多非希腊族群精心设计他们自己的安纳托利亚字母文字：卡里亚文字、吕底亚文字、利西亚文字、潘菲利亚文字、弗里吉亚文字、皮西迪亚文字（罗马时期）和西代文字。[12] 这些文字未能获得持久的意义，因为该地区的经济财富不断下降以及随之而来的几次重大入侵。

据说，亚美尼亚僧侣圣梅斯罗伯（St Mesrob，约 345—440）精心制作了公元 405 年亚美尼亚人的第一种文字——亚美尼亚文。亚美尼亚语是印欧语系的一个独立分支（希腊语和日耳曼语，包括英语都属于印欧语系）。亚美尼亚文以希腊字母为基础，最初由大约 36 个大写字母组成。到了 13 世纪，亚美尼亚语草写体（notrgir）开始发展，后来取代了大写体（图 4-7）。

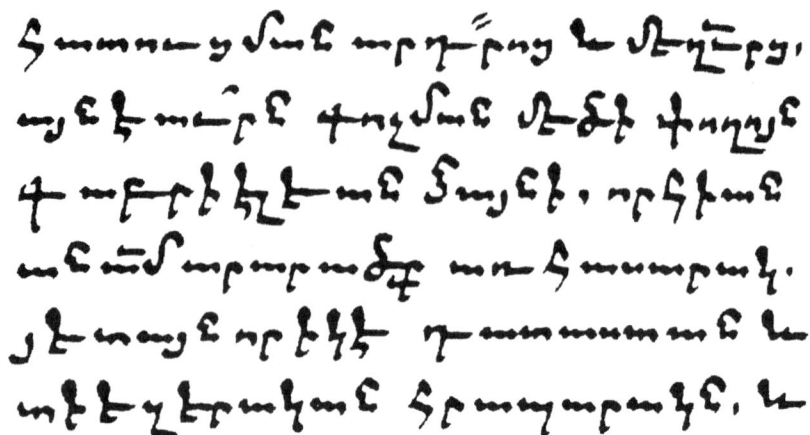

图 4-7　亚美尼亚语草写体，公元 1616 年

　　圣梅斯罗伯也被认为是在 4 世纪早期发明了格鲁吉亚字母文字——格鲁吉亚语属高加索语族，而不是印欧语族——和阿尔巴尼亚字母文字的人（这种多重归因表明梅斯罗伯的角色是虚构的）。格鲁吉亚基督教会用了 38 个字母；随着时间的推移，格鲁吉亚人发展出了字母数量不同的几种风格的文字（图 4-8）。Mkhedruli，或"骑士体"，最初作为世俗文献的载体，是格鲁吉亚最常用的文字，沿用至今。

　　在古埃及（见下文），希腊字母启发了科普特字母，而后者取代了世界上最古老的书写传统之一。在巴尔干半岛，希腊语产生了格列戈里文字和西里尔文字，这些文字最终产生了俄罗斯语等文字。希腊文字启发了意大利半岛上的一些文字，最重要的是伊特鲁里亚文字，而后者反过来又启发了世界上最成功的拉丁文字。

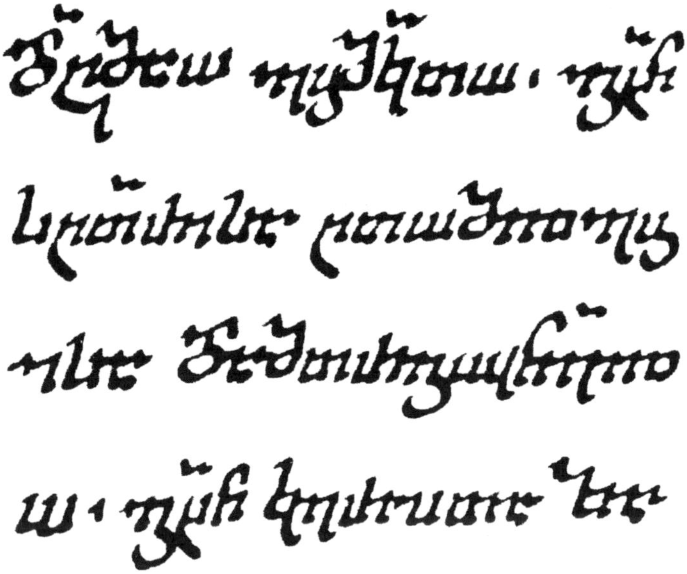

图 4-8　格鲁吉亚教会体，摘自公元 1621 年的一本祈祷书

第二节　麦罗埃语和科普特语

　　麦罗埃语（Meroïtic）是"库什王国"的非洲人使用的语言和文字，库什王国的首都是麦罗埃［Meroë，今天苏丹的贝格拉维亚（Begrawiya）］。[13] 公元前 250 年左右，麦罗埃书吏借用古埃及象形文字，或使用埃及派生的符号，以便用 23 个字母来书写他们的语言，每个字母代表 3 个元音或 15 个辅音、一个首字母 /a/ 以及 4 个特殊音节符号中的一个。第一个有据可查的麦罗埃文献是沙纳克达赫特王后的象形文字寺庙铭文（约公元前 180—前 170 年）。麦罗埃文字出现在岩石、莎草纸、陶片、陶器、雕像、蜡笔石、庙宇墙壁、祭坛、神龛和供桌上。

　　简单的系统表明了其闪米特起源，因为它似乎遵循同样的阿拉米规则，后来，通过纳巴塔人，发展出了阿拉伯文字（见第三章）。麦罗埃文字的外部形态可能是埃及式的，但其内部系统实际上是闪米特性质的。事实上有两种麦罗埃文字。很少使用的麦罗埃象形文字，就像它复制的埃及象形文字，是图形的，其应用局限于王室和神庙内部。麦罗埃线形草写体，就像其原型埃及世俗体，被广泛应用于其他场合，并最终取代了象形文字（图 4-9）。[14]

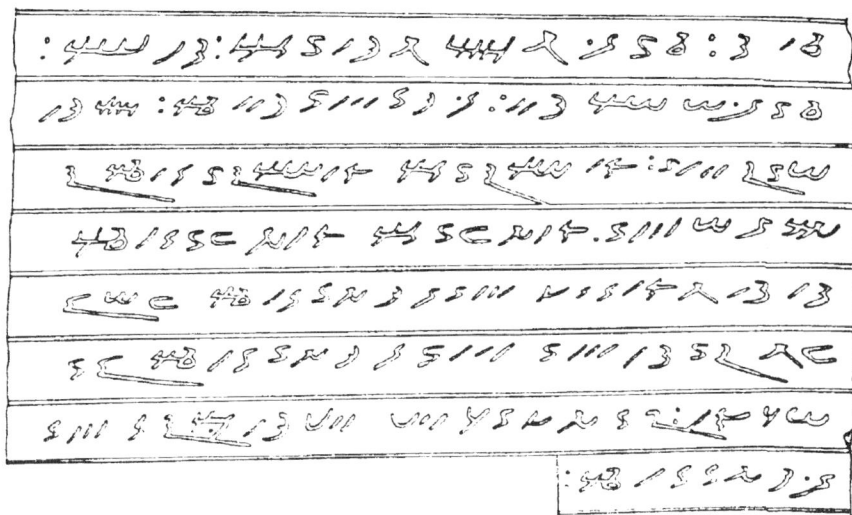

图 4-9 麦罗埃线形文字草写体："哦……伊西斯！奥……奥西里斯！
高贵的塔米耶长眠于此……"

　　象形文字通常以竖栏形式书写，草写体以横行形式书写，从右到左阅读（与所有闪米特文字一样）。然而，与印度文字相似的是，麦罗埃语中的辅音自动与元音 /a/ 配对，这是"默认"元音，除非后面跟着字母 /i/、/e/ 或 /o/。[15] 也就是说，如果一个辅音后面没有元音字母，那么就应该在那个位置读 /a/。在单词的开头，只能使用一个单独的字母 /a/，因为它不能自动匹配成"辅音 + /a/"。常出现的 ne、se、te 和 to 的音节组合都有自己的特殊字母，而 /e/ 也用来表示辅音后面缺少一个元音。一些常见的结尾辅音，如 /s/ 和 /n/，并不总是写出来的，它们的存在被认为是不言而喻的（如在爱琴海地区的音节文字中那样）。在麦罗埃草写体中，/i/ 通常与它前面的辅音连音。

　　在埃及南部的广大地区，已出土超过 1000 份麦罗埃文献。不幸的是，就像伊特鲁里亚语一样，尽管文本可以音译（例如转换为可读的拉丁字母），但只有少数单词是可翻译的。这是因为这些文字所表达的麦罗埃语言在很大程度上仍然不为人所知，既不是埃及语和闪米特语这样的非－亚语言，也没有和该地区后来的任何语言有明显的关系。因此，大多数铭文是看不懂的。麦罗埃语草写体作为麦罗埃语的书写文字，一直持续到约公元 325 年麦罗埃帝国崩溃为止。

公元前 332 年，亚历山大大帝征服了埃及（公元前 331 年，伟大的贸易和学术中心亚历山大城建立），希腊语言和文字赋能商业发展，繁荣书面文化，对埃及文字产生深远影响。在最初的几个世纪里，埃及的本土文字（象形体、僧侣体和通俗体）和希腊语和平共处，并行不悖。然而，越来越多的埃及语文献开始以希腊字母文字的形式出现。在公元 4 世纪，随着基督教、诺斯替教（Gnostic）和摩尼教传教士的到来，一种新的文字出现了。这些人使用修改后的希腊字母翻译《圣经》和其他经文，以表达日常埃及方言或"科普特语"（Coptic）——源自希腊语 Aigúptios 的阿拉伯语名词 Qubti（意为"埃及人"）。[16]公元 639/640 年阿拉伯人入侵埃及后，希腊文字显然还继续在埃及用于商业和官方事务。今天，科普特语主要指的是公元 4 世纪到 10 世纪的埃及语言和文字。科普特文字包括 32 个元音和辅音：25 个来自当时的安色尔体希腊文字，7 个来自埃及自己的通俗体文字。之所以要用通俗体符号，是因为许多希腊字母在科普特语音体系中没有相应的发音。特别是在古科普特语中，民间借词的数量因方言而异。例如，在书写标准的科普特语萨伊迪方言时，就使用了 6 个通俗体符号（图 4-10）。[17]

古科普特语习惯上以闪米特语的方式从右到左书写。然而，后来的标准科普特语是按照希腊语的方式从左到右书写的。[18]带有浊音字母 /r/、/l/、/m/ 和 /n/ 等的音节通常忽略了标记它们的元音。然而，在萨伊迪科普特语中，这些缺失的元音是通过在浊音字母上面的一个笔画来表示的。就像它同时代的希腊词源一样，科普特语没有单词分离或标点符号。一些变音符号将字母标记在特殊位置。例如，元音上的变音符"^"表示它构成了一个单独的音节，尽管这种做法直到公元 7 世纪后才被引入。

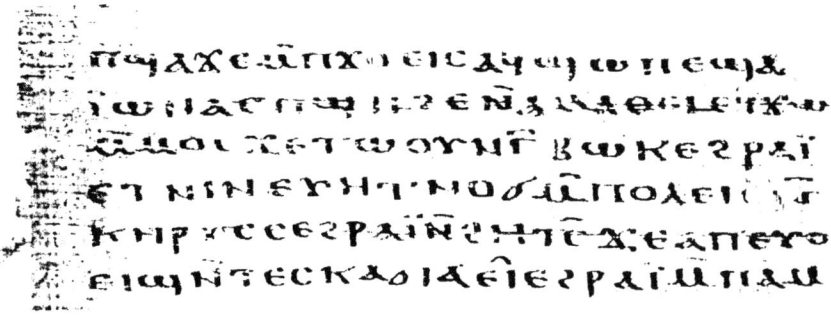

图 4-10　公元 4 世纪早期，用萨伊迪方言写成的莎草纸科普特语《圣经》

　　尽管伊斯兰教在 7 世纪的胜利把阿拉伯语和其文字带到了埃及，科普特文字作为一种正常的工作文字一直延续到 9 世纪。[19] 科普特语和文字在埃及基督徒中流传到公元 1200 年，在一些地方甚至更晚一些。然而，在这之后，它成为唯一的一种礼拜语言和文字，也就是说，它只在埃及科普特教会的基督教仪式中使用（这种文字一直幸存到今天，不过仅用于科普特东正教教会的礼拜仪式）。

　　溯尼罗河而上，努比亚教会借用了科普特字母并加以改造，以便书写当地语言。在其他的变化中，努比亚增加了 3 个源于麦罗埃草写体符号和音值的新字母。然后努比亚教派用努比亚日常语言写礼拜书。

第三节　伊特鲁里亚字母

希腊字母表最重要的借用发生在意大利半岛。大约公元前775年，来自希腊的欧洲殖民者在那不勒斯以西的匹德库塞（Pithekoussai）建立了殖民地，这是希腊人在意大利的第一个立足点（库迈是后来成立的）。从这两个基地出发，希腊文化开始影响意大利中部和北部的伊特鲁里亚人（Etruscan），伊特鲁里亚人最终成为希腊人和其他西欧民族之间的主要中介。伊特鲁里亚人最重要的文化借鉴是希腊字母，他们第一次用它来书写自己的语言。今天，伊特鲁里亚语在很大程度上仍然不为人所知——它与任何已知的语言都没有关系。正如奥维多考古博物馆馆长朱塞佩·德拉·菲纳所说："试图从我们仅有的几个例子中了解伊特鲁里亚人，就像试图通过观察石碑学习意大利语一样。每一件新文本都极大地增加了我们有一天破译这种古代语言的机会。"[20]

伊特鲁里亚文字是在埃维厄文字基础上创造的。在这一过程中产生的埃维厄 - 伊特鲁里亚字母被罗马人借用来书写他们的拉丁语言（图4-11）。这就解释了为什么今天的拉丁字母与现代希腊文字如此不同。

已知最早的伊特鲁里亚人碑铭可以追溯到公元前7世纪（图4-12）。目前已知的伊特鲁里亚铭文约有1.3万个，其中大部分是在罗马北部，也即古代伊特鲁里亚所在的意大利半岛西半部发现的。其中许多是记录时间、人名和地点的殡葬铭文（图4-13）。在意大利，伊特鲁里亚文字文献数量仅次于拉丁语；直到公元前200年埃特鲁里亚被罗马帝国吞并之前，它一直是意大利流行的书写形式。[21]

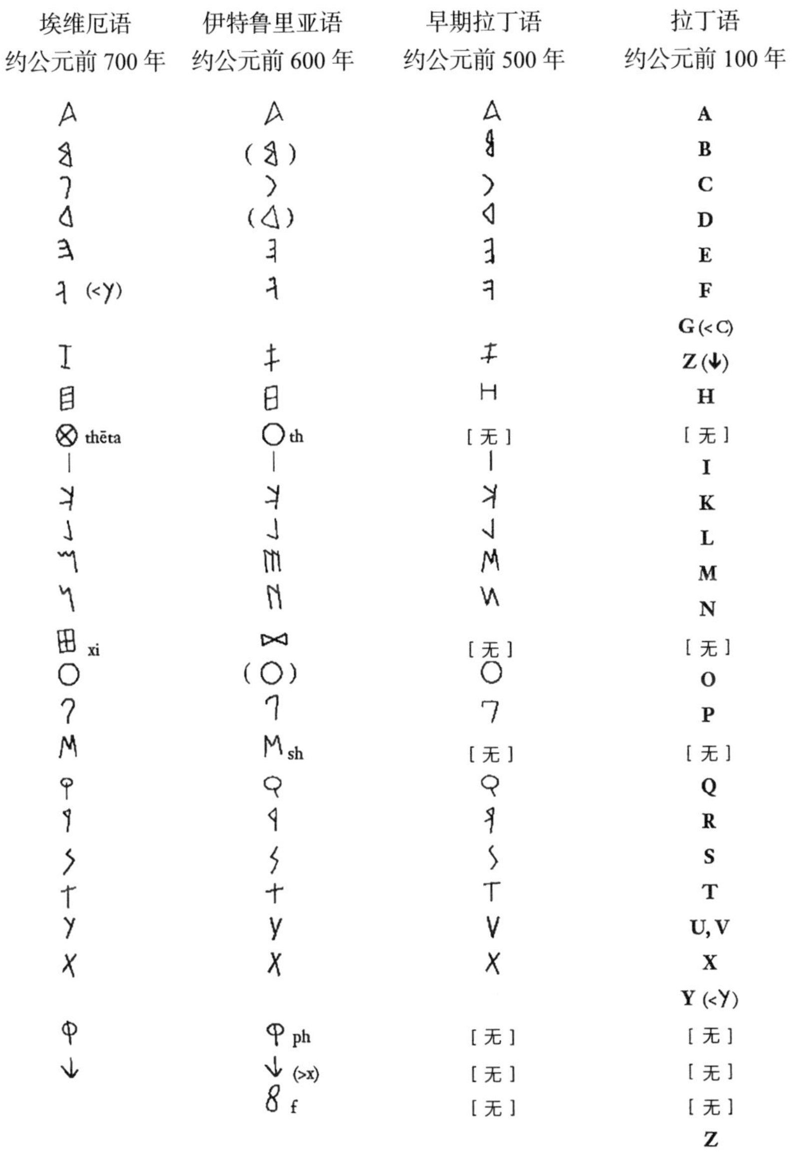

图4-11　埃维厄希腊语及其希腊语派生字在伊特鲁里亚语中的借用

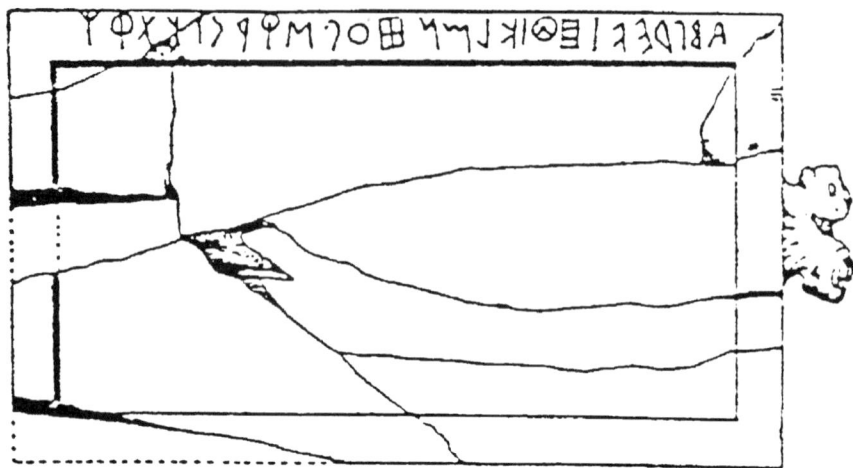

图 4-12　马尔西利亚纳象牙字
板上的伊特鲁里亚式字母（希腊
语），发现于意大利马尔西利亚
纳·阿尔贝纳

图 4-13　公元前 5 世纪，意大
利托斯卡纳的维多洛尼亚石碑上
的伊特鲁里亚铭文

伊特鲁里亚语与希腊语差别很大。[22] 首先，它的塞辅音中没有清浊音对立，所以没有必要区分 /b/ 和 /p/、/d/ 和 /t/、/g/ 和 /k/（最终，伊特鲁里亚人从字母表中去掉了 /b/ 和 /d/）。此外，它的语音系统中也没有 /o/（他们也删除了）。腓尼基符号 ḥēt 保留了原来的音值 h，尽管希腊语开始使用这个符号来表示 H，或者 ēta，一个元音。X 是双辅音 /ks/，而不是希腊语中的 /χ/ 或 "kh"。根据语境的不同，/k/ 有 3 种不同写法：在 /a/ 之前，用 C 表示 /k/；在 /u/ 之前，用 ♀ 表示 /k/；在 /i/ 和 /e/ 之前，用 Γ 表示 /k/。埃维厄语的 γ 符号 C 用于 /k/，因为伊特鲁里亚语没有 /g/（公元前 5 世纪，北伊特鲁里亚语偶尔在 /a/ 之前用 K 表示 /k/）。/s/、/z/、/š/（sh）等各种有咝擦音反映了伊特鲁里亚语的当地用法。在几个伊特鲁里亚语单词中，清塞辅音（/p/、/t/、/k/）与送气辅音（/f/、/θ/ 或 "th"、/χ/ 或 "kh"）交替出现。例如，在铭文中，/k/ 音和 /χ/ 音常被互换；然而，在 /l/、/r/、/m/、/n/ 等流音和鼻音之后，只写 /χ/，从不写 /k/。原来的 /f/，写作 F+ 腓尼基字母 ḥēt，以再现 /wh/，但于公元前 6 世纪被新字母 8 取代，加在伊特鲁里亚字母表的末尾。伊特鲁里亚语 Z 总是清辅音的 /ts/。[23] 这些字母的古老的闪米特语名字是由希腊人借用的，伊特鲁里亚人没有继续沿用。[24] 相反，他们根据元音的实际发音来命名，辅音根据它们的发音加上伊特鲁里亚语的中性元音 /e/ 或 AY，所以 T 的名字为 te（TAY），P 的名字为 pe（PAY），等等。由于使用上的限制，特殊字母 K 和 ♀ 的名字为 ka（KAH）和 ku（KOO），而 C 仍按常规被命名为 ke（KAY）。擦音，即可延长的辅音，如 f、v 等，是根据以它们用元音发出的声音命名的，所以 S 被命名为 "sss"，L 被命名为 "lll"，等等。后来，元音 /e/ 被加在这些擦音前面，以类推辅音。这样，S 变成了 /es/，L 变成了 /el/，我们今天仍然这样称呼它们。X 读作 /eks/，而不是 /kse/，是因为与希腊语相反，首字母 /ks/ 没有出现在伊特鲁里亚语中（假设如此）。所有的 21 个伊特鲁里亚字母的命名都不是基于物 – 词的截头表音原则，只有两个例外，都是仅基于声音而适时地采用了罗马名字。最后，由于几个世纪以来发音的规律性变化，它们也变成了英文名a、b、c等。[25]

伊特鲁里亚文字的书写方向通常是从右到左，就像古老的欧博文字和腓尼基文字那样。然而，一些伊特鲁里亚晚期碑铭遵循拉丁文字从左到右的书写方向。单词分隔直到公元前6世纪才出现，当时的书吏习惯用一个或两个点来分隔单个词语。

关于伊特鲁里亚文字仍有诸多未知之处，公元前2世纪，当罗马人的拉丁语言和文字盛行之时，它就停止使用了。重大发现仍在进行中。1999年，托斯卡纳科尔托纳的一个建筑承包商出土了一块刻有32行伊特鲁里亚文字的青铜板。它可以追溯到公元前300年左右，被称为考通尼斯青铜板，是现存有一定篇幅的10件文献之一。在铭文中已确认的约500个词汇中，有27个新词，该铭文似乎是两个家庭之间的财产契约。

伊特鲁里亚、坎帕尼亚和埃米利亚的广大地区的非伊特鲁里亚人也使用伊特鲁里亚字母文字。伊特鲁里亚语文字也启发了意大利非罗马族群字母文字的发明，但意大利南部和西西里岛除外，那里希腊字母占主导地位。然而，所有源自伊特鲁里亚语的文字所传达的语言——拉丁语（见后文）、利古里亚语、莱庞提克语、拉赫提安语、高卢语、威尼斯语、法利斯坎语、北皮涅语、南比肯语、奥斯坎语（图4-14）都属于印欧语族，这与神秘的伊特鲁里亚语形成了鲜明的对照。

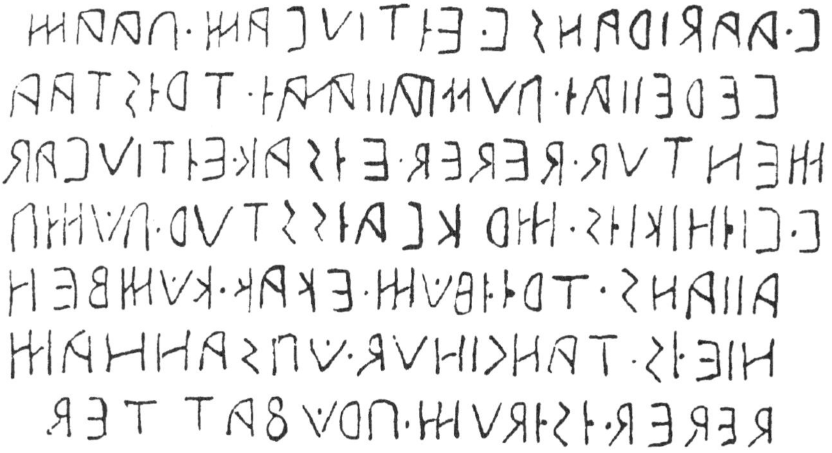

图 4-14　庞贝奥斯坎语碑铭，公元前 1 世纪

第四节　拉丁字母

　　大约在公元前 753 年罗马建立后的一个世纪，罗马人从北部占统治地位的伊特鲁里亚文化中借用了伊特鲁里亚人的书写系统和他们的文字。罗马人也照单接收了包括名称在内的伊特鲁里亚文字的全套工具：stilus，一种书写工具；cēra（蜡），用于字板；ēlēmentum，字母表中的一个字母；还有希腊 – 伊特鲁里亚文字 diphtherā（外皮），人为书写界面。拉丁文字中最古老的纪念铭文——罗马广场尼日尔青金石上的交互式纹线，可以追溯到公元前 6 世纪的第二季度。正如历史上每一次对文字的借用一样，罗马人为了适应拉丁语言的特殊要求而修改了他们的宿主文字。这个过程花了好几个世纪（图 4-11）。

　　在借用的时候，伊特鲁里亚人仍然在写 b 和 d，所以罗马人能够用这些字母来表达相关的拉丁语发音。伊特鲁里亚字母表的 3 个不同的 /k/ 字母也被接管了；罗马人将它们写作字母 C、K 和 Q（表示♀）。然而，拉丁语中多余的 K 是为特殊的古语词保留的。类似地，从伊特鲁里亚的实践中遗留下来的 C 的浊音用法也保留下来，比如 Gaius 这个名字的缩写 "C."。当 /k/ 出现在 /u/ 之前时，罗马人才开始用 Q 表示特殊的发音 /kw/，写成 QV（我们今天仍保留这种做法，写成 qu-）。双辅音（辅音丛）/ks/ 仅仅是 X。罗马人将伊特鲁里亚字母表中的 Z 保留在继承的字母表的第七位，尽管拉丁语中没有 /dz/ 发音。

拉丁语元音的长度并不是特别明显：每个 A、E、I、O 和 V 都依据上下文，可长可短。字母 I 和 V 也被用来表示半元音 /j/（发 y 音）和 /w/（图 4-15）。

公元前 3 世纪，罗马私立学校的第一任校长斯普里乌斯·卡维利乌斯·鲁加发现罗马字母表需要一个音 /g/，于是他把伊特鲁里亚字母中的 C 添了钩，就成了 G，用这个音对字母表进行了补充。就这样，鲁加用一个笔画"浊音"了罗马字母 C，显示出他认识到这两个音之间唯一的区别是清音（C）/浊音（G）的对比——这是一种对语言内部结构的精湛的洞察力，在历史同期，只有印度的梵语语法学家才具备。然后，鲁加把这个新字母 G 插入罗马字母表第七的位置，移走无用的 Z，把它排到最后，这就是为什么我们今天有了以 Z 结尾的"a-b-c-d-e-f-g"。有序的替换——而不是简单的补充——揭示了公元前 3 世纪的罗马人对字母表顺序的认知有多么规范。[26]

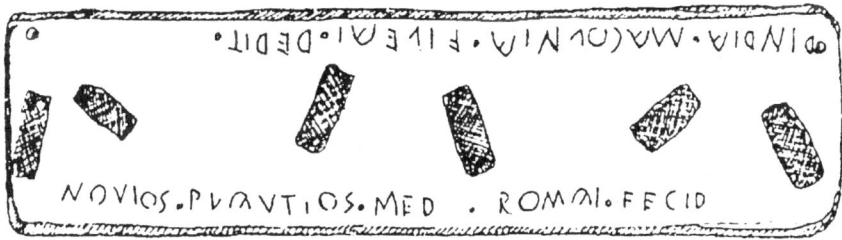

图 4-15　公元前 4 世纪意大利普拉内斯特出土的"费克罗尼·西斯塔"青铜马桶盒盖上的早期拉丁语铭文："NOVIOS · PLAUTIOS · MED · ROMAI · FECID / DINDIA · MACOLNIA · FILEAI · DEDIT"（"诺维奥斯·普鲁蒂奥斯让我在罗马 / 丁迪亚·科尼亚把我给了她的女儿"）

一个世纪后，随着罗马征服希腊，大量希腊文化和词汇涌入罗马人的日常生活，促使人们借用了拉丁语言中缺失的两个音：/y/（就像在法语中的 tu）和 /z/（源自早期希腊语中的 /dz/）。第一个字母已经通过伊特鲁里亚语从希腊语中借用了 V 代表 /u/，因此公元前 2 世纪晚期的希腊字母 Y 现在可以简单地复制成单独的 /Y/ 音。它的名字 upsilon 仍然是希腊语（今天，德国人仍然叫他们的 "y" 为 Ypsilon，法国人叫 y-grec。为什么说英语的人说 "y" 还不清楚）。被鲁加放逐到字母表末尾的 "无用的" 拉丁字母 Z，现在被称为 ze-ta（希腊语发音，英联邦英语 zed 这一发音即源于此）；与其他字母类似，北美洲人后来将其发音改为 /zi/。

罗马人的基本字母形状是用来刻字的大写字母。拉丁语大写字母主要有两大分支，即方形和通俗大写体，以及安色尔大写体。留存下来的大部分古代拉丁语手稿都是通俗大写体写的，但方形大字体可能同样古老。方形大写体往往侧重纪念性，而通俗大写体则偏向精算性——也就是会计师们喜欢的字体。方形大写体厚重而呈直角，底部和顶部饰有细笔画和垂饰（图 4-16）。通俗大写体呈细长状，有短横画，没有尾端（图 4-17）。

图 4-16 无与伦比的拉丁大写字母：罗马图拉真圆柱上的刻字，公元 113 年

罗马人改变了所有字母线条都必须同样粗细的刻板传统，从而使罗马帝国的每个大写字母的笔画都随着宽笔尖的游走而呈现出粗细有致的样态（在早期，笔尖可以被裁剪成任意宽度）。罗马人也比希腊人更强调衬线的使用，衬线是在字母的主线或笔画的末端交叉或突出的细线或笔画，从而提高了易读性，总体上提高了字体的美感（人们常说，公元 113 年，图拉真圆柱上刻有 "最精美的罗马刻字"）。罗马

人的方形大写体，这是英语文字的一个熟悉的祖先。

安色尔大写体是由方形大写体（图 4-18）演变而来的。在这里，通过曲线的运用而避免棱角，主要的垂直笔画通常高于或低于书写线。公元 4 世纪左右，罗马安色尔体已经成为文学字体。从公元 4 世纪到 7 世纪，安色尔文字是拉丁语最重要的文学字体。

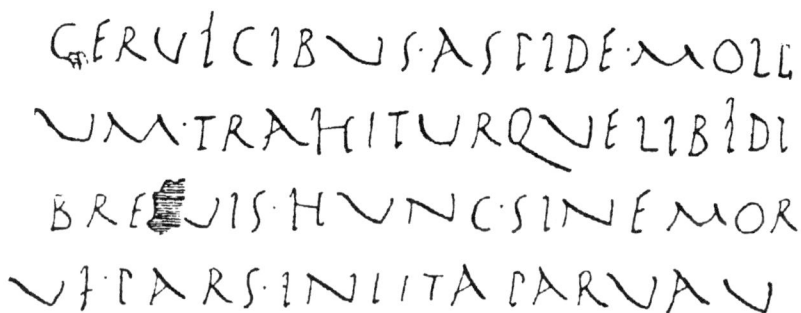

图 4-17　拉丁通俗大写体：关于亚克兴战役的诗歌片段，公元 79 年维苏威火山爆发前的赫库兰尼姆

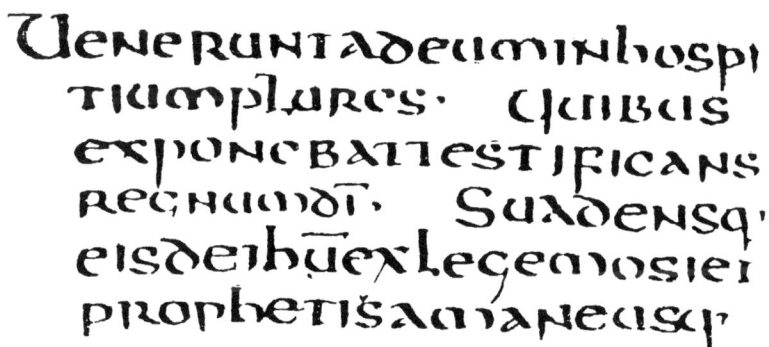

图 4-18　拉丁安色尔体：《新约》富尔达手稿，抄写于约公元 546 年

和希腊人一样，罗马人也发展了草书，尽管它一点也不像这个词通常暗示的那样"流畅"和连贯，罗马人的"草书"中的字母几乎总是独立的、不连贯的。它的主要特点是试图减少每个字母的笔画数，

同时保持易读性；和希腊文字一样，几乎每一个字母都是一笔可以写成的。庞贝和赫库兰尼姆的涂鸦是现存最早的罗马草书样本，大部分写于公元63—79年之间，当时两座城镇都被维苏威火山喷发所毁（图4-19）。罗马的蜡板和瓦片也保存了草书样本（图4-20和图4-21）。在帝国的日常书写中，拉丁草书通常写得很潦草。旧的字母在这个过程中面目全非，终于在几个世纪后演变为小写字母。据推测，庞贝（和其他）的涂鸦展示了一种早在200—300年前就已经被使用的形式。许多草书字母很容易被误读为其他字母，因为一些重要区别在这一过程中丧失殆尽。

任何一种传播的性质和它所期望的效果决定了相应罗马字体的选择。正如我们今天所做的，罗马人认识到媒介也是信息的重要组成部分。字体具有特定的文化和社会联系，每一种都受制于相应的阶级或环境。在法国南部纳博内的一所罗马人住宅前，即使是一个简单的洞CAVE CANEM（"当心恶犬"）镶嵌瓷砖，也反映了居住者的实际社会地位或期望的社会地位。

和希腊人一样，大部分的书写都是在蜡板和莎草纸上完成的。（公元2世纪之前，莎草纸一直是首选，后来变得越来越罕见；然而在法国，到了公元6世纪，它仍被普遍使用）。在头几任罗马皇帝统治时期，犊皮纸（作为用小牛皮制作的一种优质羊皮纸）是前几任罗马皇帝统治时期的一种稀罕的书写材料，成为基督教这个新宗教的书写媒介。犊皮纸最终完全取代了曾"代表"了异教徒的世界（如果只是一种比喻意义的话）的莎草纸。从荷马所生活的希腊世界到维吉尔所生活的罗马古典时期的那些用最复杂的文字所创作的最优秀的文学作品，在基督教堂建立后的最初几个世纪里，都被羊皮纸《圣经》淹没了。后一类作品比其他作品更受重视和照顾，因此数量大增。

2000年前，谁能读懂这样的作品？到公元前几个世纪，识字在罗马帝国很普遍。位于英格兰北部哈德良城墙旁的罗马军事基地温多兰达的事例可资证明。自1973年以来，在那里发现了大约2000封写在

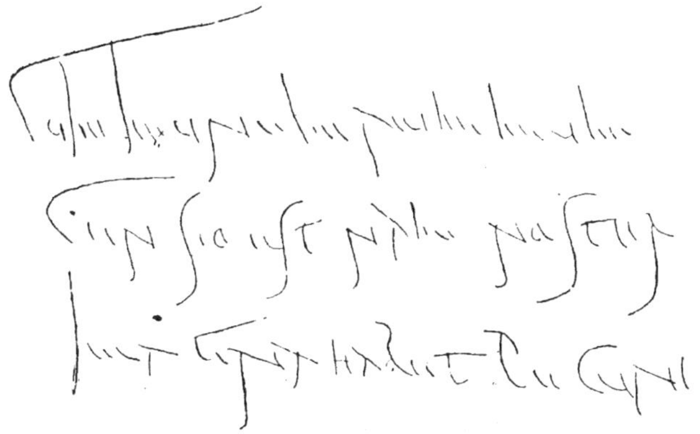

图 4-19　写于公元 79 年庞贝石膏墙上的早期拉丁草书："共同的数字……/ 是我们的愿望 / 我们有一大群人"

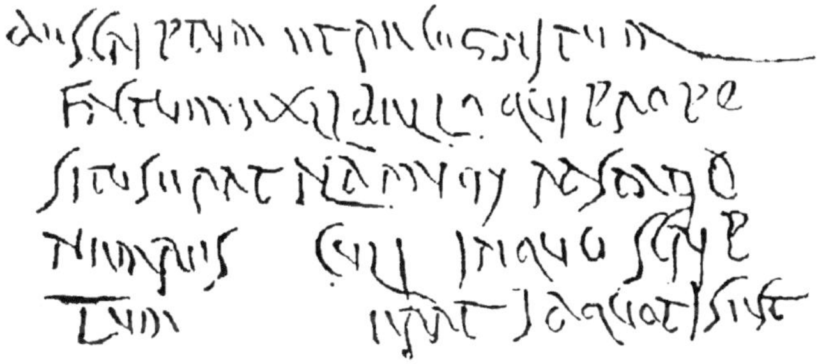

图 4-20　在达契亚（匈牙利韦雷斯帕塔克）的奥尔伯纳斯·马霍尔发现的一块蜡板上的拉丁草书（公元 176 年），记录了一个殡葬协会的解散："描述和确认 / 我从书中得到的 / 情况是……"

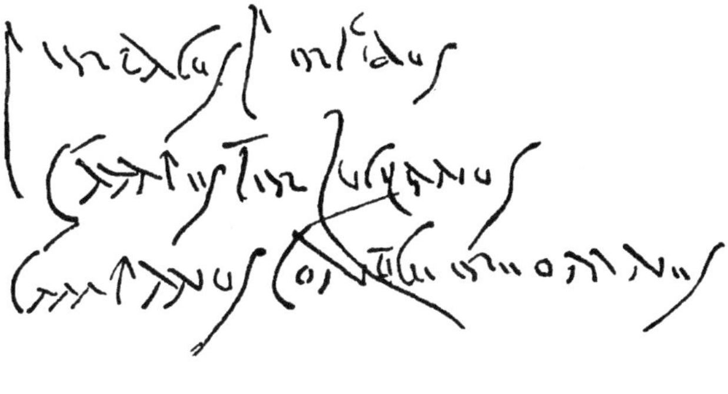

图 4-21　在英格兰西尔切斯特发现的公元 1 世纪或 2 世纪瓷砖上的拉丁草书，可能用作写作课材料

木板上的信件和文件，证明了书写在古罗马社会中普遍存在，甚至在帝国的这个最边远的地方也是如此。

温多兰达文献是世界上出土的最大的早期罗马文献档案，可追溯到公元85—130年。所有的碑文都是用墨水写的，或是用笔刻在蜡上，记录的普通男女之间以及与远方的人们之间的思想交流。在这样一个偏僻的地方，竟有着这样的宝藏，充分证明当时的人们在整个帝国范围内有着大量的书信交往。

书写保持了人与人之间的联系，最终保存了社会网络和罗马文化，即使是在原始的化外之地。这种通信也为军事供应、命令批准和重要情报传递提供了保障。换言之，写作使帝国得以运转自如。最近，在英国的其他罗马遗址，比如威尔士的卡莱尔、里布彻斯特和卡列昂，也发现了类似的木板文献遗存。现在人们知道罗马人的读写能力比前一代人显著提高。

拉丁字母表并不比借来的伊特鲁里亚体系在结构上进步。也就是说，它也保持了字母的平等地位，既传达元音，也传达辅音。当然，这是一个与闪米特文字不同的世界，在闪米特文字中，元音有时是通过在辅音字母上面和下面的可选变音符号来表达的。它也与印度到印度尼西亚布拉希米文字的子文字有很大的不同，在这些文字中，一系列有规律的元音标记被附加在或并入辅音字母库中。后来，所有源自拉丁语的文字都有一个独有的特征，即一个字母等于一个发音（元音或辅音）。每种文字实现这一点的方式因语言而异，因为字母表不是尺子，而是一件工具。

到公元前1世纪，拉丁字母表几乎拥有了完整的正字法音素，也就是说，几乎每个字母都构成了拉丁音库中的一个独特的声音。[27] 就英语来说，这一点还远未实现（见第八章）。拉丁字母取代了意大利半岛上除希腊文以外的所有其他文字，并最终成为罗马帝国西半部的官方文字。希腊文字是文化和教育的文字，仍然是东半部的官方文字。拉丁字母后来成为世界主要宗教之一基督教的载体，就像阿拉伯字母同时成为伊斯兰教从西班牙到印度尼西亚的载体一样。凭借这一身份，拉丁字母在西方社会中扮演了一个特殊的角色，避免在中世纪被日耳曼如尼文字或凯尔特欧甘文字所取代的命运（见第七章）。

　　拉丁字母，首先是因为基督教，后来是因为殖民化和全球化，已经"比之前或之后的任何其他文字传播的范围更广，影响的语言更多"。[28]

第五节　伊比利亚文字

在公元前的第一个千年里，伊比利亚半岛（西班牙和葡萄牙）的东北部和南部的人们使用 4 种不同的文字： 东北伊比利亚文字（或简称为"伊比利亚文字"）、南伊比利亚文字（或南卢西塔尼亚文字）、爱奥尼亚希腊文字和拉丁文字。[29] 土著的伊比利亚文字和它们的几个变种似乎是从一种原始的古西班牙文字衍生而来的。很明显，这一原始文字本身一定是源自希腊文字或闪米特文字（腓尼基文字）原型。然而，仍然不可能确定这两个中的哪一个是源头。[30] 从貌似保守的外形来看，南伊比利亚文字的西南变种最接近原初文字，可能早在公元前 6 世纪就出现了。在接下来的一个世纪中，南伊比利亚语可能扩散到西班牙北部。

所有伊比利亚土著的各种文字都表现出 3 个特点，使它们不能被明确地归为希腊文或闪米特文。第一，伊比利亚书写系统结合了字母和音节符号——所有的元音和连续字母（/r/、/m/、/n/ 等）都有一个字母，但是伊比利亚语言中的每个停顿，比如 /k/，都是和后面的一个元音一起写成一个单独的音节符号（ka 符）。第二，音节符号，而不是字母，显示出时间和地理的变化。第三，音节图是唇音、齿音和软腭音，但像伊特鲁里亚语一样，没有声音对比；因此，使用 b/p、d/t 或

g/k 似乎没有什么区别。然而，伊比利亚语的希腊铭文和拉丁铭文确实显示了一种反差，因此，也许伊比利亚人故意选择在他们的语言中使用一种有缺陷的文字，在这种情况下，人们期望独自定义这种反差。

伊比利亚语碑铭很少超过一个单词。当一篇文章中有几个单词时，用圆点或冒号加以分隔。东北伊比利亚文字从左到右书写（有一篇交互书写的铭文），正如人们在后来的希腊语和拉丁语中看到的那样。南伊比利亚文字是从右向左书写的，就像所有闪米特文字一样，这表明它这可能是一种更古老的文字。然而，看不出东北伊比利亚文字和南伊比利亚文字在符号形状方面的模式区隔，如一些是完全相同的，而另一些则完全不同。由于文字实际传达的语言仍未可知，所以目前仍无法对伊比利亚铭文的语法和语义进行分析。与伊特鲁里亚文字一样，目前的学术研究通常局限于识别专有名词和识别有限的上下文顺序，以便找出可能的语法元素。

东北伊比利亚文字，其中大部分通过碑铭保存下来，除罕见的例外，是公元前 400—前 100 年在西班牙东北部和法国南部使用的唯一文字（图 4-22）。它的用法颇为统一，提示了一个历史不长且操一种

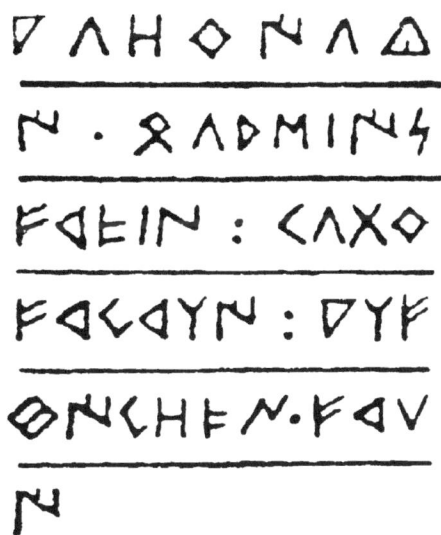

图 4-22　东北伊比利亚文字（约公元前 300 年）

语言的同质社会的存在。东方伊比利亚文字的每个字母至少有两个变体。凯尔特伊比利亚人——约公元前 600 年从北部入侵的凯尔特人永久定居在西班牙的广大地区——借用了这种文字和拉丁文字，作为书写自己语言的文字。主要的改编揭示了语音的独特性：例如，r 与另一种类型的 r 使用变音符号区分开来，而一个专用的希腊语符号则传达了一个特殊的 s。凯尔特伊比利亚文字也将东北伊比利亚文字的音节符号减少到只有 Β、Δ、Τ、Γ 和 Κ 这 5 个辅音字母。然后用元音写出来，就像普通字母文字中写法一样。

在这个地区的南部，同时使用 3 种文字：东北伊比利亚文字、南伊比利亚文字和希腊文字。在西班牙最南部的安达卢西亚，大部分铭文是用南伊比利亚文字写的，少数是用东北伊比利亚文字。

南伊比利亚文字有时间分成西南和东南两个家族。西南伊比利亚语，也被称为"鞑靼利亚文字"，同样表达一种未知的语言。东南伊比利亚文字使用几个不同于其他文字的字母，可能是最接近原始帕拉 – 西班牙文字的伊比利亚文字之一。东南伊比利亚文字应该是伊比利亚文字早期扩散的中介，因为它与东北伊比利亚文字有更多的共同特征。

公元前 1 世纪，本土伊比利亚文字似乎已被拉丁文字所取代。

第六节 哥特文字

东日耳曼哥特人在公元 4—5 世纪的民族大迁徙中崭露头角。[31] 我们今天主要是通过一些残存的《圣经》翻译片段了解他们的哥特语言。根据一个世纪以后的 3 位教会历史学家的记载，西哥特主教伍尔菲拉（公元 383 年）创造了"哥特语"，目的是将《圣经》翻译成西哥特语。4 世纪的希腊字母是伍尔菲拉唯一明显的来源。[32] 尽管这位主教最初的西哥特手稿已不可考，但保存在不早于公元 6 世纪的两个后期哥特手稿中与其密切相关的衍生文字却流传下来（图 4-23）。

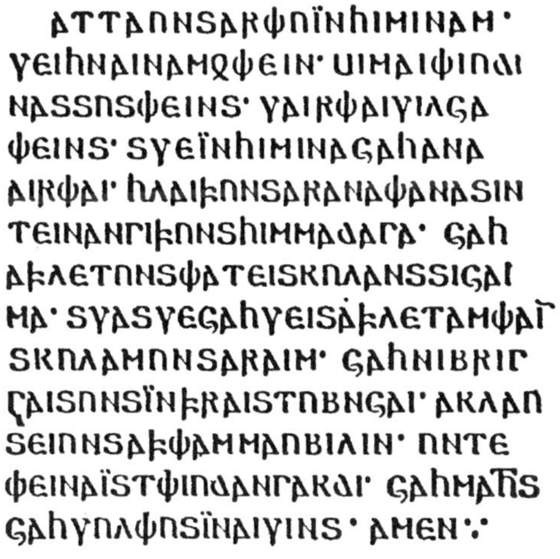

ATTAПNSARФПÏNҺIMINAҺ·
YEIҺNAINAMQФEIN· UIMAIФINAI
NASSNSФEINS· YAIRФAIYIAGA
ФEINS· SYEÏNҺIMINAGAҺANA
AIRФAI· ҺAAIҺПNSARANAФANASIN
TEINANГҺПNSҺIMMAAAГA· GAҺ
AҺAETПNSФATEISKNAANSSIGAI
MA· SYASYEGAҺYEISAҺAETAMФAI
SKNAAMПNSARAIM· GAҺNIBRIГ
ГAISПNSÏNҺRAISTПBNGAI· AҺAA
SEINNSAҺФAMMANBIAIN· ПNTE
ФEINAÏSTФINAANГAГAI· GAҺMATĪS
GAҺYNAФПSÏNAIYINS· AMEN·

图 4-23 哥特文字或伍尔菲拉文字，摘自公元 6 世纪北意大利《阿根特乌斯抄本》中的《父亲》，意为"希米纳姆的阿塔安萨尔图……"（"我们的父，他在天堂……"）

"伍尔菲拉文字"，也许应该起一个更恰当的名字，是一种从左到右书写的字母文字，没有单词分隔。空格表示句子或段落，冒号或中间的圆点（就像伊比利亚文字一样）亦然。鼻音悬符——在应该是 /m/ 或 /n/ 的地方做标记——有时会在前一个字母上面加一个长音符（顶部笔画）表示。连字符甚至比长音符还要罕见。缩略现象比较普遍，例如，ius 经常被用来拼写"耶稣"。除了罕见的反映世俗内容的文物，如记录公元 6 世纪《那不勒斯拉丁 – 哥特契约》的伍尔菲拉抄本之外，其他幸存下来的为数不多的铭文似乎都是关于教会文献的。

伍尔菲拉根据希腊字母表设计的哥特文字并没有产生子文字。公元 6 世纪以后，它几乎到处都被希腊和拉丁字母文字的衍生文字所取代。哥特文字的最后遗存是完成于公元 9 世纪的《文多波内西斯抄本》的第 795 号，这也许仅是当时一位古董爱好者的一件珍玩。

第七节 如尼文字

　　如尼（Rune）文字是日耳曼民族唯一的本土文字，不像哥特文字，它们不同于任何已知的字母文字。在斯堪的纳维亚人的伟大北方传奇中，文字被认为是奥丁神（西日耳曼的沃丹神）的发明。然而，如尼文字显然受到地中海字母文字的启发。目前大多数学者更倾向于认为如尼文字直接起源于意大利北部以伊特鲁里亚语为基础的文字（可能是里申文字或卢加诺文字），这种文字由一个不知名的日耳曼部落引入并进行了大量改编。这可能发生在公元 1 世纪早期，也即提比略皇帝统治时期。

　　已知最早的如尼文铭文可追溯到公元 2 世纪下半叶，当时已经得到了充分的发展（图 4-24）。其中许多发现于丹麦半岛最南端的南日德兰半岛，还包括德国的石勒苏益格－荷尔施泰因，这表明该地区可能是北欧文字传播的一个主要地点。迄今为止，已发现的铭文约有 5000 个，几乎全部在斯堪的纳维亚，其中大部分在瑞典。如尼文字在日耳曼社会中至少通行了 1100 多年，直至让位于教会的拉丁字母文字。

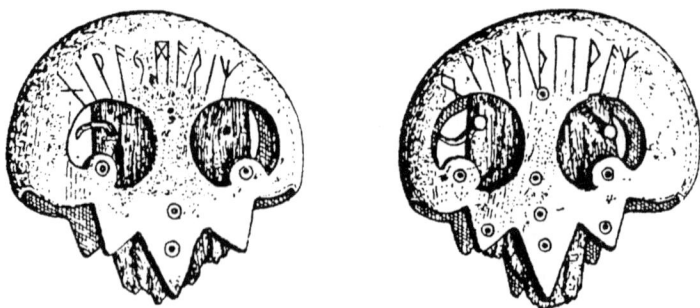

图 4-24　最早的日耳曼"古福塔克"如尼铭文，可以追溯到公元 200 年左右，发现于德国石勒苏益格附近的托尔斯贝格荒原，刻于一枚剑鞘末端扣两侧

　　与世界上大多数的文字不同，如尼文字从来没有成为文学语言或实用语言。在古斯堪的那维亚语中，"rún"意为"秘密或隐藏的传说"，如尼文字的应用局限于狭小的社会领域，多数刻于纪念石上，再就是刻在戒指、胸针、扣环、武器、象牙容器等首饰和器物上。[33] 受使用范围的局限，如尼文字从未对创造一个有文化的日耳曼社会做出贡献。在木棍和骨头等刻写材料上，刻刀最容易划出垂直的线条，这显然决定了如尼文字所特有的棱角形态。[34]

　　尽管从冰岛到黑海有几种不同的如尼文字在使用，记录了许多不同的日耳曼语言，这些文字很容易划分为两种主要的时间类型：早期日耳曼文字和后来的斯堪的纳维亚文字。正如历史上所发生的那样，使用原始文字的日耳曼语借用者是根据他们自己语言独特的语音体系的需要来借用的。他们抛弃了伊特鲁里亚人的传统字母表，创造了一种全新的字母表。这种字母文字以字母表中的前 6 个字母命名，称为"福塔克"，福塔克是最早的如尼文字，也即早期日耳曼文字，从公元 200 年一直使用到公元 750 年。福塔克如尼文字的 24 个字母传统上被划分为称为"埃特"（原意为"八"）的八族三组。

　　一些如尼字母与伊特鲁里亚字母（或拉丁语变体）完全相同，而另一些则是独一无二的。它们比伊特鲁里亚字母或拉丁字母更准确地再现了日耳曼语言的潜在发音。例如，与今天的拉丁字母不同，如尼文字在音位上区分了 ng's 在 ungodly（n + g）和 sing（ng）中的不同。使用外来拉丁字母，我们现在含糊地用一个合成符（ng）书写这两个单词，而一个如尼文书写者会使用 3 个独立的如尼字母（n、g 和 ng）来完成这项任务。如尼文字的表达方式反映了当地文字在适应当地语言方面的精确程度。

大约有 250 篇用如今被称为古福塔克文字的如尼文字刻写于 8 世纪以前的铭文保存下来。其中，除了 50 篇外，都是斯堪的纳维亚语的，而且只有在瑞典和挪威才发现用古福塔克文字刻写的碑铭。一小部分铭文存在于其他更小的物件上，比如在德国莱茵 – 弗兰科地区发现的胸针。这些最早的如尼文字传达的语言可能不是同时代的方言，而是一种用早期斯堪的纳维亚方言文字和东日耳曼方言文字刻写一种古老的形式主义的语言（或多种语言）。然而，这种可能性只适用于较早的福塔克文字。

福塔克铭文一般都是标准化的，除了 /k/ 和 /j/，与如尼文字的形式几乎相同。根据音位原则，每一种如尼文字都有自己的名字，这种方法显然是从假定的北意大利源文字那里借用的（尽管日耳曼语阈值不同）：/f/ 是 fehu（牛），/i/ 是 isaz（冰），/h/ 是 haglaz（冰雹）等。这样一来，一个如尼文字就可以代表声音和物体这两种不同的东西。[35]

尽管如尼文字是标准化的，但它们的阅读方向和朝向相当随意。交互书写和字母颠倒司空见惯；两个如尼文字可以合并成一个如尼文字；双辅音，如 dd 或 ss，可以用一个辅音来表达；很少有文字分隔符号；公元 5 世纪末，5 个堆叠的点或线可以用来分隔词汇或标记段落结尾。[36]

长期以来，人们认为如尼文字对它们的使用者和观察者（大多数不是读者）来说具有萨满教的价值；通过他们的书写，愿望、祝福甚至诅咒都随之而来。然而，学者们现在认为如尼文字有很多用途。在瑞典北部博胡斯勒约公元 400 年的罗欧墓碑上，用古福塔克文字刻有如下内容："斯瓦巴哈里，伤口张开。我，斯塔纳瓦里，上漆。我，赫拉尔，把石头放在这里的河岸上。"主人的名字经常出现在贵重物品上。有时，甚至制造者的名字都会被纪念，"我，仁慈者赫莱瓦加斯蒂尔，制造号角"是刻在著名的丹麦加莱胡斯金角上的，也是在 400 年左右制作的。尽管有这类世俗化的应用，但早期日耳曼人的读写能力远未达到讲希腊语和拉丁语的同时代人的水平。

更古老的福塔克文字于公元 450—600 年间随盎格鲁人、撒克逊人和朱特人传到英格兰。[37] 英格兰如尼文字百分之百源于日耳曼入侵者。不列颠土著凯尔特人从未使用过它们；事实上，他们可能将其视为日耳曼人入侵的象征。在沿着北海海岸的弗里西亚和英格兰，一种新的符文系列从古老的福塔克文字发展而来。英国如尼文字书吏要求改变这个系统，特别是有关元音的部分，于是新增了 4 个如尼字母，使字母总数达到 28 个（约公元 800 年，诺森伯兰的书吏把这个数字增加到 33 个）。

最早的古英语铭文发现于诺维奇的凯斯托尔，采用的就是新的福塔克文字。公元 7 世纪，来自爱尔兰和欧洲大陆的基督教传教士开始把拉丁文字"重新引入"英格兰，之所以这样说，是因为自从被罗马人占领后，拉丁文字已在英国大部分地区普及。与斯堪的那维亚语的用法相反，盎格鲁－撒克逊英格兰的如尼文字有时会出现在刻写有拉丁铭文的物品上。

基督教的传统过于牢固地建立在拉丁文字的基础之上，这使其从来未完全使用如尼字母进行传播。罗马教会的经书、评注和其他文学作品都是用拉丁文字写的。西欧所有的犹太－基督教、希腊－罗马教育都采用拉丁字母。日耳曼如尼文字永远无法与之竞争。教会显然意识到了这一点，因而避免了敌意。

英格兰最后的如尼文字可以追溯到 10 世纪，当时就连教会也经常在墓碑、石头十字架和圣物箱上使用如尼文字。到 1066 年，拉丁文字早已取代了如尼文字，诺曼人的征服只是巩固了拉丁文字早期的征服，并阻止了日耳曼文字的回归。

在欧洲大陆，弗里西亚如尼文字与英格兰如尼文字非常相似，最后一次使用是在 9 世纪。在莱茵 - 弗兰科尼亚和阿拉曼尼（德国西南部和瑞士）地区，最后的如尼文字早在两个世纪前就被切划和雕刻了，当时基督教传教士——早在他们在英格兰这么做之前——果断地用教会拉丁语文字取代了日耳曼文字。

只有斯堪的纳维亚才保留了如尼文字。[38] 事实上，如尼文字在这里经历了一次复兴。和英格兰一样，斯堪的纳维亚也进行了创新。然而，这并不是对系统的扩展，而是对系统的大规模简化：字母总数减少了三分之一，即从 24 个减至 16 个。现在，一个单独的如尼文字被认为可以传达多达 6 种或更多的声音（今天的英语拼写有时也有类似程度的模糊性）。

事实上，新的斯堪的纳维亚字母表中包含的字母太少，无法充分传达古斯堪的纳维亚语的语音。到了 800 年，这种"年轻的福萨克"已经得到了充分的发展；从那时起，如尼字母开始了最重要的一次简化进程，并持续了几个世纪。例如，在 10 世纪，为了弥补简化系统的音位不足，引入了加符点字母；这使得区分浊音 / 清音辅音（b/p、d/t 和 g/k）甚至元音（e/i）成为可能。然而，拉丁文字在斯堪的纳维亚半岛的重要性与日俱增，迫使如尼字母在顺序上遵循了拉丁字母 a、b、c……的排序。

随着北欧海盗的扩张，如尼文字再起兴起。从格陵兰岛的纳萨克到希腊的比雷埃夫斯，现存的大多数碑铭都可以追溯到维京时代初期到中世纪鼎盛时期。到了 11 世纪，随着斯堪的纳维亚的基督教会的影响力不断上升，符文更频繁地出现在纪念碑上，篇幅也更长了。斯堪的纳维亚人也开始用如尼文字书写法律和文学等世俗文献。

斯堪的纳维亚年轻的福萨克文字长期以来保持着对拉丁文字的优势地位，拉丁字母被视为外来语。然而，到了 12 世纪，富有的汉萨同盟和强大的教会，使拉丁文字至少成为一个可行的选择。随着时间的推移，如尼文字的语言优势在利益和救赎的博弈过程中逐渐式微。在随后的几个世纪里，拉丁文字一枝独秀，如尼文字的地位江河日下，正如几个世纪前在英格兰已经发生的那样，教会的拉丁文字成为斯堪的纳维亚半岛所有学问的载体。然而，直到 20 世纪初，瑞典的一些地区仍在使用如尼文字。

今天，作为曾记录过所有日耳曼人声音的如尼文字，只吸引了为数不多的学者和业余爱好者。

第八节 欧甘字母

欧甘文字（发音为 OHM），古爱尔兰语写作 ogam，是爱尔兰岛和不列颠群岛的凯尔特人的最早书写系统。其广泛应用可追溯到公元 5 世纪初至 7 世纪。[39] 与同时代的英格兰盎格鲁人、撒克逊人和朱特人的如尼文字不同，欧甘文字是岛上唯一已知的土著文字，它借用了字母书写的概念，并以一种独特的方式加以阐述。从南爱尔兰（可能是传播的地点）到马恩岛、苏格兰和威尔士，欧甘得到应用。欧甘文字主要用于装饰坟墓穴和纪念石，但也用于装饰木杆、盾牌和其他物品。

欧甘文字的起源不甚清楚，其排序原则亦然。[40] 其灵感可能来自如尼文字，因为在欧甘文字创制时期，凯尔特人与使用如尼文字的盎格鲁人、撒克逊人和朱特人保持着密切的交往。由于欧甘文字属于字母文字，所以它显然源于伊特鲁里亚文字（或拉丁文字）的衍生文字；在这里，如尼文字提供了最经济的解释。此外，欧甘文字区分了 /u/ 和 /w/ 两个发音，拉丁文字没有这一区分，但如尼文字保留了这种区分。盖尔凯尔特人，而不是布莱顿凯尔特人（康布里奇人、威尔士人、康沃尔人和布列顿人），对源文字进行了改编，从而证明了爱尔兰起源说：在欧甘字母表中没有 /p/ 音；原始爱尔兰语中也没有这个音，但所有布莱顿语中都有这个音。爱尔兰的欧甘文字只表达欧甘语，这进一步提示了一个扩散点，在这里，布莱顿凯尔特人有时也用欧甘文字表达拉丁语。

大多数学者认为，欧甘文字不是一种文学或功利的文字，而是一种爱尔兰和不列颠群岛凯尔特人的秘密文字（尽管日耳曼欧甘文字也存在）。就连它的名字，也像日耳曼如尼文字一样，表明了这一点：古爱尔兰语 ogam 一词，意为涉及语音替代的隐语形式——一种爱尔兰的"倒读隐语"（pig Latin）。

欧甘字母表中有 20 个字母。[41] 和符文一样，每一个欧甘字母都有一个首字母缩写的名字：欧甘字母 /b/ 指古旧爱尔兰语的 beith（桦树），/l/ 指 luis（草药），/f/ 指 fern（桤木），等等。每一个字母都由 1 至 5 个刻痕组成，如直线刻痕或对角线刻痕，在横线或竖线上刻痕、在横线或竖线下刻痕或直接刻痕。因此，欧甘文字的外观非常像一个计数棒或槽口记忆辅助设备。通常情况下，这条线构成了石碑或木板的棱，即由相邻两边的角接触形成的锐利边缘。直线或棱线始终处于欧甘文字的居中位置。

这 20 个类似于如尼文字的刻符被分为家族或群组（但欧甘文字分为 4 组，而如尼文字分为 3 组），每个家族有 5 个符号（图 4-25）。前 3 个家族都是辅音：（家族一）1 刻符至 5 刻符向右刻；（家族二）的 1 至 5 刻符向左刻；（家族三）对角斜穿欧甘中线。家族四是元音；这些刻符通常直接刻在欧甘中线上，但有时也显示为横贯中线的水平

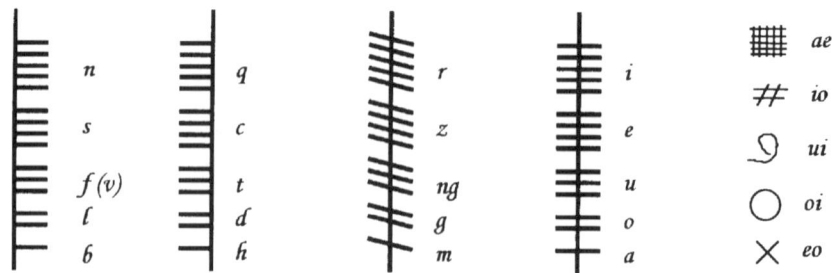

图 4-25　欧甘文字的 5 个字母家族，自下而上阅读

短刻符。外加的家族五由辅音和元音刻符构成，以后转而用来表示双元音和二合字母（两个字母写在一起，合成一个声音，如 æ）。欧甘文字没有分隔符号、标点符号或其他类型的附加标记。

欧甘文字有两个传统，外观几乎完全相同。活跃的欧甘文字主要用于碑铭写作，发端于公元 5 世纪（图 4-26）。这些碑铭上的欧甘文字通常采用交错方式刻写欧甘文字，即从石碑的左侧底部开始向上延伸到顶部，再从顶部向下延伸到右侧。纪念碑传统在 7 世纪停止，随后是手稿传统，一直持续到中世纪鼎盛时期。这些被称为手稿体的经院派欧甘文字，仅见于爱尔兰语手稿，模仿拉丁文字，从左到右水平书写；偶尔也会在单词之间加上一个符号">"。

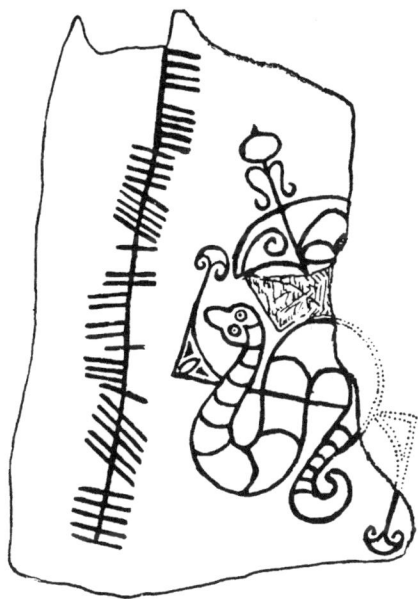

图 4-26　苏格兰皮克特（Pictish）欧甘铭文。时间可能为 7 世纪，从下到上写着"IRATADDOARENS"

通过上述方式，欧甘文字在几个世纪里得到广泛应用，至少在爱尔兰是这样。然而，到了中世纪鼎盛时期，许多欧甘铭文似乎已经被旁边耸立的基督教十字架上的雕刻"中和"了。最终，如同日耳曼如尼文一样，教会的单一拉丁字母文字最终压倒了凯尔特人卓越的欧甘文字。

第九节　斯拉夫文字

两个最重要的斯拉夫字母表是西里尔字母表和格拉戈里字母表（克罗地亚字母表）。[42] 据传统说法，摩拉维亚国王拉斯蒂斯瓦夫为了摆脱德国人主导的罗马教会的控制，请求拜占庭皇帝推荐可以用当地语言布道的导师。皇帝于是派出君士坦丁（后称西里尔）和墨索迪乌斯兄弟俩。这两位传教士随后打破了只允许使用希伯来语、希腊语和拉丁语《圣经》的罗马传统，开始采用自己翻译的古教会斯拉夫语《圣经》。于是，西里尔文和格拉戈里文就被"创造"出来了。

这个"君士坦丁神话"的问题是，它有两个独立的字母同时被"创造"来满足斯拉夫人的需要。很长一段时间，人们都不清楚西里尔为"第一次"表达斯拉夫语而"发明"了什么文字。今天，大多数学者认为格拉戈里文是西里尔对马其顿斯拉夫语尚存的斯拉夫文字的适应，而不是创作或发挥。

格拉戈里文有 40 个字母，西里尔文有 43 个。它们的音值几乎相同。这两种文字在外观上差别很大。也许这是因为除了几个外来字母，西里尔字母是从 9 世纪晚期的拜占庭希腊语安色尔大写体派生而来，而格拉戈里语则是从更早的拜占庭希腊语草写体派生出来的。然而，除了这种纯粹的外部差异之外，这两种文字共享一个几乎相同的书写系统。似乎西里尔字母从早期的格拉戈里文借用了一些字母，因为格拉戈里文早在 7 世纪就因为未知的原因而成为一种精致的文字了。9 世纪 60 年代，格拉戈里文被君士坦丁（圣西里尔）正式化并加以改编，他添加了某些字母来传达马其顿斯拉夫语的特殊发音。这些额外的字母可能来自亚美尼亚字母（表示辅音）和希腊字母变体（表示元音）。一代人之后的 9 世纪 90 年代，保加利亚的信徒们发现圣西里尔的格拉戈里文不适合用于教会文献，于是选择了拜占庭式的希腊安色尔文——当时被认为是一种更正式、更有尊严的文字——来书写《圣经》。西里尔文由此诞生。直到后来的几个世纪，这两种文字也有了各自的名字：glagólica 源自 glagol（单词，说），kiríllica 源自 Cyril（西里尔，君士坦丁的教名）。

　　格拉戈里文原本非常适合当时的马其顿斯拉夫语。9 世纪以后，格拉戈里文和西里尔文并存于马其顿和保加利亚（图 4-27）。然而，在接下来的几个世纪里，西里尔字母显然取代了许多原始格拉戈里字母。在 12 世纪第二个 10 年，它主导地位进一步加强（图 4-28）。格拉戈里文传播到塞尔维亚和波斯尼亚后，产生了许多变化，以适应当地的方言。引入二合字母（digraphs）和连字符（ligatures）是为了传达借来的拜占庭希腊字母中缺失的斯拉夫发音。从 14 世纪到 16 世纪，

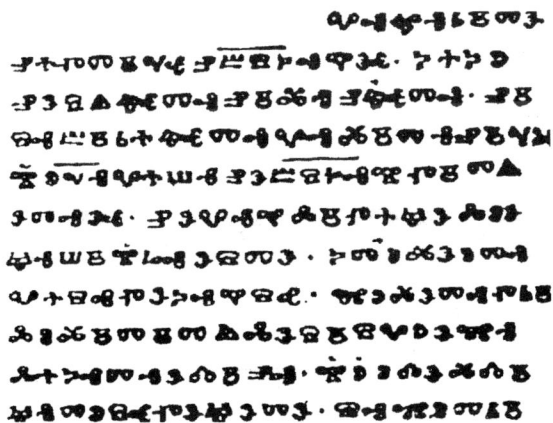

图 4-27　格拉戈里文：《马太福音》6：26-8，摘自《佐格芬西斯抄本》，10 世纪末至 11 世纪初

格拉戈里文仍在捷克和波兰一些社区的礼拜仪式中使用。在这之后，除克罗地亚以外的所有地方都减少了，在 19 世纪早期，它以草书的形式出现在地方政府公文中。今天，在达尔马提亚和克罗地亚的许多罗马天主教教区，格拉戈里文作为礼拜用的文字留存下来，斯拉夫语（而不是拉丁语）一直是礼拜用的语言。

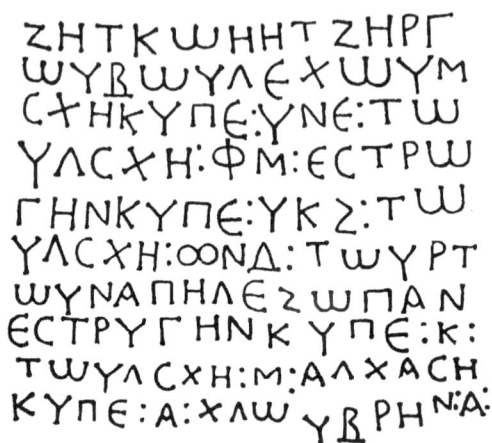

图 4-28　比亚尔·布尔贾格教堂圆柱上的古保加利亚西里尔铭文（约公元 1050 年），保加利亚东部普莱斯拉夫区

　　保加利亚、塞尔维亚和基辅罗斯曾长期作为西里尔文的故乡（图 4-29）。[43] 18 世纪，主要是为了促进世俗作品的印刷，以提高识字率，俄罗斯的西里尔文拼写方式发生重大变化：一是标准化、更简单的字母形式，二是废弃冗余的教堂变体。[44] 1918 年苏联诞生之时的大改革完成了最后一次主要拼写，形成了今天仍在俄罗斯及其势力范围内使用的西里尔文，这期间只进行了微小的后续调整（图 4-30）。

　　西里尔文已经成为世界上最伟大的文字之一，并承载着悠久而极具影响力的文学传统。经过许多拼写改革，西里尔文的外观发生了巨大的变化，但内部系统却没有发生变化。西里尔文最终成为大多数斯拉夫民族的文字（西部斯拉夫人和一些南部斯拉夫人要么保留了拉丁字母，要么重新引入了拉丁字母）。所有俄罗斯人、乌克兰人、保加利亚人和塞尔维亚人都将西里尔文字作为他们所信奉的希腊东正教的传播媒介。因此，在这些民族中，西里尔文成了所有学问的文字（就像西欧的拉丁文字一样）。随着俄罗斯国际地位的提升，西里尔字母已被公认为"俄罗斯字母"。它至少在官方上已取代了苏联几乎所有其他文字，并在不同程度上传播了 60 多种不同的语言。

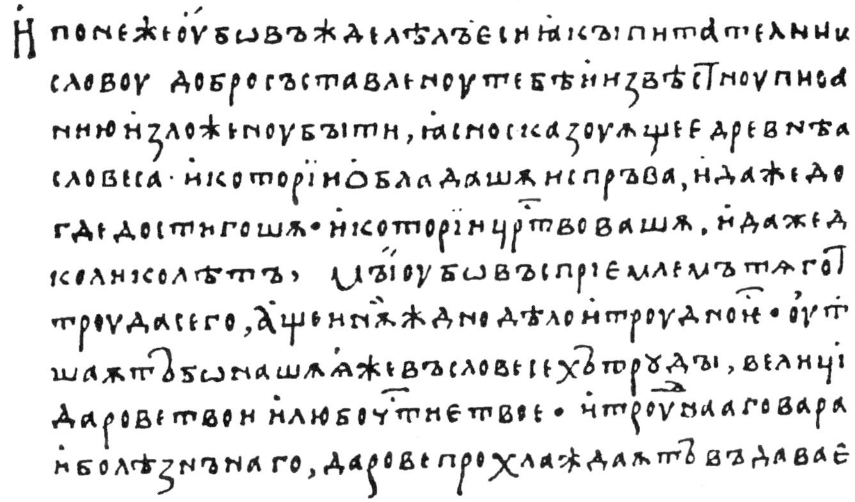

О любви рассказать я хотела—
Говорят: это частное дело.
Не согласна! Не стану таить!
Я считаю, любовь—это нить
Между сердцем моим и Отчизной.
Песнь любви—это здравица жизни!

О любви рассказать я хотела—
Говорят: это частное дело.
Не согласна! Не стану таить!
Я считаю, любовь—это нить
Между сердцем моим и Отчизной,
Песнь любви—это здравица жизни!

▲图 4-29 南斯拉夫语手稿（1345 年），用安色尔文写成，西里尔文成为 16 世纪首次斯拉夫语图书印刷的主要文字

◄图 4-30 现代俄罗斯西里尔字母：同一首诗的标准字版本（上）和斜体字（下）版本

　　显然，自苏联解体以来，受影响的非斯拉夫人对使用阿拉伯语、拉丁语或其他一些文字书写自己的语言重新产生了兴趣。这种替代文

字常常表现为民族身份的象征。

在腓尼基辅音字母向东传播之前的几个世纪，由于黎凡特与希腊之间古老的商业和文化联系，它已经向西扩散。因此，到了公元 1 世纪，字母文字已经渗透到西方社会的广大地区，履行着今天文字所具有的大部分功能。字母不再是精英会计师或有权势的牧师的特权，繁荣的中心地区的识字率提高到现在的水平，文字描述了人类活动的全部领域——从最崇高的纪念性和神圣性的铭文、受人尊崇的散文和诗歌，到最平凡的个人信件、公共标志和涂鸦。例如，公元 4 世纪，贝鲁特拜占庭市场商店用写在门旁马赛克瓷砖上的希腊字母来标示地址。尤其是希腊字母，在大多数西方国家，文字已经成为文明社会不可或缺的一部分。事实上，在大多数情况下，文字已经用来定义"文明"。

由于它在古希腊社会中扮演着重要的角色，书写在某种程度上促进了第一批民主国家的发展，因为它在早期培养了人们的读写能力。字母决定论推导出一个还原论思想家和科学家眼中的自由的西方，与此相反，"象形文字"则以某种方式促进了东方整体思维的产生。无论这个理论多么吸引人，它在上述两个方面都是荒谬的。无论是希腊字母、阿拉米字母，还是印度字母，都与民主毫不相干。民主所需的范围广泛的读写能力是一种相当现代的发展过程。也许最重要的是，分析思维在任何文字系统中都是可能的，无论是表意文字、音节文字，还是字母文字。分析性思维不需要文字也是可能的。我们所知道的社会没有文字就无法存在，这是肯定的。然而，文字是社会的结果，而不是原因。

希腊的元音化的字母文字并没有改变人们的思维方式，但它改善了人们写下自己想法的方式。通过这种方式，它培养了更高的识字率、更多的讨论，从而培养了更复杂的思维领域。然而，希腊文字并没有衍生出民主、理论科学或形式逻辑。它有助于保存那些考虑过这些问题的人的思想，并训练其他人在这些思想和类似想法的基础上再接再厉。

  一个伟大的哲学传统也存在于中国，东亚的书写走了一条与西方完全不同的道路。

第五章　东　亚

中国文字是中华文化在东亚传播的主要载体。在没有任何其他书写形式抗衡的情况下，中国的书写系统和汉字（在朝鲜和日本称为朝鲜汉字和日本汉字）大量被借用来传达与汉语截然不同的语言。随着时间的推移，不同国家和地区对所借用语言系统的调适也相伴相生。其中两种调适最富创意：朝鲜的朝鲜语可能是历史上复制人类语言最有效的方法；相较之下，日本的两种书写系统使用 3 种文字，规则随意，这可能是人类历史上最复杂的书写形式。

　　由于地域优势，汉语有时被称为"远东的拉丁语"。也许，佛教与汉语和汉字在东亚所起的作用，同基督教与拉丁语和拉丁文在西欧几乎同一时期所起的作用相同。正如我们已经看到的（见第四章），拉丁语为向非罗马的日耳曼人、凯尔特人和其他民族传播基督教提供了载体。也有可能，佛教也通过中文著作在非华人的日本、朝鲜、越南等国家和地区广为传播。然而，罗马崩溃了，而中国却日益强大，这使得中国的语言和文字的影响扩展至整个东亚地区。汉语和汉字的影响并非已逝的旧梦，就像拉丁语过去在西方的地位一样，它们本身就是文化。

　　因此，所有东亚文字都源于中国文字。中国文字的影响和许多字符，在被中国以外的其他国家和地区借鉴后，存续了近 2000 年，尽管其间有所改造和相应变化。可以说，一部东亚文字发展史，既是一部中国文字的辉煌史，亦是一部中国文化辐射所及的其他民族文字的调适史，因为毕竟有时这些民族的语言无法用中文表达。

第一节　中国文字

中文是东亚最古老的书写体系。它在公元前第二个千年的下半叶出现在中国的中北部，几乎得到了充分发展，不仅成为东亚最重要的书写形式，而且成为人类主要的书面表达媒介。一位学者估计，直到 18 世纪中叶，用中文出版的书比世界上所有其他语言出版的书加起来还多。[1] 汉字已连续使用了 3000 多年，其体系几乎没有变化（但单个汉字或汉字的形状变化很大）。它一直是，并将继续是世界上最伟大的文化载体之一。

最早的中国文字是刻写在兽骨和龟甲上的卜辞，可追溯到公元前 1400 年的商代（图 5-1）。1971 年，在河南安阳发现了 21 块刻有铭文的甲骨。许多学者根据其程式化的外观，推断这种文字一定经历了一个漫长的本土发展过程。一些学者认为，公元前 4800 年的一些陶器碎片上的各种刻痕，可以作为上述推断的证据。[2]

中国最早的铭文竖栏书写，从右到左阅读，这是与美索不达米亚纪念碑（直到公元前 1500 年）背面铭文的不同之处。中国文字也包含了美索不达米亚的一符号一音节原则（在早期的中国文字中，这是一种非标准的意符 – 音节文字）和字画谜原则。

图 5-1　中国甲骨文（约公元前 1200 年），
发现于河南安阳附近

　　汉字最初的书写形式是"文"，即"单位字符"。就像在美索
不达米亚和古埃及，用一个已知物体的简单素描来提示它的发音。因
为古埃及语是一种多音节语言，它使用字画谜原则来建构不连续的声
音，以便由几个象形符号组成一个词语（见第二章）。然而，在古汉
语的单音节中，一个音节是一个"文"，在大多数情况下，这个"文"
已经是一个完整的词语了。谐音现象增加了词的数量，一个发音往往
包含了几个不同的古代词语。反过来讲，复音也得到了；语义相关词
可用"文"来表达。例如，"口"可用来表示"呼喊"。谐音和复音都
为早期汉语书写嵌入了"图符的多义性"——一个单词的阈值决定于其
所应用的语境。这为早期中文书写带来了广泛的多样性。[3]

　　然而，这也造成了歧义。这个系统太过松散，仅凭语境无法确
定哪种读法是正确的。在商代文字中，没有一套标准的"文"。随着
中国北方社会的快速发展，人们认识到了标准化文字的价值和潜力，
文字规范化于是被提上议事日程，而其中的关键在于克服文字的模糊

性，具体办法则是将"文"转化为复合字。

在公元前1200年左右已经用毛笔和墨水书写的2500多个汉字中，约有1400个成为后来的标准汉字（图5-2）[4]的来源。商代文字仍然是语素音节文字，用一个字来表示一个词或一个单音节词素（词素是一种表达意义的语言单位，不能分解成更有意义的形式；例如，英语writing 包含 write 和 ing 两个词素）。这样，每一个商代文字都是一个词符。商朝的文字有两种类型。首先是文，正如我们所见，它具有很强的包容性。然后，问题就有了解决方案："字"或复合字，由两个或两个以上的"文"组成，作为一个符号。这就是中国文字的独特之处。"表音符号"或"表意符号"（就像埃及语的限定词，但不同之处是它不能独立存在）可以附在"文"后面，以辅助标识该词的意思。因此，复合"字"是"文"和这两个标识符之一的组合。

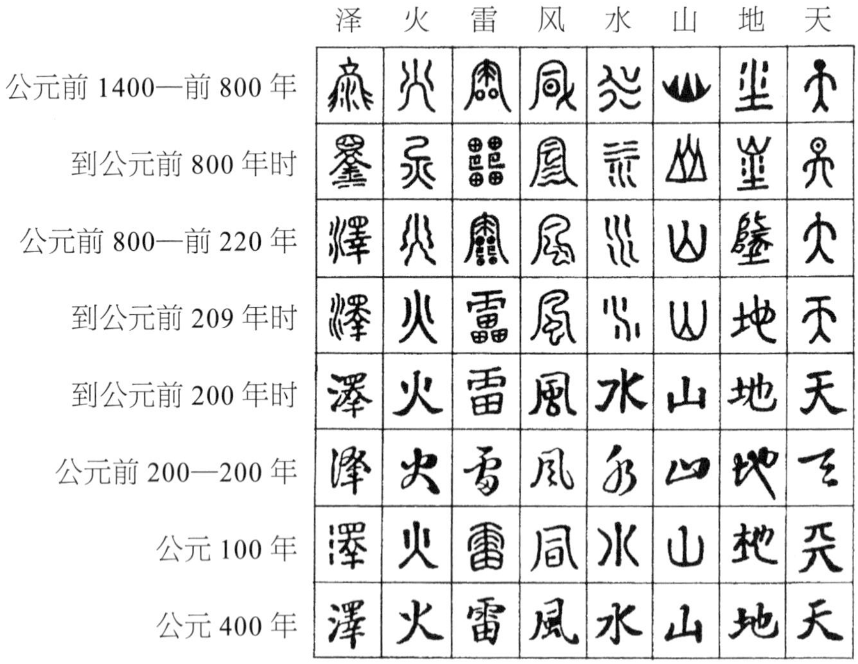

	泽	火	雷	风	水	山	地	天
公元前 1400—前 800 年								
到公元前 800 年时								
公元前 800—前 220 年								
到公元前 209 年时								
到公元前 200 年时								
公元前 200—200 年								
公元 100 年								
公元 400 年								

图 5-2 一些源自商代的重要汉字的演化过程

　　通过这种组合，汉字可以表达汉语的全部内容。任何一个字，不管多么复杂，都传达了一个音节，而这个音节通常代表一个词。一些字总是代表同一个词，但大多数提供了几种可能性。然而，就像"文"一样，文士们很快赋予了"字"以多种含义和读音。一旦这些复合体本身再被合成，系统就增加了第三级的复杂性。

　　解决这一新问题的方法是在汉字符号中添加更多的字符组件，以识别符号的意义和声音。（这样，一个常见的汉字符号中就可以出现多达 6 个字符组件，例如"郁"字的繁体形式"鬱"，由 6 个单独的组件构成。在一个罕见或特殊字中，组件甚至超过 6 个。）

　　早期的汉字书写系统是相当明晰的，人们大都能识别和拼读简单的汉字。在它的早期，系统本质上代表了一个不完整的表意文字，增加了表意符号以减少歧义。但是几个世纪以来，汉语口语发生了变化。语音不再一致，所以必须添加更多的表音符号。其结果是表音符号地位的丧失，语言中的语素和书写系统中的字符之间的关系不再明晰。这样，汉字就完全变成了意音文字。

　　作为汉字的特征和汉语口语单位的再现，语标文字或"词汇文字"主导着整个书写系统。汉字传达的是词汇，而不是思想或具体物体。英国哲学家罗素曾认为汉字是"表意文字"，认为每个汉字都"代表一种思想"。[5] 这是不正确的。汉字，作为一个完整单位或构件组块，是汉语中的词汇或单音节词素，仅此而已。

　　虽然汉字主要是音节文字，但它不是音节文字系统，因为大多数汉字都有一个意符。因此，汉字被称为"意音文字"，这也许是对这一体系在文字世界中独特地位的最好诠释。[6] 从语言学角度讲，汉字是"形音字"——音节是语素的再现（其中有一小部分，如数字，可以是表意文字，是汉字系统的子系统）。每个字都是二合一的：一个语素和表达这个语素的音节。汉字的数量远远多于音节，但词素的数量大致相当。由于一个人只能记住有限数量的字符，所以音节部分就占了主导地位。然而，声音传输仍然是模糊的，在许多情况下无法精确再现。

就像所有的文字系统一样，汉语也有它自己的弱点。意－音复合词显示了大量矛盾的用法变化：无论是图形上还是位置上，都没有标准和一致的标记来表明字的哪个元素是表意，哪个元素是发音。它们的角色也各不相同。例如，有的表意符号保持音节和声调一致，有的变调，有的既变音也变调。表意符号同样是可变的。

无论它们的音值是什么，一个受过教育的中国成年人显然会在同一瞬间读懂语音和语义。不那么专业的读者会在语音或语意中寻找正确阅读的初步线索。正因为如此，汉语的阅读有两种方式，即瞬时"整词"阅读和归纳语义语音组合阅读。大多数中国人是以"全词"方式阅读的，就像我们在掌握了基本知识并将例外情况内化之后在英语中所做的那样。符号在汉字意义解码中起限制作用，语音在阅读过程中更为重要。[7]事实上，表音元素在预测发音方面的作用远远优于表意元素在预测意义方面的作用。[8]然而，似乎只有表音符号和表意符号结合，才最终构成了记忆声音和意义的独特的"视觉钥匙"。

这就是为什么把汉字符号称为"字"似乎更合适的原因。"符号"反映了统一，而"字"则表现了组合的灵活性〔就像玛雅文字和复活节岛的 rongorongo（朗格朗格）〕。正如人们都看到的，每一个汉字都是由一个或多个声符组合一个或多个意符动态表达的，每个组合的构件又都可以有多种拼读方式。只有一个字，而不是一个符号，才能达到如此多维度的表现。

每个汉字都需要单独学习，就像每个人单独学习一种语言中的单词一样。发音和意义有好几个线索——语音、语意、语境等，但这些线索是不可预测的。与字母不同的是，每个汉字的语素－音节都是在书写系统中被"编码"的，需要一个单独的解码过程。这个过程，实际上激活了人类大脑中不同于字母阅读者的区域（见后文）。

西周（公元前1028—前771年）最初制作了一些甲骨文本，但后来只有用失蜡技术在黏土中浇铸的青铜器上的铭文。汉字的形状，后来被称为"大篆"，与商代的不同，主要是因为使用软蜡浇铸。圆形的形状后来被用墨水和毛笔复制在竹子、丝绸和木头上。几个世纪以来，这种情况，再加上政治不统一的影响——许多不同的书吏根据不同的语言和书写习惯创造了大量地方和书面字体（图5-3）。然而，尽管有很大的字体变化，书写系统本身仍然保持不变。[9]

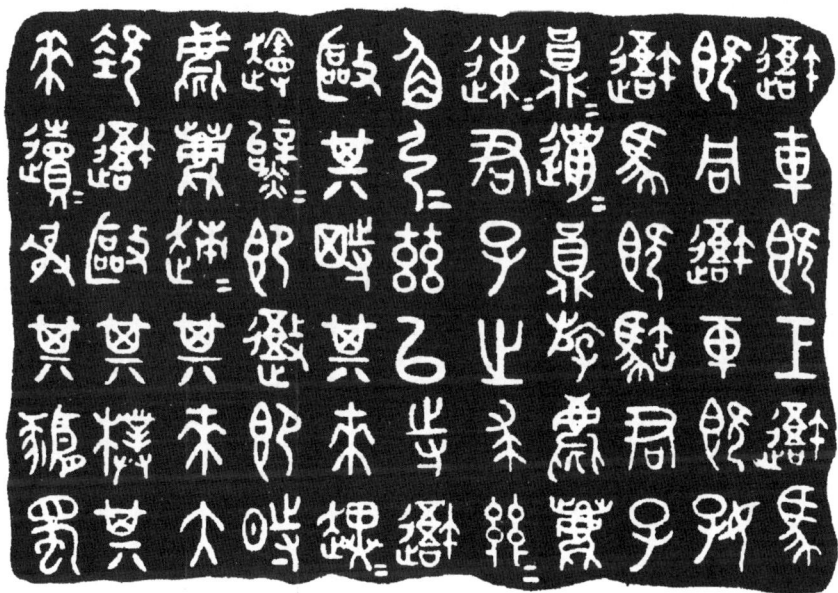

图5-3 这个铭文可以追溯到秦代（公元前221—前206年）

到公元前3世纪，积累的拼写差异阻碍了普遍的易读性。统一中国的第一位皇帝秦始皇认识到文字在团结不同部族和加强中央集权方面的作用。汉字标准化遂成为秦帝国加强政治和军事一体化的主要手段之一。在公元前221年的伟大文字改革中，秦朝丞相李斯将大篆简化为新的标准小篆，这是古代世界为实现政治和社会集权而自觉地实施文字改革所取得的最大成就。秦帝国的巨大组织能力使得这次文字改革取得了立竿见影的成效。这也是中国文字史上最重要的一次分野，因为李斯创制的小篆成为后来所有汉字字体的先驱。

图 5-4　每两栏一组，从右到左阅读，分别代表了中国传统汉字的 6 种主要字体

然而，秦朝很快就崩溃了。在汉代（公元前 202—220 年），汉字字体不断演进，一直沿用至今的小篆、隶书、楷书、行书和草书相继问世（图 5-4）。这就出现了一种将忽略意义的音节符号标准化的趋势：这可能会发展成为一个音节表，进而发展成为一个完整的音节系统。但学者们很快就坚持要更加认真地强调每个字的意义；事实上，意义成为每个字的重要组成部分。

公元 121 年，是汉字正字法标准化过程中的一个重要的年份。这一年，许慎编著的《说文解字》问世，该书区分了单个汉字构成的"文"和多个汉字复合的"字"；根据偏旁，将汉字分为 540 部首；认为无论结构多么复杂的汉字，皆可归入"六书"中的一种。

一曰象形："木""日"

二曰指事："一""二""三"

三曰会意："木"加"日"为"東"

四曰假借："來"，一种麦，同音假借为"来去"的"来"

五曰形声：表意符号"米"加表音符号"唐"为"糖"

六曰转注："樂"既指"音乐"，也表示"快乐"

图 5-5 许慎的"六书"

　　许慎的"六书"最好地阐释了汉字是如何构成的（图 5-5）。第一类是"象形"，如"木""日"等。第二类是"指事"，如数字"一""二""三"。第三类是"会意"，是复合基本字符成为新的阅读单位，如"木"与"日"就产生了"東"，也即"东方"之意。第四类是"假借"，是指符号的表音化，如"來"，其古字形像一株小麦的形象，本义指"麦"，也用来表示"到来"，因为发音曾是相同的。第五类是"形声"，也是最重要的一类，复合基本符号的语义和语音，也就是说，字符的语义表意，字符的语音表音，如"糖"是由表意的米字旁和表音的"唐"复合而成的。第六类是"转注"，略改原有的字形和读音：例如，"乐"字也可以用来表达"音乐"或"快乐"。第五类汉字约占汉字总数的 90%，而第六类汉字在每 2000 个汉字中才有一个。

　　许慎本人曾使用李斯的小篆作为其文字的基础，但这并没有成为中国的日常字体。在后来的几个世纪里，小篆演化成隶书，广泛用于公文书写，隶书是后来所有中国字体的原型。

　　几千年来，汉字的数量急剧增加。商代铭文中有 2500 多个字。许慎于公元 121 年编纂的《说文解字》中有 9353 个字。到了 11 世纪，汉字的数量达到的 2.3 万个。1716 年，清朝编纂的具有深远影响的汉字辞书《康熙字典》列出了 4.7 万余个汉字。最近的汉语词典（公元 1986—1990 年）收录了约 6 万个汉字。有人声称，所有曾经存在的汉字——不考虑不同的字体——可能多达 8 万个。[10] 这是因为汉语书写是"开放式"的：每一个新词都会自动地在系统中要求一个新的字。汉语已经用了 3000 多年的时间收集新词了（相比之下，一个"封闭"的字母系统，比如拉丁语的底层系统，可以用非常小的字母库从语音上复制每个新词）。

　　尽管如此，活跃汉字的数量只相当于所有汉字的十分之一。每个人都认识的汉字数量又只占到活跃汉字数量的三分之一左右。换言之，普通中文读者平均掌握 2000—2500 个汉字就基本上够用了。因此，在汉语词典中列出的大多数汉字，使用的概率极小。

　　书写中文的物理方式也需要特别提及，因为这也不同于已知的世界上其他地方的书写。2000 多年来，中国人一直遵循着一个固定的惯例，即把每个字符都写在 4 个一样大小的"四字格"里，有时叫作"方块字"。[11] 所有中文文本都是竖行从右到左书写，没有分隔符号或标点（图 5-6）；直到 20 世纪，才开始普及中文标点符号，虽然还没有标准化。现在，许多文本已是横行从左到右书写，就像现代拉丁衍生文字一样。

　　最早的中国文字，或是用毛笔和墨水写在树皮、竹条、木片和其他材料上，或者刻在象牙、牛角和龟甲上，或者用软蜡绘制在青铜铸件上。在东汉时期（公元 25—220 年），丝绸开始成为公文和信件的常见书写材料。然而，丝绸昂贵，使用范围有限。约在公元 1 世纪，人们将旧丝绸捣成凝胶状浆液，然后将其薄薄地摊在框架容器上晾干，于是就产生了一种可用的书写材料。这一过程可能是公元 105 年汉和帝的宦官蔡伦首先描述的，这可能是当时的中国人为了创造廉价

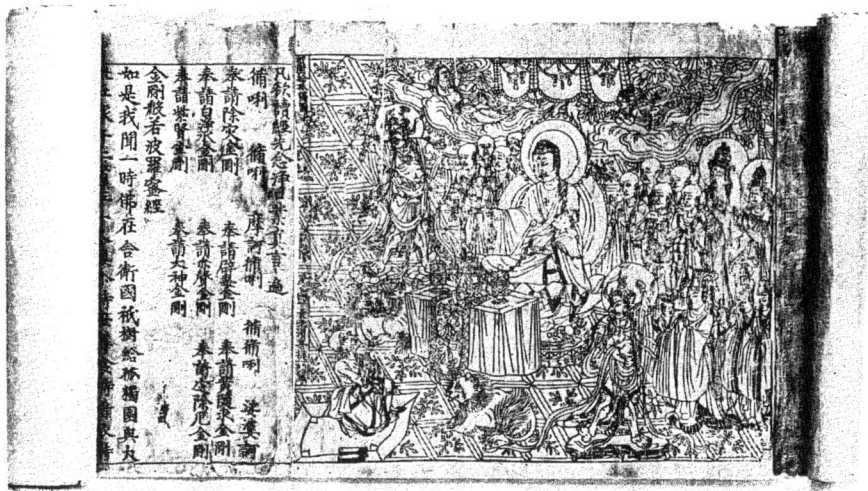

图 5-6　世界上现存最早的印刷书籍：《金刚经》汉译本，
长 500 厘米，高 30 厘米，公元 868 年

的书写材料而进行的众多实验之一。[12] 这预示着纸这种最终成为世界上最有用、最普通的书写材料的出现。蔡伦的发明是用旧破布、渔网和树皮制成的，据说比丝绸便宜得多。现代植物学家研究了公元 2 世纪中国现存最古老的纸张，确定它是由碎布和未经加工的纤维（月桂、桑树和苎麻）复合而成。直到公元 8 世纪，造纸业仍由国家垄断，其技术严格保密（图 5-7）。相关知识只传播到西域。

　　写汉字时，每个字符必须有规定的笔画数（1 画至 25 画），必须有一定的顺序，必须有一定的笔画起点。书法有 8 种基本笔法（尽管书法家们所记的笔法多达 64 种）。所有字符都包含一种或多种笔画。设定笔画的编号、排序和走向，不仅是出于审美考虑，还有助于将每个字符组织在习得的相似字符群中，方便以后的大脑检索。在需要复杂的表意 – 表音字符来再现语言的每个语素 – 音节的书写系统中，这样的助记手段是必要的。

　　书法是一门表现文字之美的艺术，对中国人来说一直很重要（相比之下，大多数西方教程在 20 世纪最后四分之一时间里放弃了"书法

荡料入簾

图 5-7 17 世纪的中国造纸术

课"）。中国人认为书法就是书写本身，是不需要改良或商业开发的东西。在过去的几个世纪里，书法与音乐、绘画和诗歌同等重要。的确，在中国社会，伟大的书法家往往比最优秀的画家或诗人享有更崇高的地位。

书法家需要各种各样的笔、墨、纸、砚、镇纸和一小碗水。笔毛由貂皮、山羊和野兔的毛制成，其中秋天野生貂皮的毛发柔软而富有弹性，可以写出优雅的笔画。据称，专业文士可以根据笔画的灵动程度判断字是用哪种动物毛发制作的毛笔书写的。在中国书法中，人们仍然可以感受到每个字都是一件微缩艺术品，每个字都是书写者学识、技巧和才华的外在呈现（图 5-8）。西方的字母几乎完全是功能性的，而中文的字符就其本质而言，同时具有功能性和艺术性。阿拉伯文的书写者也许最能认同这一点——尽管他们的辅音字母文字缺乏相同的艺术潜力，而对于一个希腊字母或拉丁字母文字的书写者来说，则是完全不可理解的。

图 5-8　中国书法家所书格言"金生丽水"，从左到右，字体分别为小篆、隶书、楷书、行书、草书

　　然而，汉字的书写仍不够精确，因为复合字的表音和表意成分都不能准确地传达声音和意义，而只是一种近似值。正如维克多·梅尔所言："（汉语的）读者必须猜测或记住出现在每个汉字中的适当的读音；他们还必须将图符与他们已经知道的词汇联系起来。只有这样，他们才能确定汉字（字符）的意义。"[13] 一些语音成分有多达 12 种不同的发音，每一种都由它所在的字符决定。一个字也有多种可能的发音（多音字），一个发音也有多种汉字。这种多效性并非一直是中国文字的特征。通常，今天出现的这种情况是几个世纪以来音系趋同的结果，也即汉语本身发生了变化，产生了貌似相同的特征，而这些特征在历史上曾是不同的。

　　汉字可能是语素 – 音节文字，但即使在创作的文言文中，也有不少多音节词汇。在这里，尽管有表意文字，但声音压倒了意义。例如，在现代汉语中，一个词语的平均长度是两个音节，而古汉语词语则以单音节为主。那么，在这种情况下，写一个词语需要两个字符吗？与此正相反。这些字符仍然是单音节的，但词语的发音是多音节的，就像由单个字符组成的词语"千瓦""图书馆""问题"那样。

这个系统与古代典籍比较契合，但不适用于白话文和地域变体（汉语方言）。除了文言，没有其他什么合适的表达方式。迈尔说："时至今日，即使是北京话（现行通用语言普通话的基础），作家们都抱怨不可能用汉字写出他们想要表达的全部东西。"[14] 这是因为 8 种主要汉语方言中的许多常用语素并不是用标准的 6 万个汉字来表示的。如要写出广东话或台湾话这样的方言，只有两种办法，或者发明特别的字符，或者使用拉丁字母（自 19 世纪末以来，后者越来越受欢迎）。目前，汉语的书面语和口语之间存在着很大的鸿沟。尽管中国的书写体系和文字在过去 2000 年中保持了惊人的稳定，但作为有生命实体的汉语口语发生了巨大的变化。现在所写的东西常常不能反映出所说的东西，也即无法通过一种永久的正字法来表达短暂的语言，正如英语中 light 和 enough 这类单词一样。

为了弥合这种分歧，对中文书写进行改革并不是什么新鲜事儿。早在 11 世纪初，中国文人就已经知道了语音文字。[15] 然而，有两个主要因素阻止了这种转换，一是文化保守主义（存在于所有书写系统中），二是个人对汉字的依恋（民族认同感）。汉语罗马化萌芽于明初到清初（公元 1368—1662 年），由于他们使用拉丁文字和以前没有文字地区的汉语方言来传播基督教经文，因此提出了各种方案。

19 世纪末，反对满族政府及其政策的抗议活动日益高涨，引发了一场全面改革中国文化的思潮。为使中国富强起来，当时的人们提出了许多汉语拼音方案。1911 年清政府垮台后，新成立的民国政府用国语取代文言作为官方书面语言。1913 年，中国读音统一促进会制定了国语注音符号，促进了普通话的传播；在中国台湾，国语注音符号仍用作汉字的语音辅助工具。

1949 年中华人民共和国的成立，为汉字的书写改革带来了两大推动力：一是更大规模的拉丁化，二是汉字的大幅度简化。中文的拉丁化长期以来一直是一个特别有争议的问题，因为它通常被认为是外来文化的入侵。虽然韦氏拼音是西方人拼写汉字的最常用方法，却是中华人民共和国推动了拼音系统在中国的广泛使用。这是因为中国文字系统的自主罗马化，是中国共产党早在 20 世纪 30 年代就提出的主要社会计划之一。当时中国的文盲问题严重：传统书写系统对许多人来说太难了，很难在适当的时间内学会。然而，拼音的实施却被学者们叫停了——就像约 2000 年前音节文字的提议所遭遇的那样。

所以中国想出了一个妥协方案：简化汉字。简化是一种已经存在了好几个世纪的做法。最终，于 1955 年中国颁行了简化字（尽管大多数中国人仍在使用繁体手写体），这种字被简化到了前所未有的程度，不仅消除了几乎所有冗余字，而且大幅减少了笔画数。在多数情况下，繁体字已被简化。如果不学习，大陆的大多数中国人已经不能阅读古老而复杂的文言文了，而台湾的中国人则很难读懂大陆的简体字（图 5-9）。

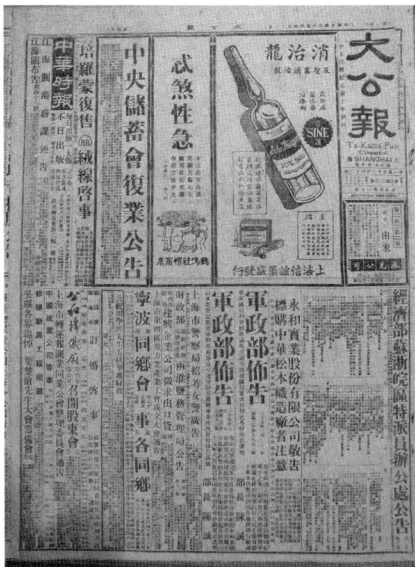

图 5-9　左图报纸，简体字横排印刷，由左到右阅读；
右图报纸，繁体字竖列印刷，从上到下，从右到左阅读

20 世纪 50 年代，中国开始采用拼音这种标注汉语普通话读音的拉丁化系统。这个系统也成为海外拼写所有中文专有名词的正式方法，这也解释了为什么在 20 世纪末期 Peking（北京）变成了 Beijing。

简体字是一种新的文字，而繁体字在现代社会显得陈旧和不切实际。汉语拼音（与简体字一起）现在是小学教育、路标、地图、时尚商店和餐馆、品牌名称、中文盲文、电报，以及也许更重要的计算机输入等其他用途的汉字读音辅助工具。似乎约定俗成，中国采用了简体字和拼音互补。

现在有两种新的压力强加在中文书写上，迫使人们做出决定：一是电子文字处理；二是不断增加的外来词。而前者没有后者那么重要，因为现在可以不用求助拼音就能成功处理汉字了。外来词构成了真正的威胁。中国一直抵制外界的影响，在其书写系统上的表现就是汉语书写对于非中国元素的不兼容性。如果一个汉语书写者想表达一个外来词（通过语音画谜方式实现），那么其所用必要字符的数量通常与一个完整的汉语句子相当。这是不切实际的，也是不可持续的。因为随着全球化的加速，汉语中的外来词越来越多。

对于熟悉汉语和汉字书写系统的人来说，像拼音这样的表音文字似乎不太可能完全取代汉语表意文字，至少不能作为国家正规书写系统和文字。汉语的表意文字已经发展了许多消除歧义的机制，而表音文字很少能以同样方便的方式解决这些歧义。中国社会也许会永远接纳传统汉字，并将其作为中国人文化认同的最佳视觉表达方式。然而，汉语书写的未来是开放的，这是比系统效率和民族认同更重要的决定书写历史的因素。

第二节　越南文字

越南语（或安南语）属于南亚语系中的孟－高棉族。从公元前111年到公元939年，越南被中国统治了1000多年。因此，最早于公元186年被引入越南的中国文言文也是越南的书面语言。两种传统并存：作为书面语的汉语和作为口语的越南语，后者一直有增无减地保存了古代文学。在中国的统治结束后仅仅几个世纪，两种不同但相关的使用汉字书写越南语的传统就发展起来了。[16]有证据表明，越南的"喃字"最早出现在公元1343年，此外还有新造的越南"汉字"，都利用了古越南语与古汉语非常相似的特点。因此，借用汉字来表达古老的越南语并没有什么问题。

"喃音"直接来源于汉语文言。然而，越南"汉字"修改了中国汉字，以适合本土语言的需求；这种经过修改的文字最早保存在14世纪以后的碑文中。[17]"喃音"和越南汉字都以3种相同的方式改编了中国汉字（重复了几个世纪前朝鲜人和日本人的做法。见下文）：第一，中文的"文"（单体字）或"字"（合体字）在越南语中会发出同样的声音。第二，中文的"文"或"字"会被赋予不同的越南语意。第三，可以用标准的中国方法在越南语中创建一个新"字"。

在17世纪，耶稣会学者亚历山大·德罗兹（公元1591—1660年）

创制了一种源自拉丁语的字母表来表达越南语。该字母表后来由葡萄牙传教士引入越南，并在他们编纂的越南语语法书、字典和基督教出版物中使用。然而，越南文士抵制了这个字母表，认为它是外来入侵的产物。他们仍坚持使用越南"汉字"书写，认为这是身份认同和独立自主的象征。

1883 年，法国武力吞并越南，随后开始了"欧洲化"，其中也涉及文字。1910 年，根据官方法令，法国用传教士创制西方字母取代了两种越南本土文字。今天的越南"国语"，正如这种西方字母文字的名称所显示的，仍然是越南的官方文字。它使用变音符来表示元音音值或标记越南河内方言（越南的标准方言）的 6 个声调中的一个。就目前而言，回归传统的越南"汉字"书写似乎不太可能。

第三节　朝鲜文字

公元 15 世纪，朝鲜李朝世宗大王宣称，朝鲜以中文为基础的书写方式"太复杂、不完善，而且不方便朝鲜人自由地使用这个系统来表达自己的思想和想法，因为其中包含了太多的汉字。朝鲜人非常需要自己的字母来书写朝鲜语"。[18] 世宗大王提出的替代以汉字为基础的文字，也即朝鲜独有的谚文，最终成为文字史上最有效的书写系统（此讨论遵循了耶鲁大学对朝鲜语的音译）。

汉武帝在公元前 108 年征服了朝鲜大部地区，然后实施了移民的政策。中国的文化、宗教、语言和文字很快席卷了朝鲜。中国文化牢牢扎根于朝鲜西南部，并在那里蓬勃发展。最早使用汉字书写朝鲜语的证据是公元 414 年的一篇石刻铭文。[19] 7 世纪的汉文编年史采用了朝鲜语专有名称和术语，汉语中没有对应的名称和术语。朝鲜的书吏采用了两种方法来写这些文字：一种是仅用汉字来表达其中文发音，另一种是用汉字来表达其意义但在古朝鲜语中发音。然后，书吏开始用古老的朝鲜句法——短语和句子的重要顺序——于公元 7 世纪末创造了一种被称为"吏读"的官署文字，用以传达日常公务信息。

在类型和句法上，古朝鲜语与汉语文言相差无几。古朝鲜语是一种黏着语（汉语是一种孤立语），其中每个词也可以由多音节的词根语素组成，需要大量的后缀语素来表示语法（这也是阿卡德人的问题，因为他们借用了苏美尔人的文字。参见第二章）。此外，古朝鲜语语法把动词放在陈述句的后面，在被支配的词后面加上后置词（不是介词）。尽管有这些差异，朝鲜人仍采用他们当时所知道的唯一的文字——汉字——来表达古老的朝鲜语言。

"吏读"用有限的一组汉字表达朝鲜语法语素；词汇词（非语法词）继续使用完整的汉字清单来书写（在这方面，"吏读"与日本的体系非常相似）。这当然产生了不必要的复杂性和歧义，因为语法部分和词汇部分是无法区分的。此外，作为单个音节使用的汉字的数量很快变得难以驾驭。随着时间的推移，朝鲜也使用"乡札"（kwukyel）方法来书写汉字［后者非常类似于日本古老的"万叶假名"（kana），可能是受到了它的启发。见下文］。这里，汉语词干（义）用古朝鲜语言读出，后缀和语法助词（音）用中－朝语读出。然而，朝鲜文字太不精确和含糊不清，无法像中国文字轻松有效地传达中国文学那样传达古老的朝鲜语言。

在 13 世纪和 14 世纪，为了从图形上区别于汉字，许多语法字符得以简化，以便读者能够容易地识别它们。这一套新的语法字符被称为口诀词。它在系统中使用简化汉字，很像日本的假名，而且它也用来给中文文本做注解。

朝鲜人一直意识到，汉字很难传达他们的多音节黏着语。他们也一直在摆脱中国的影响，并为自己争取特殊地位，而这是困难的，只要朝鲜人还在使用汉字。早在公元 690 年，新罗的宫廷就开始用音节文字书写朝鲜语，这可能是受到佛教《天城文书》的启发。然而，这 36 个音节符号很难与汉字区分开来；随着时间的推移，音节符号数量越来越多，整个系统也变得越来越复杂。在中世纪盛期，新的社会压力迫使朝鲜重新评估国家的文字需求。也正是在这个时候，即 13 世纪，朝鲜启动了人类历史上对中国发明的活字印刷术的第一次重大开发和利用。[20] 1403 年，朝鲜印刷工场已经开始使用金属活字印刷了，这比德国的古腾堡早了整整一代人。这样的技术进步显然让朝鲜文人意识到他们的本土书写系统和文字所带来的不必要的复杂性——除了与朝鲜语言明显的不兼容之外，它们对于新技术来说太难处理了。它们也阻碍了对印刷业内在潜力的开发。"自组织临界状态"显然已经达到。结果是一场有效的书写革命，产生了"世界上设计最科学、最有效的文字之一"。[21]

朝鲜李朝的世宗大王（1419—1450 年在位），传统上被认为创造了这个国家全新的书写系统和文字。然而，世宗大王在他的"谚文厅"中的真正角色——发明家、管理或挂名首脑——仍然不清楚。新的系统和文字大约在 1444 年 1 月完成，两年后，世宗颁布《训民正音》。朝鲜文人被激怒，因为他们认为这是对传统文字的亵渎，于是给新文字起了一个贬损性的名字 onmun，意为"声音文字"，直到 20 世纪初才被"谚文"这一正式称谓取代。

创制新系统和文字的灵感源自何处仍是仁智各见。有学者提到蒙古人，他们当时使用两种字母文字：八思巴文字和改编的维吾尔文字。有学者建议直接使用简单的拉丁字母，这意味着受欧洲的影响。毫无疑问，世宗和他的学者们很可能通过佛经了解了印度语阿布迪加字母文字的原理（辅音＋元音作为变音符）；他们也可能知道西方的字母表。谚文的字母－音节系统与阿布迪加字母文字非常相似，一些字母的形状与蒙古语八思巴文字大致类似。[22] 反过来，谚文也有可能影响了后来采用蒙古系统的满族学者。[23] 然而，该系统本身显然不是起源于八思巴文字或任何其他节段系统。因为谚文是世界上唯一一种特征书写系统，也就是说，它能够再现其宿主语言的基本特征。这是没有先例的。另一方面，谚文的文字，而不是它的系统，似乎急剧缩减和简化了所继承下来的汉字。因此，谚文并不是对长期互不关联的外来系统的引入和改造，而是经过深思熟虑的基于自身语言的发明。[24] 谚文的特征语言完整性禀赋，使其迥异于受西方启发的切诺基音节表或者说复活节岛文字的"发明"。

乍一看，谚文确实像是一个"字母音节表"，正如一位学者所称的（图5-10）。[25] 但远不止这些。它是字母，每个字母传达辅音和元音，共享平等地位（一个完整的字母表）。然而，这些字母被写在一起形成伪汉字式音节"方块"。谚文最显著的特点之一是，每个字母的形状都模仿了发音在口中形成的方式：例如，/k/ 表示舌头接触上颚。谚文有 28 个基本字母，其中 24 个至今仍在使用。变音符被系统地用来表示那些不是用字母表示的音素。

		ㅏ	ㅑ	ㅓ	ㅕ	ㅗ	ㅛ	ㅜ	ㅠ	ㅡ	ㅣ
		a	ya	eo	yeo	o	yo	u	yu	eu	i
ㄱ	g(k)	가	갸	거	겨	고	교	구	규	그	기
ㄴ	n	나	냐	너	녀	노	뇨	누	뉴	느	니
ㄷ	d	다	댜	더	뎌	도	됴	두	듀	드	디
ㄹ	r(l)	라	랴	러	려	로	료	루	류	르	리
ㅁ	m	마	먀	머	며	모	묘	무	뮤	므	미
ㅂ	b	바	뱌	버	벼	보	뵤	부	뷰	브	비
ㅅ	s	사	샤	서	셔	소	쇼	수	슈	스	시
ㅇ	※	아	야	어	여	오	요	우	유	으	이
ㅈ	j	자	쟈	저	져	조	죠	주	쥬	즈	지
ㅊ	ch	차	챠	처	쳐	초	쵸	추	츄	츠	치
ㅋ	k	카	캬	커	켜	코	쿄	쿠	큐	크	키
ㅌ	t	타	탸	터	텨	토	툐	투	튜	트	티
ㅍ	p	파	퍄	퍼	펴	포	표	푸	퓨	프	피
ㅎ	h	하	햐	허	혀	호	효	후	휴	흐	히

图5-10　朝鲜谚文是如何在每个"音节字母"中组合辅音（左列）和元音（上列）的

正如世宗大王在 1446 年的诏书中所写的那样："谚文能够明确区分清音和浊音，能够记录音乐和歌曲。它适用于任何场合，甚至能够生动地描述风的呼啸声、鸟的唧唧声、公鸡的啼叫声和狗的吠叫声。"[26] 这种说法基本上是成立的。谚文的辅音是根据双唇、牙齿、牙槽（嘴的顶部）、舌膜（软腭）和声门（喉咙）等 5 个不同的发音部位组织起来的。然而，它的 3 个元音形状被"形而上"地组织成天（圆点）、地（水平线）和人（垂直线）——表面上是为了使这个系统在哲学上合法化，因为对于朝鲜学者而言，他们要求一个中国式观念来加持这个新系统。谚文也因此在辅音和元音之间保持了清晰的图形和概念上的区别。

谚文书写不是按字母顺序，而是按音节顺序，每个音节符号以一个辅音字母开头。如果音节中没有辅音，则用 O- 符号代替（O- 符号通常是半辅音 /j/ 或 y-；在音节符号的末尾，表示 /ng/）。然后，元音必须作为后缀或出现在第一个元素的下面，以完成音节符号，在形状上呈现为一个方块。这种"填充物"的使用主要是出于美观的考虑，保持"音节方块"图形的完整性，以实现一个规则的外观，这不由让人联想到传统的汉字书写。虽然方块的组件很容易区分，但每个音节符号都首先是一个书写单位，就像每个字母在字母文字中的作用一样。这样就形成了类似印度语中由辅音＋元音组成的音节方块；然而，在谚文中，每个字母方块的辅音和元音的地位是相等的，就像在一个完整的字母表中一样。这种"方块文字"既体现了传统汉字系统的庄重典雅，同时也提供了一个能够充分传达朝鲜语言的系统。

正如英国语言学家杰弗里·桑普森指出的那样，谚文被认为是一种特征系统，主要是因为附加技术。[27] 如果把 /k/、/n/、/s/、/m/ 和 /ng/ 这 5 个辅音中的任何一个加减笔画，就能传达出送气（伴随呼吸声）、摩擦（呼吸的强制摩擦，如 /h/）和其他朝鲜语的语言特征。同样地，只要把这 3 种元音形状（圆点、水平线、垂直线）组合在一起，就可以把朝鲜语中的元音和复合元音全部表达出来。对于一个研究世界文字系统的人来说，谚文的主要"美"在于辅音实际上是表达它们的方式的图形描述，而元音则包含在 3 个以图形标记的形而上概念中。

尽管有着明显的优势，但谚文仍遭到学者和僧侣的强烈抵制，他们都是朝鲜古代传统的守护者。虽然乡札在 15 世纪就已被废弃，但其他两种传统文字在接下来的几个世纪里继续主导着朝鲜文字。随后的变化发生在谚文中：古老的方形和几何形式在毛笔书写的影响下消失了，同样，在语言中再现声音的字母也不再存在。在这几个世纪里，谚文成为妇女儿童和其他社会地位低下的人的文字。即使使用谚文书写，但汉语外来词仍用汉字书写，并以中－朝语（而非朝鲜语）发音。

因此，谚文并不是世宗所期望的在朝鲜取代汉字的文字。它只是一种替补系统和文字，用来辅助发音，提供功能词和助词，并澄清汉字歧义。中文的汉字仍是一种有声望的文字，是地位较高的受过良好教育的人的标志。掌握朝鲜汉字的朝鲜人数量非常少，而通晓日本汉字的日本人则不计其数。即使在今天的韩国，一个人的学识水平还是以他对传统汉字的掌握程度来衡量的。

朝鲜李朝世宗时期创制的谚文曾有"训名正音""俗文""国文"等不同称谓。20世纪初，语言学家吴思京（公元1876—1914年）发起了一场推广朝鲜语言和文学的著名运动，最终创造了"谚文"这个称谓。随后，"谚文"这一称谓得到积极推广，以改善其长达数百年的"普通"印象。

但事实上，汉语更受欢迎，朝鲜语直到19世纪80年代才被经常地用作书面语（图5-11）。在20世纪第二个十年和20年代，大众传播和西式教育鼓励发展由汉字和谚文组成的中－朝"混合文字"。也就是说，借用的单词仍用汉字书写，但朝鲜语词汇和语法结尾则用谚文书写。[28] 直到第二次世界大战结束，朝鲜语才成为普通民众使用的标准书面语言。随着1945年摆脱日本的统治，汉字的影响力急剧下降。与日本书写不同，现代朝鲜语书写不再使用汉字来表达朝鲜语词汇，谚文独立承担了这一功能。

1949年，朝鲜废除汉字，只用"谚文字母"或"朝鲜文字"（"谚文"的朝鲜称谓），尽管有限的汉字教育一直延续到今天。韩国则没有这么严格，几乎所有的日报都仍在使用一些汉字。和日本一样，韩国的中学毕业生预计会掌握大约1800个汉字。而且一些政府部门会比其他机构更广泛地使用汉字。

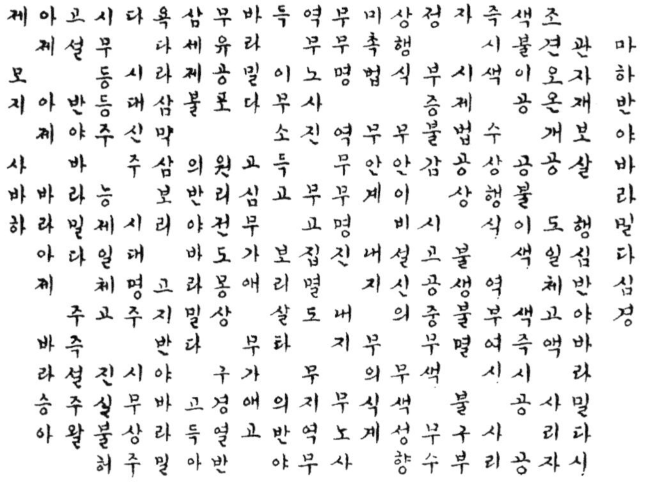

图 5-11　《般若心经》朝鲜语译文

　　500 年的谚文书写经历了音韵学家（强调声音）和形态音韵学家（侧重词语）之间的斗争；前者希望将朝鲜语写成口语形式，而后者则努力将传统的动词和名词基础保留为图形遗存，无视语言的自动发音变化。从历史上看，谚文书写已经从语音变成了词语，所以在 21 世纪，至少在它的名词中，它以形音字为主，也就是说，它主要复制朝鲜语口语中的词语和词素，而不是实际的发音本身。这也使得统一的拼字法得以发展（就像无视方言的英语标准拼写规则），自 1945 年以来，这种拼字法一直在两国使用。在 20 世纪初，曾有过许多对谚文进行改革的尝试，包括"并排"书写和通过大规模的罗马化以取代谚文。然而，自 20 世纪 50 年代末以来，谚文系统基本保持不变并逐渐制度化。

　　21 世纪初，汉字、谚文和欧洲外来词、拉丁字母的混合书写成为韩国文字的一大特点，而汉字部分明显趋于完全消失。朝鲜已经几乎完全使用谚文了。无论哪种形式的书写取得了成功，人们都必须同意杰弗里·桑普森对谚文的评价，认为它是"人类伟大的智力成就之一"。[29]

第四节　日本文字

　　日语目前是通过可能是有史以来最复杂的书写方式来表达的：3 种文字（一种中文和两种日文）同时书写的两种独立系统（一种外国表意文字，一种本土音节文字）。世界上大多数的书写系统都是某种形式的混合体，其中一个占主导地位的系统，比如拉丁字母，允许一些外部成分的偶尔入侵，比如意符（比如 8、+、?、%、>、†等）。然而，日语不属于任何类别。日本的外借汉字也有中文和日文两种解读方式，上文所描述的 6 种不同类型的汉字都有各种复杂性。从本质上说，日语书写是对汉语书写经过几个世纪复杂的再分析的升华，目的是在社会互动的几个不同层次上传达日语和汉语外来词。日语书写的复杂性反映了日本社会本身的复杂性。

　　所有日本文字的基础，也就是它的来源，是日本从中国借来的语素音节文字汉字或"汉书"。[30] 日本人从中国借用文字数百年后，发展出了自己的假名音节书写系统，其中包括满足不同需要的两种音节符号，即平假名和片假名。在过去的一个世纪里，罗马字越来越多地用于非日语单词。最后，还有"季语"（kigō）或"符号"，通常会穿插在使用上述所有书写系统和文字的日语文本中。

　　不知道在引进中国文字之前日本是否有文字。似乎像日本南部的琉球群岛那样的结绳记事系统也可能在日本使用过。[31] 在公元前 108 年中国西汉王朝攻打朝鲜之后，汉字（包括系统和文字）开始为非常有限的日本文人所知。包括刻字金属镜在内的汉文化传入并影响了日本社会。公元 370 年，日本入侵朝鲜，随后实施了长达约 200 年的殖民统治。在此期间，据说日本应神天皇将两名朝鲜学者请到日本宫廷指导皇太子学习中国语言和文化。

在 6 世纪中叶，佛教成为日本国教，中国文字随之传播到其他地区和中心；日本文人定期到中国朝圣和学习。公元 645 年，日本建立了以儒家思想为基础的中央政权，并在 500 余年间蓬勃发展。正是在这段时间里，汉字被制度化并被用来表达古老的日语，从而建立了日本历史文明（图 5-12）。

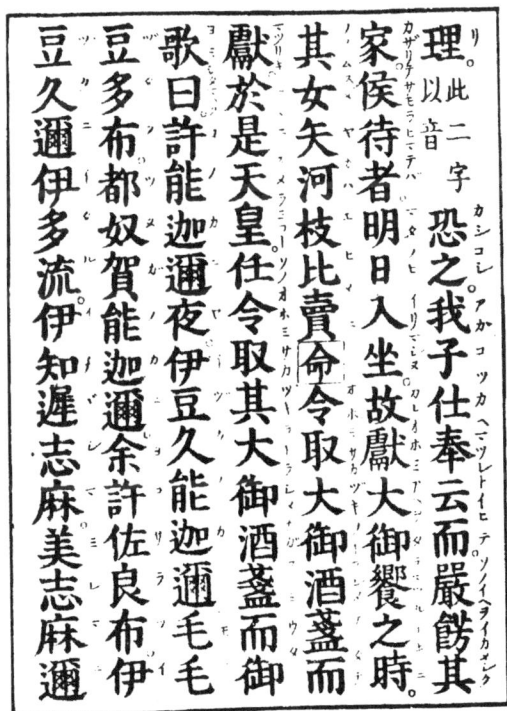

图 5-12 日本首部本土文学作品《古事记》，完成于公元 712 年，用汉字记载了日本古史，这是 1803 年的木版印刷版本，在片假名音节文字中提供发音辅助工具

和古朝鲜语言一样，古日本语言也是一种多音节黏着语——完全

不同于用汉字表达的文言文。日本最早的文字是"宽文"（kanbun）或"汉字"。这是一个尝试，在日语语法中仅使用汉字。阅读"宽文"有使用中文文言文和使用中文文言日文翻译（在栏目之间使用辅助标识）两种方式。"宽文"几乎完全是一种书面语言，而不是口语。它在日本文化中的地位就像拉丁语在西方的地位一样：大多数文人都能读懂它，但很少有人会说。"宽文"不是日文，而是中文和日文之间的一种文学交流载体。

当日本人借用汉字时，他们不仅借用了汉字的意义，还借用了汉字的发音——尽管汉语属于一种外来语言。经过几个世纪的借用，汉语发音在日文中的主导地位通过阅读每一个具有日本本土音值的字符来弥补——这就是"假名"。每个日本汉字（借用自汉语的汉字）现在都可以有几个发音和假名，虽然并无一定之规：像很多字符一样，例如，"さい"这个字符（表示"才能"和"年龄后缀"），就只有一个发音。然而，没有一个只用本土日语假名发音的字符。只有当日语中有一个词在意义上接近汉语发音时，才会补充一个或多个假名发音。

复杂性进一步增加了书写中－日复合词和日－中复合词的用法，每个构件都可能有几个读法。日本人发明了中文中没有的数百个汉字，这些汉字有汉语和日语两种读法。虽然单个的汉字确实穿插在日语里（都是借用自汉语），但大多数汉字是由一个或多个汉字组合而成的两个或两个以上音节构成。例如，3 个表示"声音""口音"和"研究领域"的汉字加在一起就形成了日语的"语音"。

和中国一样，日本的文字是用毛笔和墨水书写的，竖栏从右向左排列（到了 7 世纪，日本人也开始制造和使用纸张作为书写材料）。但从最早用"宽文"书写日语开始，他们就意识到，外国的书写系统无法传达日本文士想要表达的内容。几个世纪以来，日本文士都希望读者在心里"填满"那些文字中没有的词尾和助词。用这种方式解读日语既费力又模棱两可，从几个方面来看，这是历史上最尴尬的借用事例，因而需要一个彻底的解决办法。

　　在早期几个世纪的借用过程中，为了减少歧义，开始更充分地表达日语口语——不仅仅是汉语的意思和发音，日本人采取了各种适应的方法，使用的策略与朝鲜人和越南人相同。日本人使用汉字的汉语意义，但是用日语发音——这就是"宽文"中使用的"假名"。他们也有一些代表独立于表音的纯音值汉字，即"倭字"。早在约 1300 年前，日本文字与实际的"中国"文字关系不大，而更多的是与日本人的感知有关。

　　文士们很快就开始把"宽文"和"倭字"混合在一起，即将表意和表音结合起来。到了 8 世纪，又提出了构成今天日本文字基础的双系统原则，即不是一种而是两种混用的书写系统。

　　作为声音文字，"倭字"使用了所谓的万叶假名，一种在平安时代（公元 794—1192 年）开始使用的音节文字，"万叶假名"的发明可能是受到了朝鲜语"乡札"的启发。这种音节文字通常写在汉字或竖栏之间，形体很小，目的是阐释佛教典籍《箴言》或为其添加注释。但万叶假名很笨拙，因为在日语中使用的汉字通常比实际音节多 10 倍：在 8 世纪，日本的书吏书使用 970 多个不同汉字来表达区区 88 个左右的日语音节。

　　为了解决这种早期的冗余现象，日语假名字音表应运而生（"假名"这个词可能来自一个朝鲜语音节表的前两个元素，这个音节表由"ka-na-ta-ra"开始，类似于"希腊字母表"的 α 和 β）。[32] 假名是粘贴并穿插寄生在所继承的中国表意文字之上的一种完全不同类型的音节字母书写系统。它有两种形式：平假名和片假名。两者发音相同，但外观和功能各异（相同的系统，不同的文字）。

　　万叶假名发音字符的草书形式在公元 8—9 世纪成为平假名。这种文字也被称为"妇女字"，因为其使用者主要是上层女性（日本中世纪最伟大的文学作品《源氏物语》，就是由紫式部夫人完全用平假名创作的）。平假名的姊妹文字"片假名"或"部分假名"，也是在 9 世纪直接从万叶假名中衍生出来的，片假名并不总是源于从平假名符号衍生出来的相应音节符号（这就解释了平假名与片假名在外形上的明显差异）。到了 12 世纪末期，人们开始使用假名 – 汉字书写系统，也就是一种混合了中文汉字和日本假名的书写方式。这种方法在日本一直沿用至今，偶尔也会有些变化和调整。

在整个日本中世纪，汉字一直是国家尊崇的文字。国家文献是用片假名写的。女性在文学作品和私人书信中都使用平假名和片假名。与朝鲜汉字一样，汉字长期以来一直是日本的主要文字，尽管在有限的领域内，温文尔雅的上层妇女的平假名文学创作也赢得了巨大声望。进入 18 世纪后，女性也被允许使用汉字。今天，日本的任何书写系统或文字都没有社会性别界限。

到 19 世纪末，早期假名库中的许多异音符号（发音相同的不同符号）被消除了，减少到 96 个音节符号，即两种假名文字中各剩 48 个音节。所以一个日语音节在每个文字中只有一个音节符号。到了 20 世纪下半叶，w 系列中的两个符号（i 和 e 双线）也不再使用了。这样就剩下了 92 个平假名和片假名音节符号（各 46 个），加上经常以 –n 结尾的日文音节，总共形成了 94 个音节符号（两个 –n）。这些字母仍按照借鉴自印度南部泰米尔文字（图 5–13）的包括一些古音节符号在内的"五十音表"的顺序排列，即从上到下，从右到左。大多数日语词典都是按照这个表中的字母顺序排列的。

日本的两种假名文字，每一种都有一个可以立即识别的外形——平假名通常是弯曲的，片假名是直线的。这一重要的区别在日本的图形艺术中得到了利用，片假名更适合用于商店招牌和广告，而平假名则适合用于书法和其他更流畅的表达（图 5–14）。

日本汉字和假名在日常日语书写中的各自角色只是在 20 世纪左右才变得"标准化"。汉字的书写是为了传达主要的词汇类别——非西方名词（汉语和日语）、动词词干、形容词词干和一些副词。直到 19 世纪后半叶，片假字提供了必要的语法语素和虚词；自从 1900 年正式确定假名形式以来，平假名音节图就传达了这些信息。但是平假名仍然没有一致性。人们会发现在任何日语句子中平假名的全用、半用甚至

	ワ わ wa	ラ ら ra	ヤ や ya	マ ま ma	ハ は ha	ナ な na	タ た ta	サ さ sa	カ か ka	ア あ a
	ヰ ゐ i	リ り ri	イ い i	ミ み mi	ヒ ひ hi	ニ に ni	チ ち chi	シ し shi	キ き ki	イ い i
	ウ う u	ル る ru	ユ ゆ yu	ム む mu	フ ふ fu	ヌ ぬ nu	ツ つ tsu	ス す su	ク く ku	ウ う u
	ヱ ゑ e	レ れ re	エ え e	メ め me	ヘ へ he	ネ ね ne	テ て te	セ せ se	ケ け ke	エ え e
ん ン n	ヲ を wo	ロ ろ ro	ヨ よ yo	モ も mo	ホ ほ ho	ノ の no	ト と to	ソ そ so	コ こ ko	オ お o

图 5-13　日本的“五十音表”，从上到下，从右到左阅读。突出显示的框包含多余的元音

是零用——通常只有汉字出现，迫使读者在心里“填”语法，就像中世纪早期一样。另一方面，片假名音节图现在表达的是外来词、感叹词、模仿词、拟声词和专门术语。

自二战结束以来，片假名的使用量有了很大的增长，赋予了文字一种它在平假名取代语法功能时失去的优势。由于外语的“污染”，片假名现在大量出现在霓虹灯招牌和其他街道、商店、电视、互联网和杂志广告中。它还可以表达特别强调、委婉用法、讽刺意味等。现在年轻人在他们的混合文字中更频繁地使用它，从而达到一种“更宽松”的对话语气。[33] 片假名音节图已经成为日语书写的“斜体字”。

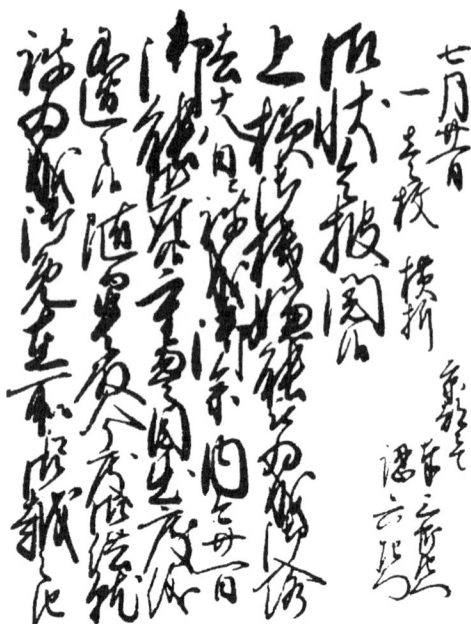

图 5-14　200 年前日本官方信函
的模式是：备受推崇的"草书"

　　日本平假名和片假名音节表，也使用一个小的变音符号，如
""，它可以改变 k 为 g 和°，可以把 h 变成一个 p，都完全有能力
传达一切现代日本演讲。事实上，在大多数儿童和青少年读物中，几
乎所有的汉字旁边都有微型平假名的标志。这些被称为 furigana，或者
"振假名"，尽管是为了读出一个可能不熟悉的汉字，这种做法只是
为了显示这些汉字实际上已经变得多么多余（图 5-15）。

　　在这方面产生了两个问题。首先，为什么日本需要两个音节？通
常给出的解释是平假名用于非正式书写，片假名用于正式文件和其他
正式场合。但这是一个历史的观察，而不是一个当代的理由。日本确
实切割了书写的目的，就像古埃及的圣书体和通俗体，两者彼此隔
离，不相统属。今天，每种文字都仍然有各自的适用领域。这是惯
例，不是需要。

　　其实，为什么要墨守复杂的混合系统和文字呢？

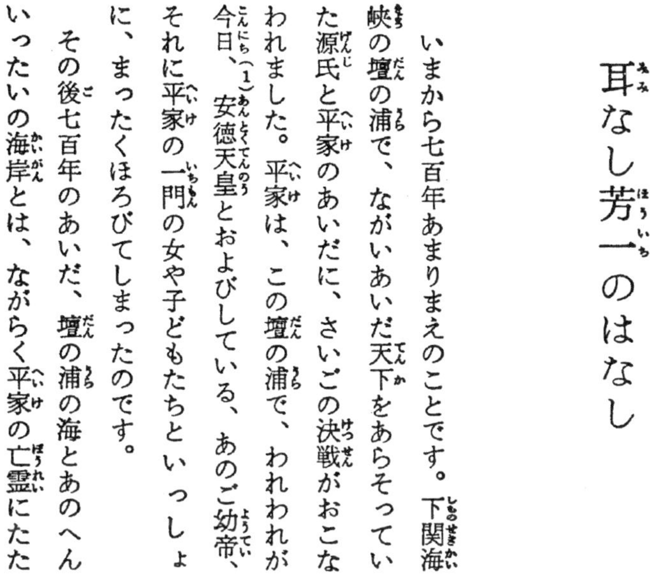

いまから七百年あまりまえのことです。下関海
峡の壇の浦で、ながいあいだ天下をあらそってい
た源氏と平家のあいだに、さいごの決戦がおこな
われました。平家は、この壇の浦で、われわれが
今日、安徳天皇とおよびしている、あのご幼帝、
それに平家の一門の女や子どもたちといっしょ
に、まったくほろびてしまったのです。
その後七百年のあいだ、壇の浦の海とあのへん
いったいの海岸とは、ながらく平家の亡霊にたた

耳なし芳一のはなし

图 5-15 这本面向日本青少年的现代读物从上到下、从右到左阅读，在开篇一章里，几乎每个汉字都有一个标音的微型振假名

　　这个问题暴露了一种字母偏向。非日本人可能会觉得日本"面临" 3 种选择：保留现有的体制，只采用假名写法，或者使用西方的罗马字。例如，日本的盲人可以阅读不使用汉字的假名盲文，这比正常人阅读标准的日语混合书写系统要容易得多。从逻辑上讲，人们应该假设，完全放弃汉字（就像韩国似乎准备放弃汉字一样）而采用假名肯定会对整个日本社会有利，无论是在文化水平、教育年限、经济发展还是总体社会进步方面。日本人甚至可能采用罗马字，因此能够享受到它卓越的适应性。事实上，外国人可能会补充说，在 1885 年，日本的"罗马文字协会"试图将汉字和假名一起废除。作为回应，日本人可能会指出，自那以后，也没有出现过类似的简单而强烈的要求，也没有人只使用假名书写。事实上，没有什么是日本必须"面对"的，日语书写在日本社会仍然根深蒂固。

　　在效率方面，日本人认为日本现有的书写系统最好地适应了谐音的固有问题（不同的单词发音相同）。就可理解性而言，日语的符号书写似乎比汉语重要得多。[34] 规范日语是伴随着对成千上万个汉字的借用而发展起来的。这些只能通过他们的图形示意而不是口头表达来区分（想象一下，如果我们把英语 know 简化为 no，仅仅是由于 k 和 w 被认为是多余的；日语文字最有力地证明了文字的图像也是语义的传达）。这是因为日本通过原始日语音系或历史变化，将大部分中文词语缩减为同音异义词：例如，20 多个发音不同的汉字都被缩减为日语汉字。日语只使用假名或罗马字会导致歧义，这与书写的目的相反，根本就不存在"简化"。

在社会领域，对于日本人来说，汉字是古代日本传统的组成部分。许多日本人讨厌仅仅出于"方便和效率"这一令人怀疑的借口就主张放弃汉字体系的想法。就整个社会而言，这种抵触情绪更为突出。每个书写系统都有其内在的惯性。书写系统和文字并非简单的工具，而是社会的基石。

日本的小学生，要学会包括 47 个平假名和 47 个片假名的假名音节，就需要在 8 年的学校教育中，通过日语汉字读本，学会 960 个汉字。为了从中学毕业，日本学生必须再学会 1000 个汉字。因此，一个受过良好教育的日本人通常被认为需要至少掌握近两 2000 汉字（一些日本人掌握的汉字甚至可达 5000 个以上）。报纸和杂志上的通用汉字总数约为 3200 个，其中许多是地名和姓氏，使用的是晦涩的汉字，而这些汉字通常都用振假名来修饰。对于平时的阅读而言，2000 个日本汉字是相对较新的知识，然而，这是在美国占领期间推行的严格的教育改革的结果。在第二次世界大战之前，文盲很普遍，很大程度上是由于学习日语书写的困难。尽管现在的文盲率低得多，但由于同样的原因，它仍然存在。

20 世纪 80 年代出现了大量外来词，主要是英语，它们以罗马字的形式出现在原本使用片假名的语境中。现在，网络上日文文本中的罗马字的增加也很明显。日语书写的"海绵"特质预示着其适应性与生命力。

日本仍然遵循中国传统的书写习惯，即从上到下竖栏书写，从右到左顺次阅读。然而，与现代汉语书写一样，许多日本文本现在也以西方字母的方式呈现水平排列，从左到右阅读。仍然没有单词分隔，但这并不重要，因为不是用字母书写的。完整的理解是通过分段线（书写系统和文字的混合）和现代西方标点来实现的。

与中国一样，书法一直是日本最伟大的艺术形式之一，这里的书法代表了 3 种文字的混合体。有些作品只出现其中一个，作为一个特殊的图形传播。在日本书法中，文学和绘画艺术合二为一（图 5-16）。罗马化的文字无法模仿这种艺术。与西方的易读高于审美的观念相反，在中国和日本，审美高于易读（甚至达到了这样一种程度，即在这些社会中，如果告诉一位文化人他的手迹"清楚易读"，这对她或他来说可能被视为一种侮辱）。精通书法是东亚人学识渊博的标志，在创作和阅读能力方面都是如此。这也颠覆了西方关于书写的主要目的的观念——东亚的书写也是如此。

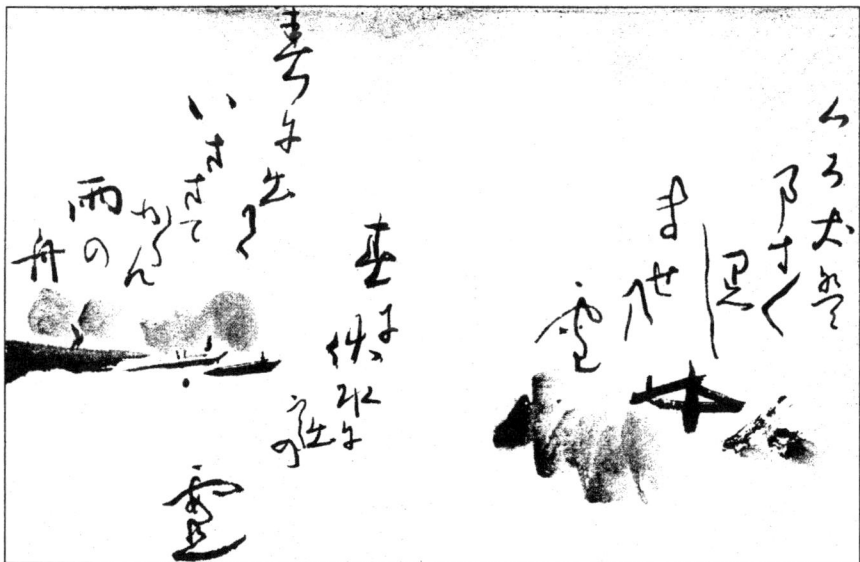

图 5-16　书法、绘画和诗歌融合在池大雅（1723—1776 年）的这幅作品中，画的是雪地上的黑狗（右）和河岸上的船（左）

　　在书写对语言的影响方面，日本的情况可能是历史上最极端的例子。日本和中国没有共同的边界。然而，今天的日语词汇中有一半以上是中－日外来词（日语音系中的汉语词汇）。这意味着中国对日语的巨大影响几乎完全是通过书写这一媒介产生的，这是人类历史上其他语言中从未有过的情形。

　　由于其复杂性，日本的书写系统和文字也可能是历史上为人诟病的文字。文字史专家们尤其如此，他们往往以书写的"流畅和高效"为价值判断的优先标准。[35] 正如我们所见，有几个原因让外国人或者"非日本人"，确实应该质疑维持这种感知到的复杂性背后的基本原理。确实没有人敢说日语是世界上最难学的文字，但如果说它是历史上最复杂的文字，则是有充分依据的（1956年，我搬到冲绳，开始学习日语和书写。45年后，仍觉得自己是个新手）。

　　然而，日语不仅是完全可以学习的语言，而且显然是一种成功的语言。许多世纪以来，它一直并将继续是具有极其丰富的书写传统的文化发达、物质繁荣的人民的书写工具。日本是世界上识字率最高的国家之一（比拥有更简单的字母文字的美国和法国还要高），同时也是世界上人均出版材料消费量最大的国家。一些科学家甚至声称，掌握日语书写所需要的额外的大脑努力，可以帮助那些最终完成这项任务的人在与书写无关的领域取得优异成绩。众所周知，由于其书写系统，日本迫使其年轻人承受了比其他国家更长的教育时间，这对年轻人提出了更多的要求，也使国家付出了巨大的代价。然而，这也可以解释日本明显的成功，哪怕只是部分的解释。有一件事是清楚的：日本的文字丝毫没有阻碍其使用者的智力提升。世界上看起来最复杂的文字出现在世界上科技最发达的国家，这也许不完全是巧合。[36]

　　日本文字，由于阅读的复杂性和多样性，当然不是人们通常理解的"人类语言的图形呈现"。用一个符号进行多次阅读的可能性——甚至是用复合词进行额外阅读的可能性——显示了一般书写的多维性，包括超越语言本身的感知水平。这在其他书写系统中也有部分发现，尽管在日语中从未达到系统的程度。

日语书写无疑有两个主要经验：一是书写系统和字体可以是使用者需要和想要的任何东西；二是书写的复杂性绝不会妨碍使用者最终对它的成功驾驭。

杰弗里·桑普森写道："西方语言学原理认为，语言首先是一个口头形式的系统，而书写是使口头语言可见的辅助媒介，东亚人很难接受这一原理。"[37] 这是因为东方语言，尤其是汉语或日语，包含了大量的同音异义词，口语可能不够明确和完美，所以只有通过书面形式方可做到完全清晰明了。东亚的书写也说明，书面语言并不从属于口头语言。

从研究东亚书写中可以获得更深层次的见解。中文书写的生存和成功与书写系统"进化"以及完整的字母书写是这种"进化"的顶点的观念相矛盾。书写可以采用复数形式，在任何一种形式中都能很好地为使用者服务。讲汉语的人知晓字母书写已有 2000 多年的历史了。但这些知识从未使得他们为了"变得更好"而改变自己的书写系统。

几个世纪以来，中国古典语言和文学一直是整个东亚高等教育的圭臬。最初，中文书写仅仅是为了内容而被借用——主要是中国古典文学和汉译佛经。因此，汉语和汉字是作为不可分割的整体被一并引入的。只是后来才被用来表达当地的语言。与往常一样，这就需要根据借用的语言与汉语不同的程度进行调整。越南语碰巧是一种与汉语非常相似的语言，因此很少有必要进行调整。然而，朝鲜语和日语的情况却截然不同。随着时间的推移，这个过程产生了全新的系统，这有助于加深人们对书写系统内在能力的了解。

东亚的证据进一步表明，书写历史的进程本质上不是由传播的效率或充分性决定的，而是由社会政治因素决定的。虽然汉字与汉语非常契合，但它现在显然也夹杂一些外国的字母书写系统，尽管外来系统可能永远不会完全取代本土系统。越南人长期使用中文作为他们的文学语言，后来才将其与越南语言相适应，但后来在法国的统治下转而使用字母书写。尽管越南在政治上独立了，但字母书写体系一直延续至今。韩国人也借用了中国语言和文字，但在 15 世纪用一种本土的语言加以补充，直到现在才取代了这一中国文化遗产。日本也借用了中国语言和文字，但如在朝鲜语中的情形一样，中国语言和文字同样不适合日语，所以从很早开始就扩展为使用 3 种文字的两种书写系统。正如人们所看到的，这种独特的混合文化被坚定地作为日本文化身份的主要表现而保留下来。

汉字及其派生词在逐字的基础上显示出很强的语义权重。这与字母书写很不一样，字母书写是连续的，交流发生在一个字母一个字母的离散声音序列中。因此，东亚书写的视觉效果要比字母或其他书写系统强得多（尽管有些人声称字母"全字"阅读确实能达到同样或类似的视觉效果）。视觉上的区别很重要。因为在高读写率的人群中，语言的产生、接受和保留技能在神经学上与语言的书写形式有关。在交谈时，中国人和日本人在掌心写字，不是为了区分模糊的同音异义词，而是作为基本的语言传递和保留的一部分——口语和书面语之间的一个独特的"中间地带"。"基于语素的书写系统（如汉语）和基于音素的书写系统（如英语）之间的差异，"语言学家弗洛里安·库尔马斯（Florian Coulmas）写道，"不仅仅是编码的表面差异，还与书写语言单位的存储和处理有关的神经心理差异有关。"[38] 特别是在中文和日文中，单词的图形图像显然是作为词汇检索过程的一部分存储在大脑中的，这在某种程度上可能远远胜过西方的字母"全词"检索过程。

这样看来，东亚人在阅读语素音节文字时的大脑处理过程是不同的。书写的大脑活动不是大脑的固定功能，而是取决于你使用的书写类型。例如，在日语中，大脑损伤可以导致一个人忘记汉字（中文汉字），但仍然记得假名（日文的音节图）——以及相反的情况，这一事实也表明，主要的神经系统差异区分了两种书写系统。这表明日本的汉字和假名在神经上是分离的，这表明世界上的书写系统在处理上存在显著的差异。然而，在平假名和片假名这两种假名之间，没有任何证据表明有任何断裂。虽然是两种独立的文字，但它们在大脑中似乎被编码成一种。人们可能由此得出结论，在全世界范围内，不同但相关的文字（拉丁语、希腊语、如尼文、欧甘文字等）在人脑中的处理方式是相似的，而不同的书写系统（符号、音节、字母）则不是。

中国文字"对东亚文化认同的影响比其他任何文化特征都更持久"[39]，这种影响可能会以现在才刚刚显现出来的更普遍、更普适的方式产生。

第六章 美 洲

1986 年，在墨西哥东南部拉莫哈拉村（La Mojarra）附近的阿克拉河谷出土了一座两米高的玄武岩石碑，或称石板纪念碑，而该地区并不以文化成就而闻名。人们惊奇地看到，在石碑的 21 道竖栏中，刻写了一篇含有 520 个"图符"（简写"象形文字"）的长铭文，牌的正面和顶部还刻画了一个国王形象（图 6-1）。这段文字于 1993 年被破译，[1] 应是写于公元 143—156 年的后奥尔梅克手稿的一部分。

　　这是美洲最早的有确定年代的铭文。

　　在石碑发现和破译之前，学者们一直认为，在中美洲，只有玛雅人拥有完全发展的书写系统——这一观点在 20 世纪 80 年代末得到了认可。有确定年代且比玛雅最早铭文还早约 150 年的拉莫哈拉石碑的发现，不仅证明后奥尔梅克人也拥有完整的文字，而且他们的混合标志音节（单词音节）系统与后来的玛雅铭文有某种传承关系。现在，大多数主要的文明学家都承认后奥尔梅克文本是美洲最早可读的碑文。石碑的发现也让许多人相信，书写在该地区有着更古老和更复杂的历史。[2] 事实上，累积的证据似乎表明，早在玛雅文明的几个世纪之前，就存在着一些复杂的当地书写传统。玛雅人精心设计的文字可能是从这些传统中发展而来的，目前学者们已经开始对这些传统的存在

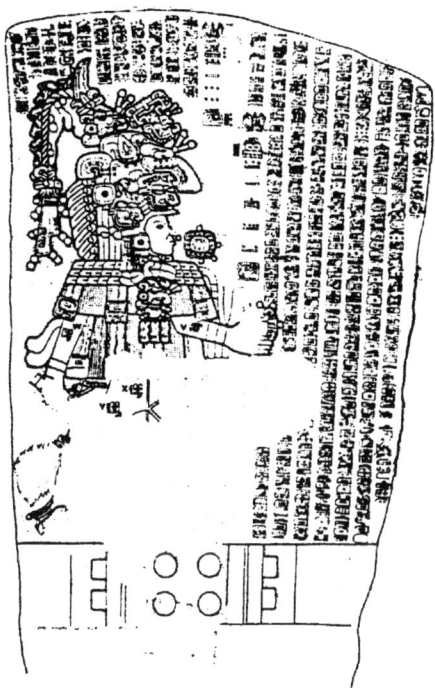

图6-1　公元2世纪，在墨西哥韦拉克鲁斯市拉莫哈拉村发现的后奥尔梅克石碑

和性质进行认真的考察。

直到20世纪80年代，考古学家和文字史学家仍然普遍认为玛雅人和阿兹特克人的书写"仍然处于正规书写的门槛……在这两种系统中，我们发现图形的复杂性和复杂程度以及系统发展程度较低之间存在着明显的对比……大多数学者认为这两种系统都不是完全发展的语音系统"。[3]

然而，由于20世纪80年代成功破译了玛雅文字（在20世纪50年代俄罗斯的尤里·克诺罗佐夫发现了语音"钥匙"之后），很快又发现了后奥尔梅克拉莫哈拉石碑，值得一提的是，在前哥伦布时代的中美洲，曾经有多达5种不同的书写传统，其中一些见于仅存的一篇铭文中。这些可以满足有意义的分析的长文似乎表明，至少在主要的中美洲文字中，一个单一的标记音节系统主导着书写，这种系统在传统之间和传统内部有着符号学和音韵学的极端情况。

尽管中美洲文字的谱系仍不清楚（图 6-2），但该地区作为一个文化圈，已有 5 个主要传统得以确认，分别分布在墨西哥中部和南部、危地马拉、伯利兹、萨尔瓦多和洪都拉斯的大部地区。最早的是萨波特克（Zapotec）的标记音节文字传统，该传统可能又衍生出后来的米斯特克（Mixtec）传统和阿兹特克传统。也许与萨波特克传统共有一个原始萨波特克祖先，有证据显示，通过米克斯 - 佐卡人（Mixe-Zoquean）这一中介，一种可能的晚期奥尔梅克传统启发了后奥尔梅克和玛雅这两个主要传统。米克斯 - 佐卡人也有可能启发了秘鲁的帕拉坎人在公元前几个世纪里精心设计了一种特殊类型的纯表音文字，后来被安第斯社会借鉴并采用。

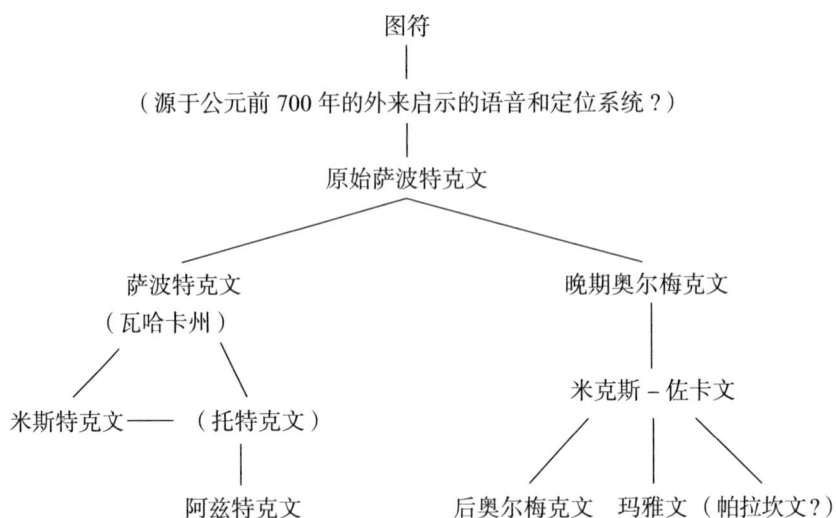

图符

（源于公元前 700 年的外来启示的语音和定位系统？）

原始萨波特克文

萨波特克文
（瓦哈卡州）

晚期奥尔梅克文

米克斯 - 佐卡文

米斯特克文 —— （托特克文）

阿兹特克文

后奥尔梅克文　玛雅文 （帕拉坎文？）

图 6-2　中美洲文字简明族谱假说

萨波特克文、后奥尔梅克文和玛雅文都早于公元 900 年，而米斯特克和阿兹特克文本写于公元 1100 年直到西班牙殖民的第一个世纪。前 3 个传统几乎完全是通过石碑雕刻知道的；然而，米斯特克和阿兹特克人的铭文主要出现在用布、树皮纸或兽皮制成的彩绘书籍中。所有已知的中美洲铭文只包含了幸存下来的东西，换言之，它们无法代表曾经发生的一切。以前，中美洲的纪念性碑文仅仅被认为是一种精美的图形，现在被认为是历史记录，详细记录了王室成员出生、婚姻、死亡、战争、俘虏和统治者最重要的血祭仪式。每一条信息的核心是某一特定事件发生的确切日期。事实上，日期是中美洲文字的固有的独特传统。数字符号与作为世界上最为复杂和最具影响力的中美洲历法紧密关联。

中美洲文字似乎可以被理解为一种单一的混合标记章节文字系统。这一混合系统，偶尔包括象形文字，显示了不同程度甚至有时是极端的标记和语音。中美洲的传统从来没有达到正字法标准化。该地区所有完整的文字——除了图形以外的文字——更普遍地倾向于混合文字，即图符代表已知物体、想法或声音（来自已知物体的名称）。也有由以纯语音图符呈现的独特音符，与其他图符自由联系。

这种高度发展的、单一的、共享的书写传统的逻辑推论，要么是中美洲书写的发展比迄今所设想的要长得多——这种发展可能早于公元前第一个千年——或者是在其他地方发展了很长一段时间后的文化输入。[4]

第一节　起　源

　　最近对后奥尔梅克和玛雅传统的成功破译，使学者们相信他们能够更好地追溯中美洲文字的起源。[5]主流理论坚持认为它独立于世界上其他任何书写系统。而事实上，世界上大多数文字的历史都与普遍认同的苏美尔文、中国汉字和玛雅文这"3个已知的独立文字发明案例"有关。[6]玛雅文现在被认为只是中美洲单一书写传统的几个衍生品之一。

　　完整的书写从来不会随着复杂社会的发展而"自动"出现。复杂的社会可能是那些选择使用书写的社会。但是，新兴系统及其取向几乎总是重现在别处的类似现象，即在时间和空间上最接近的书写系统。常识也许会认为，完整的书写从一个原始的来源，简单地传播到整个历史。扩散理论也可以解释公元前700年左右美洲那些使用图符书写的人为什么突然转而采用了系统的语音书写。

　　最早期的中美洲文字——简单的成对或三联的图符——可追溯至公元前700—前400年，这是前国家文化的时代，称为中间形成时期。这些文字是在墨西哥南部发现的，从瓦哈卡山谷穿过特旺特佩克地峡到南韦拉克鲁斯和塔巴斯科的奥尔梅克地区。有些人认为，大约在公元前500年就已经存在了两个中美洲传统——萨波特克传统和东南传统，它们源于同一个祖先。如果这是真的，那么书写一定在中美洲发展了相当长的一段时间。在中美洲各类仪式上普遍使用的雕刻在玉石和蛇纹石仪式用斧上的符号的出现，暗示着一种原始图符文字，最终发展成为一种更复杂的图符文字。有些人认为，这种图符文字是向"发明"表意文字和表音文字迈进的"自然步骤"。

许多最早的中美洲符号出现在奥尔梅克人的手工制品上。奥尔梅克人是公元前1200年左右在韦拉克鲁斯附近的海湾地区首次出现的一个强大的民族。奥尔梅克人拥有大量的表意作品，包括统治者的肖像。显然，为了识别这些领袖，象征性的图案被用于作为表明身份的头饰设计中。如果在公元前1000年左右坐在阴间入口前的领袖仍是一幅肖像的话，那么到了公元前500年，在斧头、陶器和其他便携物上的表意符号已经把这些形象简化为身体的某个部位：例如，一个问候或玉米播种仪式，可以通过只展示表演动作的手来传达。

这些微缩图画于是承载了抽象的想法，从而创造了一种原始的表意文字。

这个符号系统，仍然独立于语言，因为它仅仅是一幅微缩图画。随着城市化的发展，人们对这个系统提出了更多的要求，最终获得了表意地位。研究者们进一步认为，社会精英的成员需要公开表达自己，"记录他们的行为和朝代，以此来合法化他们在社会中的角色"。[7]这种公众需要推动了完整的书写的出现。

然而，公开展示肯定是书写的社会结果，而不是它的潜在原因。中美洲人可能拥有经过许多世纪发展起来的精致的图画符号，就像与之接触前的复活节岛的波利尼西亚人一样。但是，将这种图像符号与系统的语音符号联系起来，从而达成完全的书写，这样的完全书写的概念，即代表语言（而不仅是思想）的图画艺术的概念，要么是在其他动力促使下在当地发明的，要么是从已经拥有完整文字的外国访客那里学到的。人们必须认识到，从图像符号到系统的语音符号的演进从来不是一个不断扩展的社会的必然产物。这也不是简单图形标准化的一小步，而是一个巨大的飞跃。这是因为语言必须以这样一种方式与图形艺术联系在一起，从而发明一个易学易教的完整的抽象"系统"——一个在有限的、相似的值的集合中用其语音值代替一个图标或符号的语义值，切断与系统外部参照物的联系（见第一章）。

有的学者认为，中美洲的图画语言是通过 260 天的仪式日历的发明而出现的。这个令人信服的论点必须被认真对待，尽管提议的发明日期——后奥尔梅克时代——实际上比中美洲第一次出现完整的文字晚了几个世纪。后奥尔梅克日历用长条和圆点来代表数字，而日子则用动物、植物和其他容易辨认的物体的图标来表示。例如，日历条目可能会读出"3 只鹿"或"10 只美洲虎"。有人认为，如果添加了用以避免歧义的语音元素，数字和图标的特殊并列可能会引发完整的书写。

当然，在讨论起源时必须援引类似情形。在这个例子中，出于几个令人信服的原因，我立刻想到的是公元前几千年的汉字。早期中国文字的许多特征在早期中美洲文字中找到了对应的特征——其中大多数特征只有在成功破译了后奥尔梅克文和玛雅文之后才能被识别出来——很难相信它们之间是没有关联的：

- 中国和美洲文字的组织原则都是竖栏书写。
- 竖栏中的文字从上到下阅读。
- 两种系统都包括由两个以上符号复合而成的"字符格"。
- 这些字符格在大多数情况下（但不是所有情况下）具有意音文字的功能。
- 两种系统都使用带有复合语标的语音符号来辅助识别或发音。
- 玛雅文字的语义限定符（"日子"的漩涡状图符和"主人"的头巾状图符），表示语音赋予单词所属的现象类别，与汉语书写中的语义量词相对应。

在世界上数以百计的书写系统和文字中，只有中国文字（及其衍生文字）和中美洲文字包含了这些原则和特征。把这一切归结于巧合，恐怕不符合常理。

　　一个更大的历史问题是，是否表明美洲的书写可能是从其他地方输入的。首先，美洲当时对书写没有迫切的需求。所以，即使采用这种文字，也起不到簿记和计数的基本作用，因为这些功能通过传统手段（例如结绳记事）就可以实现了。然而，正如世界上其他地方输入的文字一样，这种输入立即与统治者和神灵联系在一起，以记录以前无法记录的东西。如果真的是输入而来的话，中美洲的文字很可能来自中国，而不是来自其他地方。这种可能性是存在的。因为数百年来，西班牙大帆船发现了一条从东亚到美洲的天然通道，即穿过东西向信风带，向北进入日本所在纬度地区。在这里，在西风的吹拂下，船只顺着黑潮向东汇入北太平洋洋流所在海域驶向加利福尼亚州，再沿海岸南下墨西哥到达瓦哈卡北部的阿卡普尔科，在那里再转到墨西哥湾的韦拉克鲁斯。

　　这一切都还只是猜测。公元前 1000 年的中国汉字和公元前 1000 年的中美洲文字之间的相似之处，可能实在是太惊人了，不能归因于巧合。但相似并不构成证据。正如人们不能接受这样一个事实，即"在中美洲发明书写的是萨波特克人，而不是玛雅人或奥尔梅克人"[8]，人们也不能肯定一个"给定"的事实，即一个原始萨波特克人借用了约公元前 700 年有文化的中国人的书写理念、体系和取向。中国的解释可能是这两种解释中比较经济的一种，但解释的经济性是一种指南，而不是一种范式。

　　在发现更确凿的证据之前，人们或许应该接受"中美洲人要么从中国人那里借用了文字，要么自己独立发明了文字"的观点，同时承认目前仍没有足够的数据来证明上述两种解释中的哪一种是正确的。

第二节　萨波特克

中美洲有完整文字的证据首先出现在萨波特克人身上，他们居住在墨西哥南部从瓦哈卡山谷到特万特佩克地峡的广阔地区。大约在公元前 600 年，在蒙特·阿尔班山的堡垒和邻近的瓦哈卡山谷的中心地带，当地的领袖们竖立起石头纪念碑，宣告胜利，炫耀遭受折磨和作为牺牲的俘虏。最重要的是，这些纪念碑公布了一个被征服的对手的名字，他的人民的名字和他被征服或者说作为牺牲的日期。[9]

圣何塞·莫戈特（San José Mogote）的 12 号和 13 号萨波特克石碑，被认为是中美洲已知的最早的语言文字例证，可以追溯到公元前 600 年。图符的排列和抽象的形状类似于后来的后奥尔梅克和玛雅人的标记音节文字。萨波特克文字一直延续到 16 世纪殖民时期结束，它经历了许多变化。这些不仅反映了随时间自然发生的语言变化，也反映了萨波特克社会自身的动态故事——权力增长和对敌对国家的征服、王朝扩张以及越来越复杂的王朝谱系。在后来的几个世纪里，萨波特克书吏在用当地植物制作的纸上写下了色彩鲜艳的抄本；在殖民时期，他们还使用从西班牙进口的纸张。他们的文献包括账册（可能记录贡品）、族谱和萨波特克疆域图。[10]大多数铭文似乎都记录了"被一个特定的战士在特定的一天，在特定的城市俘虏的数量"。[11]大体上，萨波特克石碑是有名字标记的雕塑，似乎包括一个动词、一个名字画符和一个地名图符。

蒙特·阿尔班一世和二世的碑文（约公元前600—公元100年）显示了整齐排列的图符，而公元100年以后的萨波特克文本中的图符排列已经不那么整齐，间距也越来越大；一些学者认为可能是受到了墨西哥中部文字的影响。[12]萨波特克文字还没有被破译。这里很少有碑刻，上面只有一些简短的碑文。几乎没有刻有铭文的纪念碑，即使有铭文，也非常简短。许多图符只出现一次。现已对100—300种图符进行了分类。[13]目前能确认的是，这种文字是图画、标记、表意、表音等多种元素组成的混合系统——这在所有中美洲文字中都是大同小异的，只是每种组合中各类元素的比例没有一定之规。

萨波特克文字似乎很少使用语音符号（这也是公元前700年中国文字的特点；在大多数书写系统中，语音符号随着使用频率的增加而增加）。一位学者认为，由于萨波特克语是单音节的（就像中国语言一样），它首先不利于语音符号的应用，但可以主要依靠表意符号来传达信息。[14]

第三节　后奥尔梅克

　　大约在公元前500年，两种中美洲的书写传统——萨波特克传统和东南传统——显然是从假想的原始萨波特克源系统中出现的。东南传统是由墨西哥湾沿岸多个遗址证实的伟大的奥尔梅克文化（公元前1200—前300年）的传人所书写，就是这些人在拉文塔废墟的13号纪念碑上留下了一个刻有3个符号的被称为"大使"的竖栏，表明至迟在奥尔梅克文化晚期就已经出现了完整的书写。[15]东南传统先以晚期奥尔梅克文字为代表，接着可能衍生出米克斯－佐卡文字，随后又分化出后奥尔梅克人古典玛雅人的更为复杂的传统。

　　独特的后奥尔梅克手稿写于公元前150年至公元450年之间，地点是前奥尔梅克文明的中心地带，[16]可能是由早期奥尔梅克传统衍生而来。后奥尔梅克语属于非常早的佐卡语，而佐卡语则是米克斯－佐卡语族的一个分支（由于原始佐卡语出现于公元600年左右，后奥尔梅克文本实际上记录的前原始佐卡语）。后奥尔梅克为人所知，主要归功于发现于墨西哥韦拉克鲁斯州的两个铭文，分别刻写在公元156年的拉莫哈拉石碑上和公元163年的图斯特拉小雕像上。后奥尔梅克文字的复杂性意味着一种旷日持久、受人尊敬和经常使用的书写传统，其主要遗产仍有待在韦拉克鲁斯的雨林中发现。

　　在上述两个铭文中，拉莫哈拉石碑上的铭文更为重要，有超过 500 个图符，详细描述了一位后奥尔梅克勇士国王获得王权的历程，以及多年的战争和各类庆典。像许多中美洲文本一样，拉莫哈拉石碑是宣传和炫耀个人不朽伟业的又一例证。某些图符的重复模式表明，这里的书写系统是由表意符号和表音符号混合而成的。石碑上简单抽象的图符似乎是表音的，较复杂的图符则是表意的。

　　韦拉克鲁斯和恰帕斯的其他纪念碑（位于特雷斯·萨波茨的 C 碑暂定为公元前 32 年）属于同一传统，采用了类似的竖栏格式，但铭文或受侵蚀或已毁坏。总的来说，后奥尔梅克文本似乎比玛雅文本更"平淡、散漫和明确"。[17]

　　由于米克斯－佐卡语言为在拉莫哈拉石碑上确定的拼写惯例的发展提供了合适的基础，人们认为这一传统后来启发了古典玛雅传统。后奥尔梅克和玛雅文字之间确实存在着密切的关系。有些图符似乎是共享的，但拥有不同的音值，这表明传统的表意符号需要根据当地语言的特性进行重新解释。例如，一块闪亮石头的图符是后奥尔梅克中的"tza'"，玛雅语中的"tūn"。然后，一些后奥尔梅克图符与玛雅文字的相同图符可能持有相同音值。后奥尔梅克和玛雅传统实际上可能比目前所证明的更加紧密地联系在一起。高度的语音特征——"辅助图符"显示了一个主要图符是如何发音的，就像中国文字的表音符号——可能也解释了后来的古典玛雅文字的语音特征。

第四节　玛　雅

　　直到 20 世纪 80 年代，从恰帕斯东部和塔巴斯科到洪都拉斯西部，玛雅文明壮观的废墟都没有被发现，历史记载仍然在宣告，数以百计的玛雅铭文仅仅是图画装饰而已。现在，可能多达 85% 的玛雅象形文字，被认为是完整的文字，可以被阅读。这使得古玛雅王国成为"新大陆上唯一真正的历史文明，其记录可以追溯到公元 3 世纪"。[18]虽然还没有完全被破译，但玛雅文字是所有前哥伦布时期中美洲文字中最容易被理解的。它的独有特色，体现在木头和彩陶纪念浮雕上以及纸质抄本中，堪称美洲传统的精髓（图 6-3）。

　　最近，来自多国的著名学者对玛雅文字的解读，使我们对其他美洲传统有了更好的了解。在许多方面，对玛雅人内部结构和功能的讨论也可以用以解释其他传统。

　　在公元前 600 年到公元 50 年之间，低地玛雅人似乎继承了一种更早文化中的书写系统。[19]公元前 50 年，伯利兹北部的赛罗斯遗址提供了最早的例子，从公认的考古数据来看，玛雅图符具有识别功能。早在这个时期，3 个重要图符"ahaw（主人）""k'in（太阳）"和"yax（第一）"就已经以与后来的古典玛雅碑铭相同的方式被使用。正因为如此，现在认为古典玛雅传统的开端是在公元前 200 年到公元 50 年之间。最

图 6-3　公元 700 年，危地马拉蒂卡尔城玛雅人的象形木雕文字

早可读的玛雅文体是写在大约公元前 50 年的一块玉石上，已经被组织成双栏，从左到右，从上到下阅读。它还使用"图符格"，包括主要图符（语意标识符）和词缀（语音标识符）。换言之，这个最早的可读文本，是以已经得到充分发展的形式出现的。

　　这种书写的传统伴随着并赋予了古典玛雅文明（这个术语用来描述从公元 250 年到 900 年繁荣的玛雅文化的鼎盛时期）[20] 以力量，古典玛雅文字与萨波特克文字和后奥尔梅克文字在包括主图符和词缀在内的图符表方面，特别是在频率和分布方面，都明显不同。根据中美洲专家乔伊斯·马库斯的说法："这些差异表明了不同的语音和语法结构以及不同程度的语音。"[21] 对此的一种解释是，每一种传统都紧密地反映了其各自的语音系统，即语言中的重要发音系统。后奥尔梅克文字和玛雅文字似乎都比早期的传统更善于利用语音成分。这表明，它们都继承了一种假想的米克斯－佐卡源文字的倾向，这种倾向使它们远离了曾经偏爱的作为中美洲书写的萨波特克分支的表意符号。的确，后奥尔梅克和玛雅文字中表音符号数量之多，着实让 20 世纪 80 年代和 90 年代破译这两种文字的学者们大吃一惊。

玛雅人的书写——通过推断，还有其他中美洲传统——使用 4 种类型的符号。[22] 首先，意符文字表示整个单词的声音和意义，就像图符 balam 表示"美洲虎"。字画谜通过使用另一个单词来表达一个单词的声音；这种符号类型实际上在玛雅语中很少见，它唯一明确的用法是用 lak 表示"盘子"，也用来表示"下一个"。如果可能有一种以上的发音，则语音补音传递所期望的发音。最后，语义决定性意指在几个潜在意义中应该读哪一个；两个最常见的语义限定词是漩涡状的"日"图符（代表日期）和头巾（代表"主人"头衔）。

每对竖栏中的玛雅铭文都是可以连续阅读的，然后读者可以接着阅读下一对竖栏中的文字；单栏、水平横梁或小型便携物品上的铭文写法有例外情况。在给定的"图符格"（单个符号）中，读者也是按照从左到右、从上到下的顺序阅读。单元图符——没有任何形式的词缀的符号——通常构成表示整个单词的意符。多元图符也可以是完整的单词，但是包含词缀或进一步的语法元素。后者可能是人称标记和冠词，或派生词缀或屈折词缀，换句话说，是"黏着"的元素，以显示玛雅语法。这种通过附加语音－音节符号以标注语法结尾的表意词根系统，当然预示了后来朝日文字在借用汉语表意词根标注语法词尾的系统。在阅读玛雅文字时，读者需要首先从左到右（如果适用的话）阅读出现在复合图符或字符较大主符号上方或前面的词缀，接着再读主要符号本身，最后读下面或后面的任何词缀。

　　这样看的话，玛雅人的书写传统，就像之前的后奥尔梅克传统，是一种表音文字，图符表示整个单词，合成符传达玛雅语言的音节声音，通常辅音＋元音。超过 150 个玛雅符号被确认具有表音 – 音节功能，纯元音除外，都是辅音＋元音的不同形式。玛雅文字还包括象形图符，用以描绘一个需要大声说出的物体。

　　这样，玛雅人的书写传统，就像之前的后奥尔梅克传统一样，是一种语音传统，其字形表示整个单词，其组成符号传达玛雅语言的音节音，通常以 CV（辅音＋元音）的形式出现。超过 150 个玛雅符号已经被确认具有语音音节功能，所有（除了纯元音）的 CV 变体。玛雅文字也包括象形文字，描绘了一个要大声说话的物体。

　　在玛雅文创制和使用上，有很大的恣意发挥的空间。[23] 一种图符可以具有双重功能，既可以是表意的（表示一个语素或一个对象的整个名称），也可以是表音的（表示所描绘对象名称的第一个音节，分别发音）。因此，大多数玛雅词汇可以用几种不同的方式书写，结合了各种不同的拼写方式（图 6-4）。我们也用不同的方式书写英语词汇，有不同的大写、小写、字体、斜体、草写体，甚至有不同的拼写；然而，除了数字（表意文字）之外，我们通常使用字母系统，很少混合其他系统。系统的交替或互补给玛雅传统带来了更大的复杂性和不确定性。

　　玛雅文中大约有 800 个图符，其中许多是只写过一次的古符，如王室成员的名字。[24] 在任何一个给定的时间点，一个玛雅书吏可能使用 2 到 300 个图符。其中许多可能是异体符（意义相同，形状不同）或同音符（声音相同，形状不同）。许多玛雅图符也是多功能的——一个图符可以传达不同的声音或意义（例如，英语合成符 ch 在发音上是多音的，像在 chest、cholera、chef 和 loch 中）。更重要的是，玛雅书吏有时会在图符格内互换图符，或者在没有明显原因的情况下将两个相邻的图符合而为一。所有这些可能极大地增加了玛雅文字的模糊性。

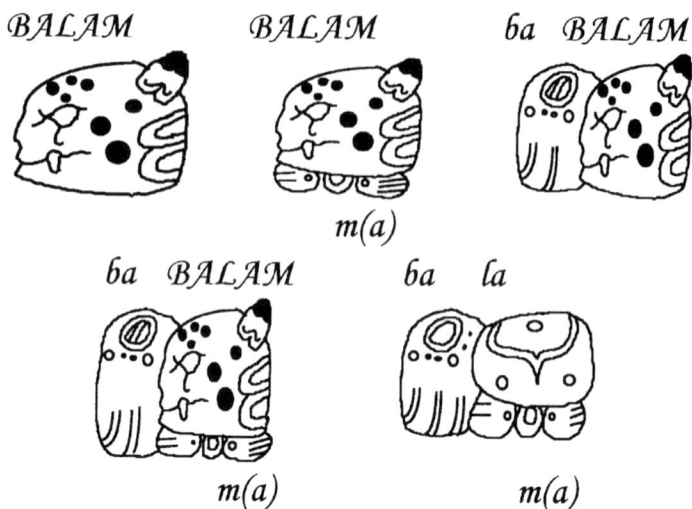

图 6-4　玛雅语 balam（"美洲虎"）的 5 种可能的拼写方式，最初的表音符号逐渐
让位于越来越多的表音符号：左上角的图符完全是表意符号，而右下角的图符——
由 3 个音符复合而成——完全是表音符号

　　玛雅传统文字可以充分再现口头语言，能够转达声音、语法、句
法和文学惯例的每一个细微差别。[25]与世界上几乎所有的书写系统和文
字一样，它也有缺陷。首先，在所有玛雅语言中非常重要的声门停顿
从来没有像其他辅音一样被赋予一个单独的符号。一旦出现了声门停
顿，就只能通过重复元音来解决，例如，用书写 m(o)-o-o 来表达 mo'
（金刚鹦鹉）。[26]尽管尤卡坦玛雅语言包含两个截然不同的音调，就像
英语的 bin 和 pin 一样，但没有证据表明尤卡坦文字中有音调的差别。

　　再一次，就像中国人、日本人、苏美尔人和其他民族的书写一
样，尽管玛雅书吏可以随意使用完整的表音文字，但他们并没有像习
惯了字母传统的人可能"期待"的那样，单独使用它来简化他们的混
合系统。在世界各地，表意文字通常由它的从业者维护，原因有时超
越了简单和效率原则。这种传承体系享有很高的威望，或与社会禁忌
有关。或许更重要的是，在信息传递方面，表意文字往往在语义上优

于表音文字，因为大脑对图形物化的处理比对语音抽象（字母排序）的处理更快。看来玛雅书吏认为没有必要放弃他们的意符组合系统。事实上，在后来的中美洲民族中（见下文），表音文字比表意文字更受青睐。

正如在中美洲随处可见的那样，玛雅人公共铭文所传达的信息十分有限，几乎只涉及出生、任命、就职、死亡、战争和其他有关王朝统治者的细节。玛雅牌铭内容冗长，总是以略微改动的不同版本，从不同方面重复和强调着同一事件。几乎所有现存的古典玛雅时代的铭文都涉及公共领域，用石头记录历史，从而使当地统治者的权威合法化。有时，就像蒂卡尔和帕伦克等伟大的中心城市一样，统治者通过公共书写宣扬自己的天赋异禀和权威，这也是古埃及不朽碑文的共同主题。然而，这种认为文字的主要功能理所当然地就是强化王朝统治的观点也许并不全面，因为只有石刻的公共碑文幸存下来，而包括历史和家谱（如米斯特克抄本），朝贡、贸易和商业记录以及仪式指南等内容在内的曾数以千计的树皮纸书籍永远消失了。最能清楚地表明伟大的玛雅图书馆的存在的，是书吏在那个社会中的崇高地位。[27]

玛雅的书吏（即 ah dzib），属于王室种姓。他们的职责显然被认为是最重要的社会角色之一。人们对他们的日常工作或职业等级知之甚少，但有人可能会将他们与古埃及的书吏进行比较，他们似乎履行了类似的职责。玛雅书吏的大部分工作可能是在涂以新鲜石灰胶泥的树皮和鹿皮抄本"页"上完成的。首先用朱漆绘制轮廓，然后用各种颜色填充区格。朱漆由铁化合物调成；其他颜料也很可能来自矿物。黑色颜料用木炭或煤烟勾兑，用来描画人物轮廓。玛雅书吏显然是在"游戏文字"，[28] 在语义维度（意符）和语音维度（音符）之间来回交替，并在这一过程中开发中间阶段。正是由于缺乏标准的正字法，才使得玛雅人的文字充满了有趣的活力。玛雅文传统在后来的几个世纪里先后被米斯特克文和阿兹特克文所继承，书吏也似乎在各自的文化中享有相似的地位。传统中美洲书吏的角色，以及其所受到的尊崇，一直延续到殖民时代。

几个世纪以来，玛雅文在低地为数百万人服务。这数百万人能读到纪念碑文和其他铭文吗？有两种相反的观点。一些学者认为识字率很低，指出单个单词"write"在玛雅语言中广泛传播，而指代"阅读"的则有许多不同的单词，而且都是异质的和征服之后的。[29]其他学者则认为，学习阅读玛雅文并不那么困难，一般玛雅人的男性或女性，对于公共广场上一块色彩鲜艳的石碑，至少能读懂有关其中一些主要角色的日期、事件和姓名，尤其是如果有一张附随的图画的话。[30]

如果读写能力在古代玛雅地区确实很普遍，那么文字就会对人口和语言以及公众舆论产生直接而深远的影响。不仅是石碑，还有寺庙和宫殿的门框和门楣、通往这些地方的台阶，以及统治者的坟墓和公共集会区域的其他纪念碑，同样镌刻和绘制着颜色鲜艳的文字，用以宣扬强大的玛雅人辉煌的生活和族谱。在现代意义上，这几乎不是"事实历史"，而更多的是一种宣传工具，以维护首领、宣扬卓越和表达敬意。[31]就像1000年前的奥尔梅克一样，玛雅的精英们使用公共文字主要是为了使他们的权力要求合法化。然而，简单的陶瓷也饰有图符，用以辨识可可容器（图6-5）和随葬容器等日常用品。

图6-5　公元500年，在一个玛雅饮料壶上绘有图符：可可

在古典玛雅时代的末期，成千上万的树皮或鹿皮抄本可能为玛雅

的图书馆增光添彩，其中充满了历史、家谱、天文表、仪式处方和其他类型的文本。随着 16 世纪西班牙人的入侵，玛雅文学遭到了大规模的破坏，只有 4 本抄本奇迹般地从篝火中幸存下来，它们都是由仪式和天文表组成的后古典作品，即马德里的分为两部分的《特罗亚诺－科尔特斯抄本》、德累斯顿的《德累斯顿抄本》和巴黎的《佩雷西亚努斯抄本》。可以说，积淀下来的关于这个曾经伟大的新世界文明的知识几乎消失得无影无踪。美国玛雅专家迈克尔·科（Michael Coe）悲叹道："在毁灭一个文明遗产的彻底性方面，即使是亚历山大图书馆被焚毁，亦不可同日而语。"[32]

第五节 其他书写

公元前 1000 年中美洲的一些文化显然使用了高度象形的"书写系统"，显示了一些标记符号。从公元 400 年到 700 年，在现在瓦哈卡的米斯特克的巴加地区，尼涅文化（Ñuiñe）使用了一种保存在简要铭文中的文字，主要是在骨灰盒和石头上，其中一种类似于蒙特·阿尔班的铭文（见上文）。一位学者列出了 142 个图案，有 200 多个不同的组件。[33] 特奥蒂瓦坎（Teotihuacan）文化在公元前 200 年到公元 650 年之间蓬勃发展，其杰出的艺术家们似乎至少已经区分出了象形字符和图像字符，因为他们的"文字"上的 120 个符号似乎具有某种符号意义。[34] 一位学者认为，特奥蒂瓦坎符号是后来在墨西哥中部出现的定型图像字符的来源。[35]

然而，到了 16 世纪，在米斯特克、阿兹特克和萨波特克人的数以百计的色彩斑斓的神话和历史抄本中，展示了一种基本上已被废弃的书写系统，这一系统拥有最大的象形字符和最小的标记字符，语音成分已经无足轻重。今天，这些抄本的价值在于"解释"，而不是阅读，因为当时尚未出现逐字阅读的必要语境。[36] 具有讽刺意味的是，公元 900—1521 年后期的米斯特克文化和阿兹特克文化的最主要的文字来源，是那些讲述悲惨的玛雅故事的色彩鲜艳的树皮或鹿皮抄本。事实上，这些后玛雅时代的文献中有许多是早期象形文字或图画手稿的副本，而米斯特克人、阿兹特克人，甚至是萨波特克人一直在制作这些手稿，直到殖民时期。[37]

第六节　米斯特克

　　米斯特克人，他们占领了南部的普埃布拉和北部的瓦哈卡，采用早期的典型的萨波特克文字记录"被某一武士在某天某城所捕获俘虏的数量"。[38] 在大多数情况下，米斯特克书吏写（并重写）了族谱和王朝的"历史"——每一个当地精英想要其他人知道的宣传。从本质上讲，米斯特克文本由刻画在图画雕塑、纸或兽皮抄本上的标签组成，多数情况下包含一个动词符号、一个名字符号和一个位置符号。因此，米斯特克和阿兹特克文字都被称为"标签"或"标题"文字。

　　大多数米斯特克抄本都采用耕牛式书写，尽管有些被组织在双区页面中。米斯特克书吏很少竖栏式书写。实际上并不需要这样做，因为文本只是提供了一些标题，旨在通过帮助区分一个场景中的多个统治者或确定哪些城镇被征服，从而减少模糊性。[39] 有些人因此认为这是不完整的书写。然而，使用意符来传达人名、地名、行为和其他细节，使得米斯特克文字成为世界上完整的书写系统之一。例如，字画谜原理的使用在米斯特克人中很广泛（而在玛雅人中很少见）；又如，地名千代考努（Chiyocanu，"大／弯曲的基础"）是通过描绘一个小个子男人弯曲一个平台基础来给出的。

　　看来，米斯特克和阿兹特克传统的书写演进路线有所不同，两者也许互有借鉴。[40] 很明显，米斯特克书写继承了同一地区的先驱萨波特克书写的某些特征。托尔特克文化（Toltec，公元 1000—1200 年）的影响体现在米斯特克历法上，可能也体现在米斯特克书写上，尽管还没有被证实托尔特克人拥有完整的书写体系。

第七节　阿兹特克

直到最近，墨西哥盆地的阿兹特克书写被认为是一种图像－单词系统，其中只有语音化的最初步骤已经完成，从而使其处在"完全书写的门槛上"。[41] 现在人们认识到，像米斯特克人一样，阿兹特克人使用的是一种混合系统，由象形符号、表音符号、标记符号和表意符号构成。[42] 在中美洲书写系统中，后征服时期的阿兹特克文字可能确实包含了最高比例的象形文字（图6-6）。然而，在征服之前的阿兹特克抄本是罕见的，所以这些早期作品可能包含了比后来的作品更大比例的标记符号和表音符号。

即使是征服后的阿兹特克文本也包括大量的表音符号。这种表音符号以3种不同的方式出现：

- 通过象形文字：一个弯曲的（coltic）山顶表示科尔瓦坎的地名；

- 通过同音表意法：一个游泳者举起手臂是"嬉戏"，也就是纳瓦特尔语中的 ahauializpan，用来表达地名阿维利扎潘；

- 通过象形文字加语音：一只手臂（acolli），加上水（atl），来加强首字母 /a/，表达阿科瓦坎这一地名。

例如，在历史神话抄本《博图里尼抄本》的著名序列（图6-7）中，4个被命名的部落显示到达一个命名的圣地，告别8个被命名的部落的亲戚。抄本中所有的名字都是语音写法。如在抄本的最右边，"网"指纳瓦特尔语中的matla-tl，表示马特拉辛科部落。

阿兹特克文字的起源尚不完全清楚。一些学者认为，阿兹特克人通过他们的祖先在墨西哥盆地汲取了很多养分。作为一个可能的源头，托尔特克文字又源自早期特奥蒂瓦坎文化；然而，这些文字也只是使用了日历和标记系统，还不是完整的书写。其他学者认为阿兹特克人从邻近的高地人那里借用了文字，比如米斯特克人（他们的文字系统有很多相似之处）或者是西莫洛斯的修乞卡尔坎人（Xochicalcans）的后裔。关于阿兹特克文字起源的问题还没有令人满意的答案。

图6-6 前哥伦布时代阿兹特克《科伦比诺抄本》中的象形文字，公元1048年之后。这份米斯特克风格的手稿讲述了一个公元1028—1048年在位的统治者的生活和历史

图6-7 阿兹特克《博图里尼抄本》中的序列图像

中美洲人也许不是新世界中唯一拥有文字的人。越来越多的证据

表明，一系列基于单一表音书写系统的文字，可能是受到一种早期米克斯－佐卡文字的启发，可能使秘鲁安第斯山脉的各种古代文化在超过 1500 年的时间里得以延续。

安第斯山脉早期的帕拉坎文化（约公元前 600—前 350 年）的"豆子符号"实际上可能代表一种书写形式，这一观点最早是由秘鲁首席考古学家拉斐尔·拉科·霍伊尔（Rafael Larco Hoyle）在 20 世纪 40 年代初提出的。[43] 20 多年后，秘鲁碑刻学家维多利亚·德拉贾拉（Victoria de la Jara）在帕拉坎纺织品和其他艺术品中发现了 303 个独特的"豆符"，这个数字接近于任何时候使用的已确认的玛雅象形文字。这些现象出现在垂直排列的不同位置的标志中，形状和图案像豆子，在特定的"格"中重复出现，通常有独特的图案和不同颜色的边界（图 6-8）。如果这是书写，它是一个纯表音文字，因为显然没有表明其中有象形符号或标志符号。如果它是一种纯表音文字，那么它应该由包括纯元素和更复杂的音节结构的帕拉坎音节构成。

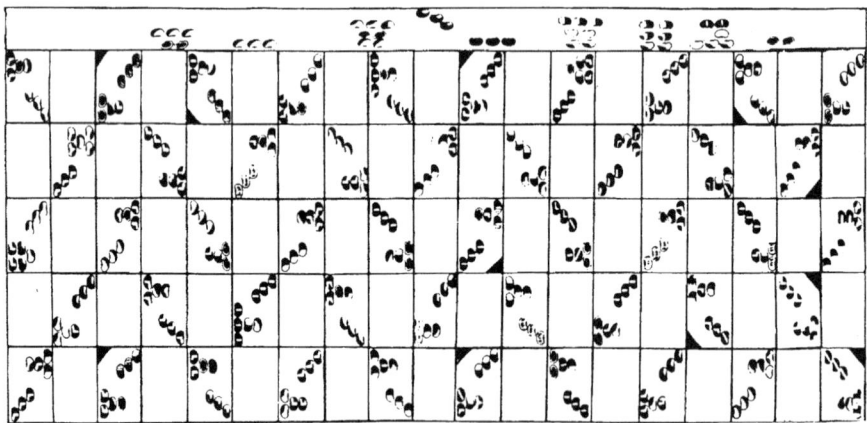

图 6-8　公元前 400 年，秘鲁帕拉坎葬礼披巾或礼仪亚麻制品上竖栏排列的可能的铭文。每格中都有一系列不同的"豆形符号"

这种早期的借用，如果真的发生了，显然在秘鲁富有成效，激发了一系列类似的仅使用图案的表音文字，通常是竖栏。纳斯卡文化（约公元前 350—公元 500 年）也曾在编织纺织品上展示过类似的符号，迄今为止被认为是一种装饰。莫切文化（约公元 1—600 年）在发送信息时也使用标有点或平行线（或两者的组合）的豆子；在莫切人的坟墓中发现了装有这种豆子的皮袋，这表明它具有重要的文化价值。[44] 同样的有标记的豆子也出现在莫切陶器的场景中，特别是在中美洲那些有文字的场景中。

印加帝国（公元 1438—1532 年）似乎借鉴了莫切 B 文化的丰富多彩的设计，出于某种原因，将后者的弧形标志改为矩形。印加人的几何图案被称为"托卡普斯"（tocapus），这种图案可以在传统的木制杯子和某些纺织品上找到（图 6-9），它们在竖直的柱子上醒目的排列让人想起中美洲文字的书写方向。以不规律的间隔重复独特的设计，表明其对特定目的的重要用途。

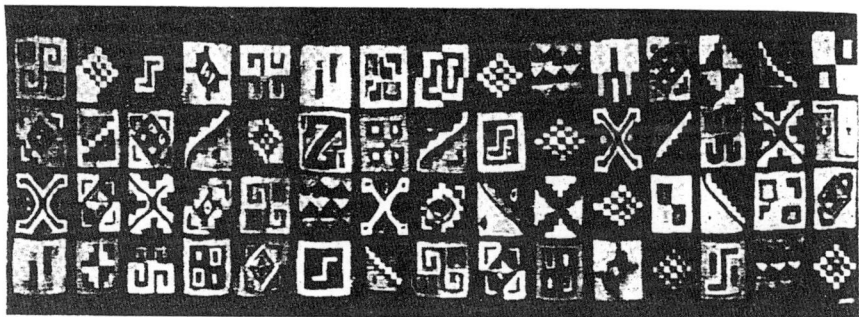

图 6-9　印加束腰束带上的一种可能的表音文字，重复符号耐人寻味地分布在竖栏中，约公元 1500 年

这些设计确实有助于加深对一种还未成功破译的书写系统的了解，在这一系统的复杂的音节表中，包含了一些表音信息。面对秘鲁的数据，法国著名的碑刻学家马塞尔·科恩（Marcel Cohen）不得不得出这样的结论："从符号的数量和某些文献上的排列情况来看，这显然是与古埃及和美索不达米亚一样的真正的表意 - 表音书写系统。"[45]

在美洲，完整的书写于公元前的第一个千年出现。在所有美洲文字的基础上，这种以竖栏排列的标记音节"象形字块"的混合书写系统与早期中国的书写系统及其方向类似。在达到了后奥尔梅克和玛雅人伟大语音文字的水平后，中美洲文字在后来的米斯特克、阿兹特克和其他文化的衍生文字中变得更加象形，尽管如此，这些文化仍然保留了原始的混合体系，即使只是在"标题"中。在公元前的最初几个世纪，秘鲁的帕拉坎文化可能借用了米克斯－佐卡文字，然后将其改编为纯表音文字，在类似的象形字块中使用可变的"豆符"。在随后的安第斯文化中，帕拉坎人的书写激发了一系列基于相同表音原则的假借文字。

从最早在美洲的使用来看，书写似乎首先是世袭精英的一种宣传工具，是好斗社会的表达方式，在这些社会中，交战和地位竞争是普遍存在的。[46]最早的纪念碑文字宣扬的是胜利的统治者或被他们屠杀和作为牺牲的俘虏的内容。这些公开声明，针对的是横向的觊觎统治地位的其他竞争者，以及纵向的地方臣民，从而使精英阶层的特权合法化。从文字的第一次使用到2000多年后欧洲人的到来，统治者的名字和他们的征服一直是中美洲碑铭的两个主题。当然，也存在着天文、仪轨、历史、族谱等其他书写传统。但随着时间的推移和西班牙的征服，这些易腐之物都消失殆尽了。

具有讽刺意味的是，在以上所述的5种中美洲文字中，最早的3种——萨波特克语、后奥尔梅克语和玛雅语——比后来的米斯特克人和阿兹特克人的文字更具有表达语言的能力。在文字史上，得到的结果几乎总是相反的：图符文字通常会及时地催生更伟大的，甚至是完整的语音文字。虽然语音似乎确实是书写在南美洲发展的逻辑结果（如果秘鲁的模式确实被证明是书写），但在中美洲，书写实践更倾向于采用图形表达的方式。公元900年，纪念性的铭文几乎被抛弃了，几乎全部被记录历史和族谱的彩色抄本或兽皮所取代，仅在简单的"标题"上使用完整的文字。这也可能是借用一个充分发展的外国体系的案例，随着时间的推移，这种体系散布在社会发展程度较低的借用者中间，但他们的需求较少，不足以维持这种精心设计的体系。

第七章　羊皮纸键盘

"Cum legebat，oculi ducebantur per paginas..." 在公元 5 世纪早期，圣奥古斯丁（St Augustine）疑惑不解地写道：

> ……当他阅读的时候，他的眼睛在书页上扫视，他的心在寻找感觉，并不发出任何声音。当我们在场时，他仍埋头阅读，旁若无人……但是无论出于什么目的，他这么做肯定是事出有因，别具深意。[1]

圣奥古斯丁对自己的老师圣安布罗斯（St Ambrose）独自默读的惊叹源于这样一个事实：在西欧，直到公元最初几个世纪，人们仍然大声朗读。文学主要是一种记忆工具，让人回忆起在其他地方已经听到的东西。文学作品几乎完全如唱歌般的吟诵，或者至少是为了沉思和更好地记忆而低声吟诵。默读极为罕见。卢西安、苏埃托尼乌斯、贺拉斯、奥维德和其他人的作品中的段落证明，在古代，默读总是被视为一种非凡之举。[2]

这种情况在中世纪发生了变化。无声的阅读基本上取代了大声的阅读，标志着人们已经跨过了中世纪两个门槛中的第一个，即从诵读时代进入默读时代，这一异常丰饶的时代约从公元 500 年一直持续到公元 1500 年。圣奥古斯丁看到他的老师安静地默读文稿时的惊叹，象征着书写作为一种自主的信息传递形式在社会中所扮演的角色的新观念。这种观念以前没有，或者很少有。在中世纪，文字似乎已经成为某种与其所承载的思想无关的东西——文字本身成了思想。

书面语与口语并驾齐驱的观念成为原则，它是所有中世纪思想的基础。这对西欧来说，如同具有倍增式图形传播功能的印刷术发明引领世界跨入近现代门槛一样，具有革命性。

文字的解放与它的突然扩散有直接的关系。古代西方最喜欢的书写材料是莎草纸，价格昂贵。由于很少有人买得起书面文本，没有多少人会去读篇幅较长的文学作品。然而，在公元 2 世纪，羊皮纸开始大量出现。这种便宜得多的书写材料促进了书面文本的增加。[3]事实上，羊皮纸已经存在了好几个世纪。公元前 190 年，地处小亚细亚（今天的土耳其西部）的帕加玛（Pergamum）王国国王欧梅内斯二世（公元前 197—前 158 年）希望建立一个可以与埃及亚历山大城媲美的图书馆，他鼓励专家完善一种将绵羊皮和山羊皮拉薄和脱水的技术。最后制成了羊皮纸，并以发明地命名为"帕加玛"。虽然有公元前 2 世纪的羊皮纸碎片幸存下来，但直到公元 2 世纪，羊皮纸才与莎草纸展开激烈的竞争。

羊皮纸最终取代了莎草纸成为西欧首选的书写材料；中世纪甚至被誉为"羊皮纸时代"。只有到了中世纪的鼎盛时期，特别是在伊斯兰国家，它才开始让位给纸张。在 13 世纪和 14 世纪之后，除了宪章等文件外，在纸张的明显优势面前，羊皮纸的使用逐渐减少（羊皮纸今天仍用于特殊场合）。

印度、东南亚和东亚从未使用过羊皮纸，把神圣的经文写在被屠宰的动物的皮肤上的想法冒犯了印度教徒和佛教徒。中国人从来不用羊皮纸，因为他们在公元 2 世纪就有了纸。但在公元 4 世纪的欧洲，羊皮纸的普遍存在意味着每一页的文字——不再是卷起来的莎草纸卷轴——可以被整理和装订，从而创造出一种全新的东西，史无前例地促进了抄本或书籍等文献的使用和保存。

书面文字在欧洲的落地生根及其在那里的广泛传播，改变了西方社会，并最终改变了世界。

第一节 希腊书写

当古罗马皇帝君士坦丁一世（公元306—337年）把他的首都从"异教徒"的罗马转移到基督徒的拜占庭，并在公元330年将后者更名为君士坦丁堡，所有希腊文化——包括书面希腊语——都经历了一次文艺复兴。后来的拜占庭帝国保存和传播了古希腊学说，它在科学和人文科学方面领导了西方世界许多世纪。

此外，拜占庭帝国的文化直接影响了阿拉伯学者和科学家，他们自己的希腊学说和希腊译著之后传播到穆斯林统治下的西班牙和其他学术中心。这样就把古希腊的哲学和科学介绍到了西欧。正如古希腊促进了古罗马的发展一样，主要通过不断演化的希腊字母文字，拜占庭希腊促进了中世纪世界的发展。

正如在第四章中所描述的，希腊语的两种书写方式一直是并行不悖的：手写体几乎都用于文学创作，草写体则用来记录日常事务。在早期希腊的莎草纸和犊皮纸（羊皮纸中质量最好的一种）手稿中，安色尔体手写体最为常见。[4] 安色尔体使用"majuscules"，花体大写字母，而不是纪念碑字体中有角的大写字母（花体大写字母较之有角大写字母更容易在莎草纸和羊皮纸上书写）。在早期希腊语手稿中，随着犊皮纸完全取代莎草纸，流畅而有力的安色尔体大行其道。这种安色尔字体后来促进了更小的流畅的草写体的出现，并最终催生了小写字母的问世。不过，这一进程长达数个世纪。

在君士坦丁堡的头 300 年里，早期罗马时代的手写体继续盛行，直到一个独特的"拜占庭"手写体出现（图 7-1）。公元 600 年之后，圆形字母变成压扁的椭圆形，字宽也对应字高成比例地变窄。

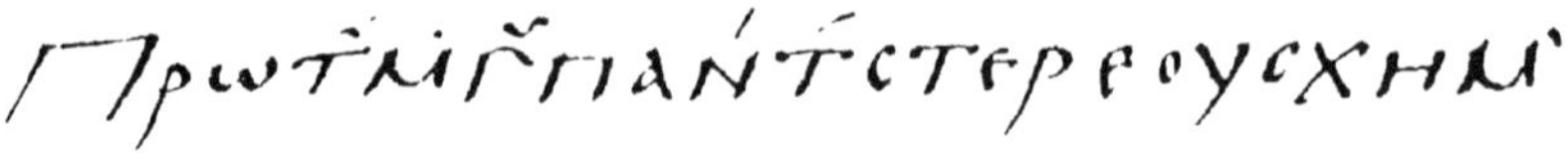

安色尔体：数学论文，7 世纪

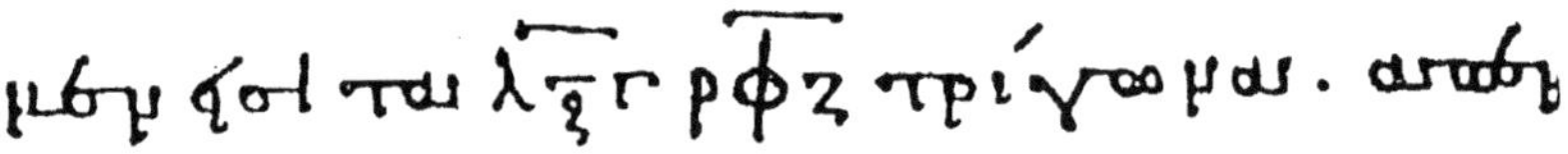

小写体：牛津《欧几里得》，公元 888 年

基督教会古安色尔体：《福音书塔古姆》，公元 980 年

正式手写体：《圣西奥多斯·思图迪特斯的布道》，公元 1136 年

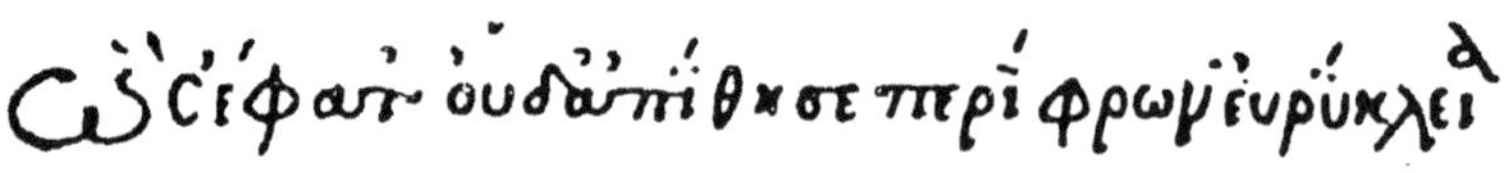

优雅手写体：荷马的《奥德赛》，公元 1479 年

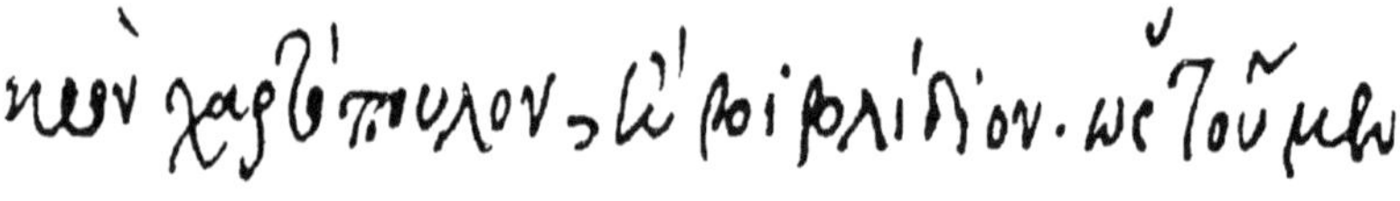

后中世纪手写体：《法理学手册》，公元 1541 年

图 7-1　中世纪和后中世纪希腊手写体

希腊手写体开始向右倾斜，变音符号或重音符号开始得到系统的应用，而不是像 800 多年来那样是随机的，以便更精确地再现当代希腊语。早期轻盈的希腊安色尔体变得更加笨拙和拘谨。到了公元 10世纪，希腊语中的安色尔体只用于与基督教会相关的著作。

9 世纪出现了希腊小写体，包括更谨慎的普通希腊草写体。小写体最终取代了所有其他形式的希腊字体。在欧洲的图书馆里有 1000 多份写于 1500 年前的希腊手稿，几乎所有的手稿都是用小写体书写的。在同一文本中，大写字母经常与草写小写字母一起出现。大约到了公元 900 年，希腊小写体已经变得非常小、直立和精确，并带有以矩形标记表示的呼吸音 h'。

希腊语图书出版商在君士坦丁堡蓬勃发展。他们的产品被翻译成阿拉伯语并在整个伊斯兰世界传播。虽然这些产品的字体非常一致，但语境变化很大。相比之下，罗马曾经为数众多的出版商在公元 6 世纪后衰落了，这些出版商分布在罗马城以及德国、法国、英国和北非的罗马帝国其他主要中心城市。在那里，拉丁语书籍的制作成为修道院和修道院缮写室的使命。虽然不同地区产品的字体差异明显，但语境更加趋同。

到了中世纪的鼎盛时期，出现了一种正式的希腊书写风格，笔画加长，突出的标志表示缩写和重音，以及很多圆形呼吸音。到了 15 世纪，希腊语手写体五花八门，其中一些援引了 13 世纪的风格，另一些借鉴了紧凑而繁复的现代草写体风格。1600 年出现的一种宽松的现代手写体影响了第一批希腊语印刷商，他们一直在寻找一种清晰的字体，以便更好地传播人文主义学者传播古典文本的需求（图 7-2）。在此基础上，最终进化为学生们所熟悉的经典著作中的希腊字体。

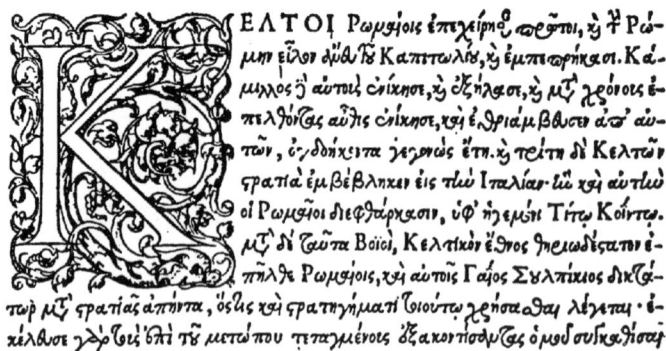

阿庇安的《罗马史》，由查尔斯·埃斯蒂安在巴黎印刷，公元 1551 年

Ἄνδρα μοι ἔννεπε, μοῦσα, πολύτροπον, ὃς μάλα πολλὰ
πλάγχθη, ἐπεὶ Τροίης ἱερὸν πτολίεθρον ἔπερσεν·
πολλῶν δ' ἀνθρώπων ἴδεν ἄστεα καὶ νόον ¹ ἔγνω,
πολλὰ δ' ὅ γ' ἐν πόντῳ πάθεν ἄλγεα ὃν κατὰ θυμόν,
ἀρνύμενος ἥν τε ψυχὴν καὶ νόστον ἑταίρων.   **5**
ἀλλ' οὐδ' ὣς ἑτάρους ἐρρύσατο, ἱεμενός περ·
αὐτῶν γὰρ σφετέρῃσιν ἀτασθαλίῃσιν ὄλοντο,
νήπιοι, οἳ κατὰ βοῦς Ὑπερίονος Ἠελίοιο
ἤσθιον· αὐτὰρ ὁ τοῖσιν ἀφείλετο νόστιμον ἦμαρ.
τῶν ἁμόθεν γε, θεά, θύγατερ Διός, εἰπὲ καὶ ἡμῖν.   **10**

荷马的《奥德赛》，采用斜体在伦敦印刷，公元 1919 年

Ο ἄνθρωπος κοιμάται. Το σύμπλεγμα νεύρων και μυών ανα-
παύεται χαλαρωμένο στο κρεβάτι · εξωτερικά δεν υπάρχει κίνηση.
Εσωτερικά ο εγκέφαλος βομβεί λειτουργώντας σε άτακτα διαστή-
ματα. Μια δύναμη συντήρησης καταγράφει ακατάπαυστα την εσω-
τερική δραστηριότητα που μοιάζει με απέραντο σιδηροδρομικό
δίκτυο νεύρων.

现代小说，在雅典印刷，公元 1990 年

图 7-2　希腊语字体

　　希腊当地的印刷业使用了许多不同的字体，特别是在全民义务教育普及和公众识字率提高的 19 世纪。当时，通常被认为是由拜占庭的

亚里斯多芬在公元180年发表的呼吸音和重音仍被循规蹈矩地使用着，尽管现代语言已经发生了显著变化，大多数这类标记被认为是"冗余的"（尽管在单词的视觉识别方面仍很重要）。在20世纪最后四分之一的时间里，希腊语拼写最终放弃了复杂的标记系统，只留下了表示每个超过一个音节的现代希腊语单词的重音符（'）。

第二节　中世纪拉丁书写

罗马人创造了我们字母的基本形态。和希腊人一样，罗马人只用大写体和草写体，没有大小写区别。基本的罗马字母形状最初是单线的，就像希腊字母一样，没有厚薄的变化。后来，为了强化大写字母，罗马人把它们写得稍微有些斜度，以模仿因用宽尖墨水笔在莎草纸上书写而产生的粗细变化。在莎草纸上书写的特殊文学作品，以及后来在羊皮纸和牛皮纸上书写的文学作品，也都采用大写字母。罗马人比希腊人使用了更多的衬线，以提高可读性和吸引力。虽然作为对一种早已消亡的文字的偶然模仿，罗马大写字母残存到公元9世纪（如在乌得勒支的诗篇中），但早在5世纪末，大写字母就基本上已经在整篇文本的书写中消失了。它们在中世纪以方正质朴的大写形式保存了下来，因为人们喜欢用它们来写标题和首字母。

安色尔体是对方形大写字体的修正，是一种带曲线的圆形字体，避免了折角，成为公元4世纪罗马书吏的首选手写体（图7-3）。安色尔体最早的例子表明，它是精确的，以及非常容易阅读。有据可查的最古老的安色尔体手稿可追溯到公元400年北非的希波。然而，到了8世纪，安化尔字体已经大大退化。[5]

在意大利，尤其是在罗马，安色尔体被用于《圣经》文本。基督教传教士把安色尔字体带到了帝国的遥远地区，尽管有时并不像人们所说的：因为基督徒更喜欢安色尔体，而不是"异教徒"的方正质朴的大字字体。[6]

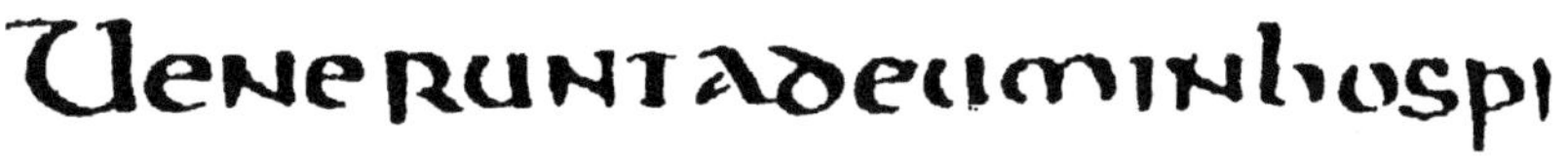

罗马后期安色尔体：富尔达《新约》，约公元 546 年

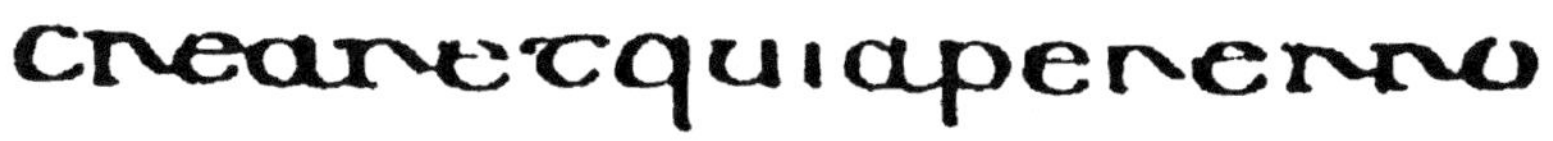

半安色尔体：《圣经》注释，公元 569 年以前

混合安色尔体和草写体：7 世纪《罗马民法》

罗马晚期草写体：7 世纪圣马克西姆斯的《布道》

图 7-3 中世纪早期拉丁文手写体

公元 4 世纪，犊皮纸抄本，也即由单装订在一起的犊皮纸手稿卷，开始取代莎草纸卷轴。人们可以在犊皮纸或羊皮纸的双面写字，从而使书写篇幅加倍。诗人马歇尔（公元 40—103 年）在其 6 首警句中首次提到了古抄本，这些警句是作为荷马、维吉尔、西塞罗、利维、奥维德和马歇尔本人所写的 6 部古抄本的标签而写的，而这 6 部作品应是已知的现代意义上的最早的"书籍"。4 世纪以后，羊皮纸或牛皮纸抄本，或被英语称为"书"（源自日耳曼语"bōkā"或"beech"，源于最早的如尼字板所使用的材料——山毛榉），仍然是欧洲首选的文字

载体。正如法国历史学家亨利·吉恩·马丁所言，古抄本——以两面都书写的册页形式，而不是以一面书写的卷轴形式——出现，是书籍在公历纪元最重要的一次革命。[7]

新罗马草书体源于公元 4 世纪的旧罗马草书体的改革（参见第四章），罗马手写体风格多样，通常被称为"草写体"（习惯上是指流畅而相连的手写体），[8]尽管事实上字母是彼此独立而且不相连的，即使是在最匆忙起草的留言或涂鸦中亦然（图 4-19 至图 4-21）。书吏把字母简化到几乎所有的字母都能一笔一画地写出来的程度。[9]随着时间的推移，一个较小的字母，也即不再使用大写或安色尔体的"小写字母"，进化到 3 种不同高度的字母：上升（如 b），居中（如 n）和下降（如 p）。书吏对字体的选择往往取决于所传播的信息，以及向谁传播："……媒介是信息的一个重要组成部分。"[10]每位拉丁语文本的书吏所使用的字体本身都承载着社会公认的政治和文化信息，每种字体都被认为适合于特定的用途和文本。随着社会的变化，某些手写体的使用频率和分布范围亦随之改变。

新罗马草写体广泛应用于整个帝国，并促进了拉丁地区文字或欧洲民族文字的发展。拉丁语草写体，就像希腊语草写体一样，使用范围一直比大写字母或安色尔字母广泛得多。有时，它会侵入书籍手写体的领域，起初是作为旁注和注释，然后是作为文本本身。6 世纪的斜安色尔体逐渐被草写体所取代。一种草写 – 安色尔混合手写体出现于 7 世纪，这一字体呈现为新的小写形状的不相连字母。

5 世纪末，意大利和法国南部发展了半安色尔手写体，并成为人们喜爱的书籍字体。它的字母构成了加洛林小写体的创作原型。虽然罗马安色尔体的圆形被保存在半安色尔体中，但只有少数几个字母是真正的安色尔体。事实上，半安色尔体已经孕育了几个世纪后将要出现的各民族手写体。

拉丁草写体在墨洛温时代继续流行，直到大约公元 650 年，甚至作为私人和随机使用的文学手写体。晚期拉丁草书成为意大利、西班牙和法兰克王国的文字基础，孕育了贝内文托、西哥特和墨洛温手写体（图 7-4）。作为安色尔与半安色尔的混合体，书面草写体成为许多民族字体的共同祖先。

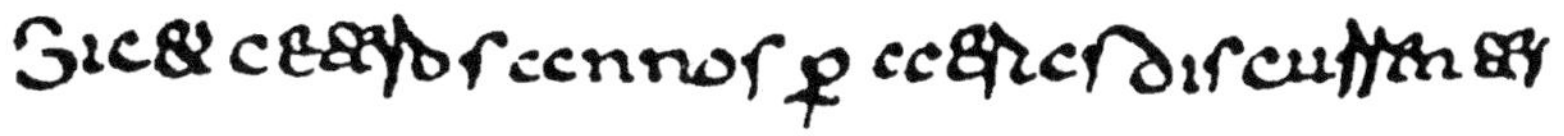

贝内文托草书体：阿比尔努斯·弗拉科斯的《三一论》，公元 812 年

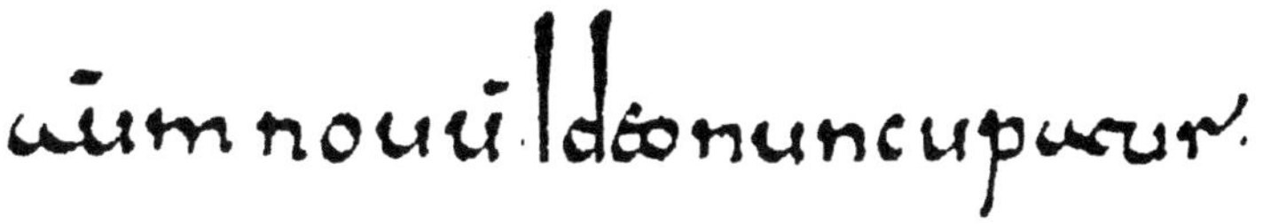

西哥特草书体：圣伊西多尔的《词源》，公元 9 世纪

墨洛温草书宪体：希尔德贝三世宪章，公元 695 年

墨洛温草书书面体：尤吉普比乌斯，公元 8 世纪

图 7-4　贝内文托、西哥特和墨洛温手写体

随着 5 世纪罗马帝国在政治上四分五裂，各种民族字体纷纷涌现出来。从那时到 8 世纪，从具有半安色尔元素的新罗马草写体中分化出各种各样小写西方字体。在法兰克人的统治下的意大利北部的伦巴第，首先是墨洛温王朝手写体，然后是加洛林王朝手写体，以及意大利南部的贝内文托手写体，发展出具有粗重头脚的短竖这一独特外观的正式手写体。西哥特体，也即西班牙民族手写体，从 8 世纪一直使用到 12 世纪；该字体在早期标准字体的基础上，将公元 11 世纪和 12 世纪早期的字母进一步方正化和扁平化，从而呈现出长垂竖的外观

特征。

墨洛温王朝的文字包括了查理曼大帝之前法兰克王国的所有手写体，在大多数情况下，这种字体一眼就能看得出来，因为其字迹往往狭窄，侧面扁平，纤细，几乎难以辨认。包括连字符（连接两个字母的标记）、缩写符和省略符（表示省略字母的标记）在内的复杂系统也极大地抑制了可读性。然而，后来的墨洛温手写体，往往来自意大利，大量采用半安色尔体，字体优雅，易于辨认，为加洛林小字体的出现奠定了基础。

然而，到了 8 世纪末，墨洛温王朝最常见的手写体似乎只有作者才能认识。因此，如果法兰克国王想要实现其所宣称的全民教育目标，就必须在法兰克疆域内的缮写室中掀起一场变革。

查理大帝意识到了这一点，并于公元 789 年下令对德国、法国和意大利北部主要修道院中心的所有教会典籍进行全面修订。其中最有影响力的是位于图尔的圣马丁修道院，公元 796—804 年，院长为来自约克郡的英国人阿尔昆。阿尔昆亲自指导了后来被称为加洛林的小字体的创制，这是过去 2000 年来西方最重要的书写改革（图 7-5）。加洛林小写体是欧洲大陆半安色尔体与爱尔兰－英国手写体的偶然结合，后者可能是阿尔昆自己引进到法兰克王国的，他也指导了该王国的教育改革。阿尔昆和其他一些人显然意识到，需要一种明确基于经典的类似于当时在爱尔兰和英格兰北部所使用的保守手写体。加洛林小字体是由罗马半安色尔体发展而来的，有目的地融合了新的地区小字体。这是一种非常干净简化的字体，避免了华丽，具有均匀流动的外观；连字符、缩写符和省略符几乎全部消失，一些加洛林手稿甚至完全没有这类符号。清楚易读成为压倒一切的诉求。

加洛林文字在整个西欧盛行（直到今天，只有爱尔兰在所有爱尔兰语文本中仍使用加洛林手写体，甚至印刷用的字体也是如此）。法兰克王国的书写和教育改革首先在后来的法国和德国推广了一种清晰易识的书籍手写体，这种字体越来越受欢迎，很快普及到更广大的地

copiofilacaseffluere! puer.fur

《苏尔皮休斯·西弗勒斯》，公元 9 世纪初

Aitparalyaco · tibidico

《洛萨皇帝福音书》，公元 9 世纪中期

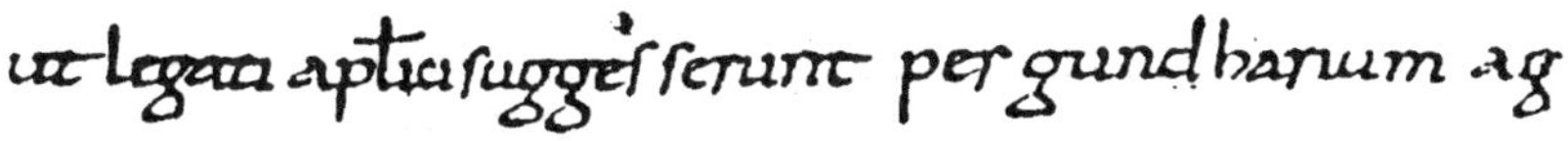

ut legati aptica suggesserunt per gundharum ag

《富尔达编年史》，公元 882 年以前

pater ompsaenads. honoruauc

《科尔比圣礼》，公元 10 世纪

coam dominica que aduenerat nocte ac die

《圣徒的生活》，公元 11 世纪

图 7-5　法国和德国的法兰克加洛林小写体

区。在意大利，从 9 世纪到 13 世纪，加洛林王朝的小字体和其他字体一起被用于书籍和文件书写；而在英格兰，从 10 世纪中期到 11 世纪末的拉丁文本也都是用这种字体书写的。在西方的文字史上，加洛林小字体的创制堪称一个分水岭——它成为欧洲最重要的文字，并决定了西方书写的进程，直到 700 年后的文艺复兴时期。[11]

在接下来的几个世纪里，加洛林字体在欧洲得到广泛传播，加洛林小写字母在欧洲各地随处可见，取代了主宰西方书写的半安色尔手写体和混合草写体。大写体或大字字母保留为首字母（文本的开始字母）和其他特殊用途。曾经是拉丁字母的模板文字现在被边缘化了，就像古代文字普遍面临的境况一样。很久以后，大写字母在规范书写中扮演非常精致的角色，遵循精确的使用规则。

大写体和小写体一旦区别开来，就可以利用它来传递信息（比较Bill 和 bill）。因此，所有源自拉丁语的现代文字通常有 40 到 65 个需要学习的字母（而不是传统的"26 个字母"），大写体或大写字母，小写体或小写字母。这 40 到 65 个是低阶"功能字母"，传达 20 到 30 个高阶"系统字母"。

在加洛林文字改革期间，法兰克书吏（可能是图尔的圣马丁）也参与了重要字母的修改。字母 u 的发明是为了区分元音 /u/ 和辅音 v 的使用，而字母 j 的发明是为了区分字母 i 的辅音功能。然而，这些变化在许多世纪里都没有得到系统的实施。在查理曼之后，几乎所有的变化都涉及添加新字母，或在旧字母上附加变音符号，以便表达那些无法用拉丁标准字母来传递的民族语言中的发音。

到了 10 世纪，加洛林小字体已经成为西欧大部分国家的标准字体，同时有许多地区性变体和为特殊目的而保留的当地字体（图 7-5）。由于拉丁语继续使用字母 v 来表示 /u/ 和 /v/，导致说德语者分不清 /w/ 和 /v/。一个世纪后，德语书吏开始双拼拉丁语的 v，即写成 vv，以与 /w/ 有所区别，这就是为什么我们今天有了"双 u"。随着时间的推移，vv 不再被当作合成符来理解和书写，而是作为一个自主字符（与 ch、ph、th、ng 等合成符不同）。在 19 世纪之前的英格兰，u、v 和 w 没有完全区分开来；即使在今天，除了书面语言，一些英语方言仍在合并使用 /v/ 和 /w/。

11 世纪，加洛林文字统一体开始分崩离析，取而代之的是各具特色的地域性字体，不过与在一个书写系统中使用不同的字体的印度的情形有所不同，这些地域性字体采用相同的字体，只是彼此间存在着些许差异（图 7-6）。

复杂的连字符、缩写符和省略符再次回归，主要是出于保存珍贵的羊皮书的需要。12 世纪也见证了大型书籍和新的粗黑字体的出现，

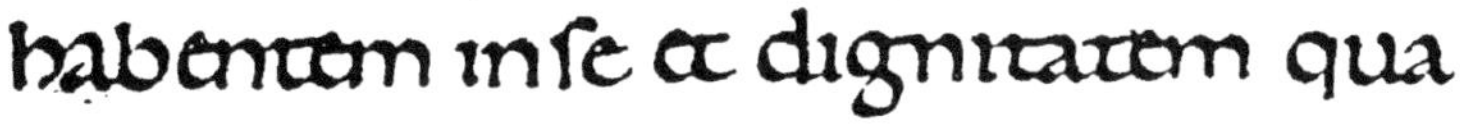

habentem inse et dignitatem qua

意大利:《布道》，公元 12 世纪

Consentir astium te iouis impio

意大利:《贺拉斯》，公元 1391 年

en auuerghe fut Jadis vne

法国:《圣母的奇迹》，公元 1450 年

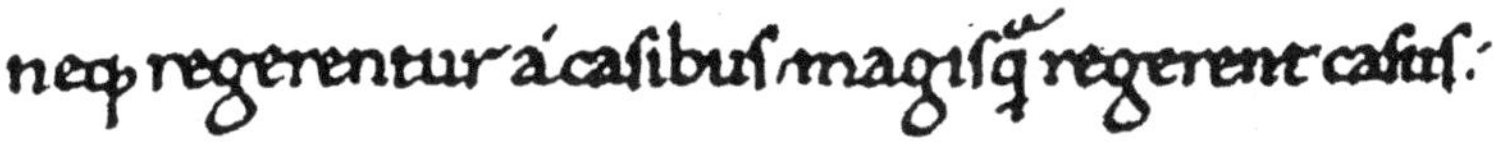

neq regerentur a casibus magisq regerent casus:

意大利：《萨卢斯特》，公元 1466

图 7-6　中世纪盛期至晚期的意大利和法国手写体

而在 13 世纪，字体则呈现出尺寸锐减、侧向压缩、全新角度和斜线笔画等进一步变化（12 世纪后半叶，对《圣经》的需求大增，数千本书都是用这种缩微字体书写的）。作为十字军东征的一个成果，书吏开始使用阿拉伯数字（1，2，3，4），而不是罗马数字（Ⅰ，Ⅱ，Ⅲ，Ⅳ），这就节省了更多的空间。阿拉伯数字如今在世界范围内使用。

在 14 世纪，市民开始掌握当地的政治控制权，要求当局给予他们的孩子接受教育的机会。于是，当地资助的公立学校纷纷成立。例如，在 1338 年，佛罗伦萨编年史家乔瓦尼·维拉尼记录说："在佛罗伦萨，学习阅读的男孩和女孩大约有 1 万人；在 6 所学校学习计算和数学的儿童有 1000—1200 人；在 4 所（高等）学校学习语法和逻辑的学生人数有 550—600 人。[12] 迅速崛起的强大的商业阶层是建立在读书和学习基础上的。这是一种新的趋势，改变了整个西欧。

数量越多，质量越差。14 世纪和 15 世纪的书吏不再遵守他们前辈的高标准，他们的文字不再精确和优雅。他们的手写体很快成为第一批打印机的字体（见下文）。15 世纪也见证了小写体书籍的最终消亡，因为这个时代之后的几乎所有的非印刷作品的字体，或者是用于公文的宪章体，或者是用于日常的草写体。

事实上，在加洛林字体的长期分裂中，出现了哥特体和人文体两种相互竞争的风格（图 7–7）。

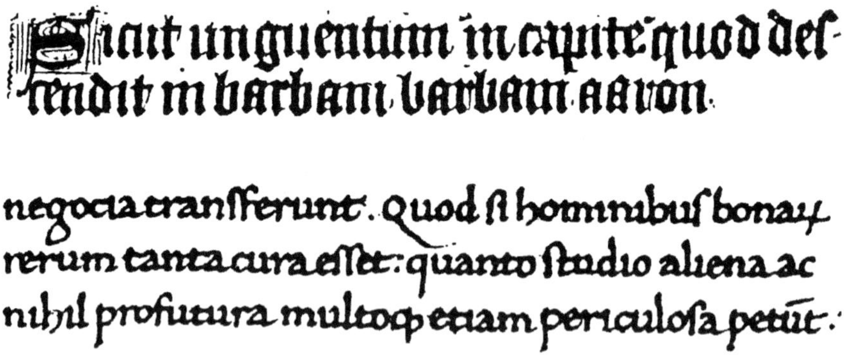

图 7-7　15 世纪中期的两支相互竞争的手写体：哥特体（上图）和人文体（下图）

大约从 1050 年到 1500 年，哥特体定义了欧洲的草写体[13]，也被称为"黑字"，它从加洛林小字体发展而来，有许多变化，显示出单个字母不断增加的角度和单个单词内的字母越来越大的压缩。哥特体是用宽笔尖写的，笔尖与横线呈尖角。它尽可能地避免了曲线，甚至把哥特体的字母 o 变成了一个狭窄的六边形。哥特体是最早的印刷字体，成为西欧日耳曼语系的专用工具。

另一方面，意大利的人文主义学者试图复兴古罗马经典手写体。然而，在实践中，他们更接近加洛林小写体。[14]这种人文体或者说罗马手写体成为文艺复兴工具——用窄笔尖写出圆润、宽大、舒展的字母。它传达了阳光、开放的意大利和建立在古典主义基础上的崭新世俗学问。与 600 年前约克的阿尔昆一样，意大利人文主义学者有意删繁就简，以提高易读性，并将雅致的古典风格渗透到他们的著作中。这一运动是在有意识地反对哥特风格的情况下进行的。[15] 以 12 世纪意大利手写体为基础，第一个人文小字体于 1402—1403 年在佛罗伦萨问世。这种字体很小，有加长的字母上半出头部分（如 l 和 h）和下半出头部分（如 p 和 g）。10 年后，一种人文草写体出现了，其特点是向前倾斜——今天我们称之为斜体。[16] 人文体或罗马体，最初被称为古体，以示对其古代原型的致敬，后来成为最早的意大利印刷商使用的罗马体的模型。500 多年后，它成为世界上最受欢迎的字体之一。

意大利的人文草写体成为 16 世纪最经典的手写体。[17] 法国以及讲法语的瑞士和西班牙迅速采用了这一字体；在英国，常用于商务的哥特草写秘书体于 16 世纪末最终让位于人文草写体。而德国从未接受人文草写体，德国人认为哥特体是其日耳曼身份的象征。

第三节　岛屿书写

在中世纪早期，作为与外界保持信息、物质和思想交流的不二渠道，欧洲各地的修道院自然而然地成为学术研究和文献复制的中心。[18] 早在公元 5 世纪，爱尔兰的基督徒就开始从欧洲大陆进口书籍，并接待外国学生。于是，爱尔兰奥格汉文字逐渐被拉丁文字所取代——所有的教育都采用教会的拉丁语和拉丁文。甚至连爱尔兰语本身也开始用拉丁字母书写。

"岛屿"一词用来指代公元 9 世纪中叶以前不列颠群岛的文字；通常又分为爱尔兰语和"盎格鲁 – 撒克逊语"。事实上，岛屿书写基本上是指爱尔兰语，后来才被爱尔兰僧侣带到英格兰北部。这是因为，一旦罗马占领军离开不列颠群岛，爱尔兰就形成了独立的基督教传统，其中包括具有自身特点的手写字体。书写在这里的发展是另辟蹊径的：欧洲大陆国家的手写体起源于罗马草写体，而爱尔兰和英国的书写则起源于早期罗马半安色尔体。这是因为爱尔兰书吏首先受到最早来到这里的罗马传教士的影响，这些传教士当时仍主要在使用公元 5 世纪和 6 世纪的半安色尔体书写，远早于罗马草写体在欧洲大陆的使用。爱尔兰的相对孤立导致了某种独立和保守的发展状况。事实上，爱尔兰手写体被古文字学家视为最为保守的字体之一。

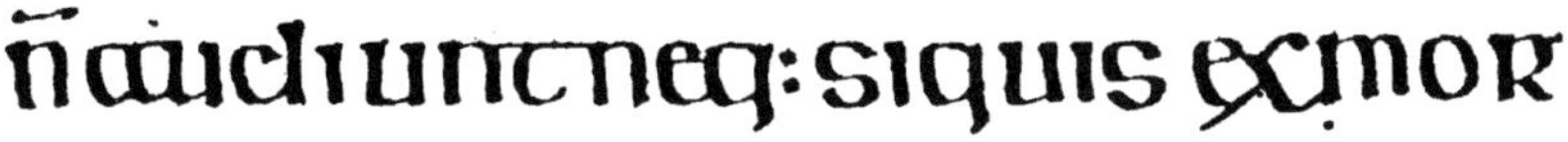

ñædiuncneq:siquis exmor

圆手写体：《麦格雷戈福音书》，约公元 800 年

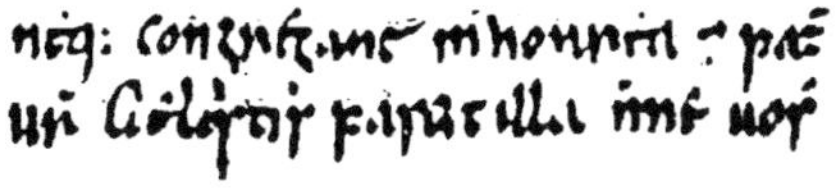

neq: conzr̃ame mihonnm ·pæ
un Coleptoy p̃pacelbi ñmf nof

尖手写体：《阿玛书》，公元 844 年前

Plmcfnqã. 7 nfmixonfm pecedcoñ ioiñy gñ
cey mensifnqbz ab ifhuroluma. dorh̃vey

尖手写体：《梅尔布里特福音书》，公元 1138 年

图 7-8 早期爱尔兰手写体

使用拉丁字母书写的早期爱尔兰文有圆形和尖形两种风格（图 7-8）。圆形的是半安色尔体，与公元五六世纪的法语和意大利手写体非常相似。它在爱尔兰的土地上迅速发展成为欧洲最具观赏性的手写体之一，如爱尔兰 7 世纪著名的《凯尔斯书》（图 7-9）。"尖手写体"仅是圆手写体的侧向压缩，小写字母部分向外拉伸成为"点"或极细的线。它是在圆手写体被精心修饰后发展起来的，很可能首先出现在 7 世纪（凯尔斯书中有几页是用尖手写体书写的）。在中世纪早期，爱尔兰传教士把他们的作品带到法国的卢克索伊、瑞士的圣加伦、德国的维尔茨堡和意大利的博比奥，在那里进一步复制。然而，在所有这些地方，爱尔兰字体很快就让位给了欧洲大陆的草写体。

到了 8 世纪，爱尔兰的书吏们已经将日常草写体的书写细化到很小的程度，以便能够用来制作优质犊皮书。在此期间还对单词分隔和标点符号进行了规范。[19] 及至 11—12 世纪，爱尔兰尖手写体已经呈现出其特有的棱角形状。

在爱尔兰传教士到来之前，英国有两种书写方式：罗马人的拉丁字母，用来写拉丁语；日耳曼语的如尼文，用来书写不列颠群岛上的几种日耳曼语。在爱尔兰人入侵之后，出现了两种不同的书写流派：北部的爱尔兰语，最终产生了英国民族手写体；罗马通俗大写体是以坎特伯雷为中心的罗马传教士留下的遗产（这种字体很早就不再使用）。随着 10 世纪英国与欧洲大陆贸易活动的兴起，小写体被引入英国，并在后来取代了英国的民族手写体。

图 7-9 爱尔兰
的《凯尔斯书》，
公元 7 世纪末

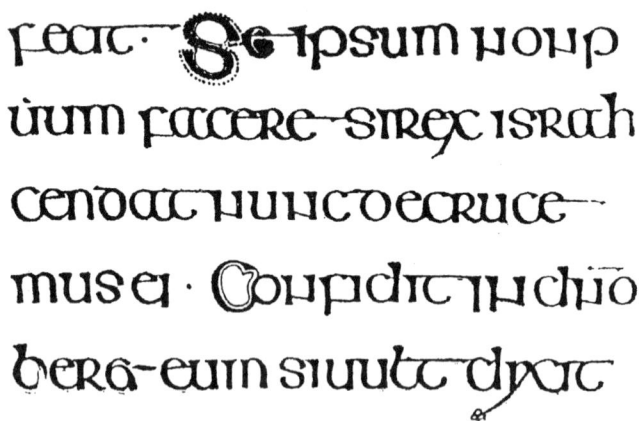

图 7-10 英国
的《林迪斯法恩
福音书》，约公
元 698 年。用
公元 10 世纪盎
格鲁－撒克逊
草写体写在每一
行的上面，是最
早的英文版福音
书翻译

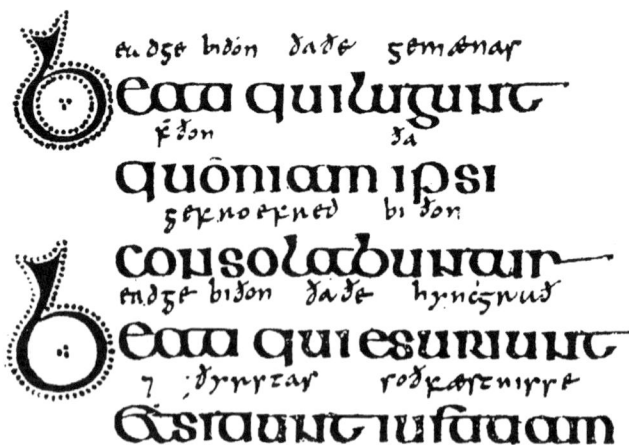

中世纪早期，英国的书写主要受爱尔兰影响。从 7 世纪开始，

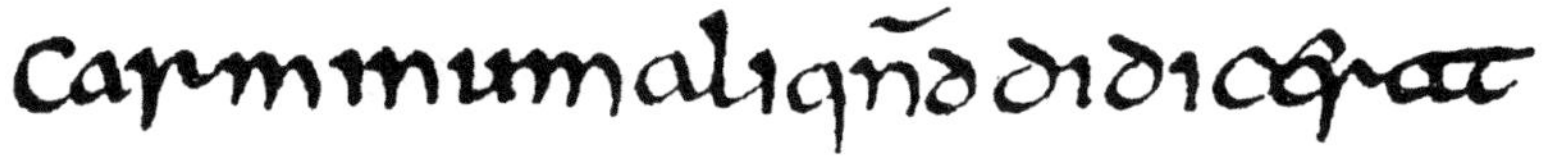

carmmumaliqñðoiðicfraic

比德的《教会史》，公元 8 世纪中期

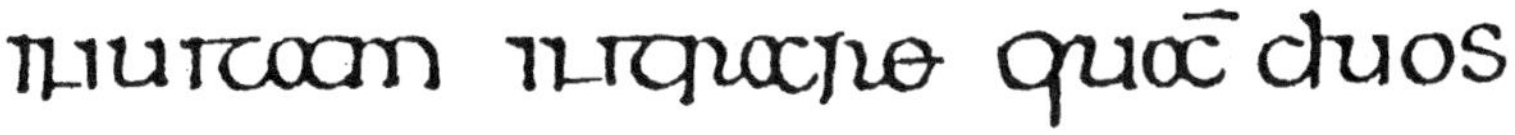

ſliurcan ilroracho quoc duos

《坎特伯雷福音书》，公元 8 世纪末

lilircrione u. ſegni quoq: ſlopiopiṁṁi me

麦西亚的西涅武夫国王宪章，公元 812 年

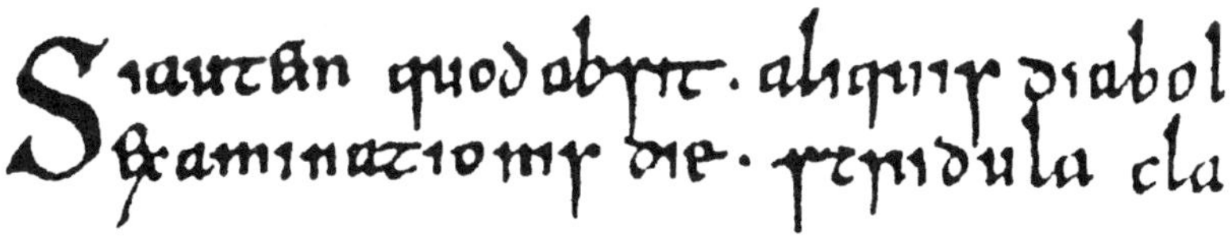

Sraurcan quod abric. aliquir piabol
Sƈraminaciomſ oie. repidula cla

阿瑟斯坦宪章，公元 931 年

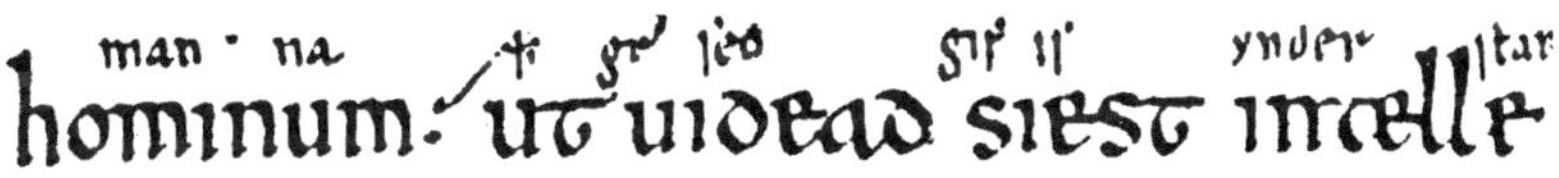

hominum. uc uioeao ſieſc iṁcelle

拉丁诗篇，约公元 969 年

图 7-11　早期英语书写

英国北部的书吏们开始模仿并进一步发展爱尔兰岛屿半安色尔体，这在著名的公元 698 年的《林迪斯法恩福音书》中得到了最好的体现（图 7-10）。林迪斯法恩修道院位于诺森伯兰岛东北海岸外的圣岛上，通常被认为是英语书写的摇篮。英语手写体起初与爱尔兰手写体难以区分，后来发展成具有自身特色的书写流派（图 7-11）。爱尔兰岛屿圆手写体和尖手写体也区分了两种英语书写风格，圆的是从罗马半安色尔体演化而来的，尖的是从圆手写体演化而来的。圆手写体用于书籍，很少用于公文；在早期，它的外观越来越轻盈漂亮。尖手写

体主要用于公文，但也用于书籍；但早期的优雅屈服于侧向压缩和反复无常的变异，随着时间的推移，外观变得越来越粗鄙不堪。

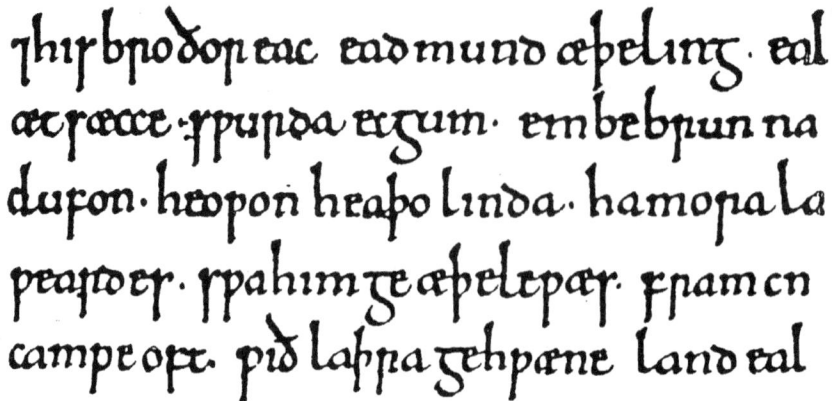

图 7-12　英语版《盎格鲁－撒克逊编年史》，约公元 1045 年

到 10 世纪末，法兰克人的大陆小写体开始影响英语书写，堪称英国人阿尔昆自己创作的一次"回归"。[20] 在某些地方，尤其是在拉丁语文本中，法兰克小写体完全取代了英语尖手写体。盎格鲁－撒克逊文本继续用尖手写体书写，这种字体一直流行到 12 世纪中叶。然而，在整个 11 世纪和 12 世纪，尖手字体逐渐失去了紧凑性，变得越来越接近当时在欧洲大陆使用的法兰克风格。

用拉丁字母写英语是有问题的（图 7-12）。第一批书吏使用专门写拉丁语的爱尔兰岛屿手写体书写。然而，7 世纪时，拉丁语中没有古英语中的 4 个音，所以必须找到新的字母来表达它们：

- /w/ 是用如尼字母Ᵽ书写，也是盎格鲁－撒克逊英格兰的本土字母。这就是所谓的"wynn"。在中古英语中，它被极小的 uu 或 w 所取代。1300 年以后，它很少出现在手稿中。
- Thin 中的辅音 /θ/ 和 *this* 中的辅音 /ð/，在如尼字母中均写作Ᵽ，或 thorn（ð）。最终，在拉丁字母 d 中间画一条线，这是一种复杂的特征区分。这个字母随后被称为"eth"。

然而，书吏仍然不能把这两个音分开，因此在中世纪英语中，一个合成符 th 被用来同时表示这两个音。虽然合成符 th 至少传达了两个独立的音素（比较 thin 和 this），但我们今天仍在使用它。þ作为一种文化遗存，仍用在如"Ye Olde English Inn"等一些人的名字中，其中的 Y 只是þ在中世纪后期的变体。

- 盎格鲁－撒克逊语 a 在"hat"中再现了拉丁语中未知的高发音，介于拉丁语 a 和 e 之间。因此盎格鲁－撒克逊书吏选择将 a 和 e 写在一起作为合成符 æ 来传达这种声音，在如尼字母传达相同的发音后，被称为"ash"。但在中古英语中，书吏不再使用 æ，这可能是因为发音有所下降，更接近标准拉丁语 a，后来即改用为 a，就像现在一样。

在 1066 年诺曼人征服英国之后，英语手写体几乎完全消失——征服者带来了他们自己的文字。只有一些英语文本继续使用英语手写体。最终，它也被来自大陆的手写体所取代（图 7-13）。及至公元 12 世纪，英国书吏用一种改良的撒克逊手写体书写英语，而不是采用书写拉丁语的普通手写体。草写体的复兴开始于 12 世纪末，将书法的特征引入了哥特字体中，就像我们看到的主要用于非正式文件（如土地交易）和一般通信中的文书体一样。这种字体的特征是有棱有角，上部膨胀（特别是 f 和首字母 s）。在 13 世纪，含有英语字母的拉丁语手写体被用来书写英语。到 13 世纪末，这种草写体进一步应用于撰写书籍，特别是那些为牛津和剑桥的大学量身定做的书籍。各种混合文字不久就出现了，结合了草写体和书籍手写体的特点。在 13 世纪和 15 世纪，许多英国书吏喜欢使用宪章手写体抄写书籍，这实际上是一种精心设计的特殊"英国"手写体，与欧洲大陆的书籍手写体大异其趣。这是英格兰第一批印刷商所用的手写体。15 世纪以后，随着印刷术的发展，书籍手写体不复存在，只剩下了宪章手写体和草写体。[21]

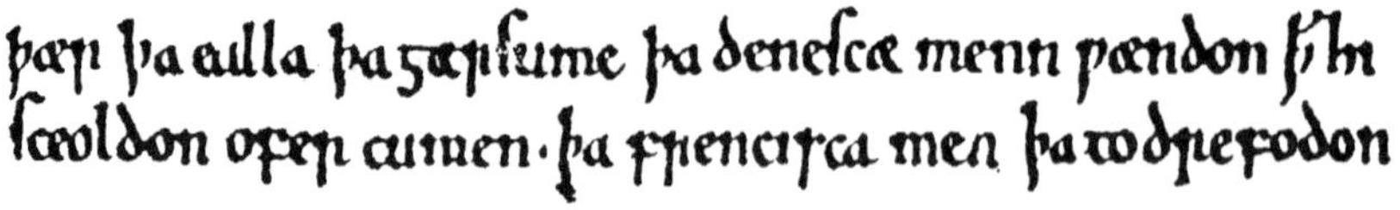

*þæt þa eilla þaʒæpfume þa deneſca menn pændon ſiħ
ſceoldon oper cumen · þa ppencirca men þa toðpeþodon*

《盎格鲁－撒克逊编年史》，约公元 1121 年

*god. ꝼoꝛ ði he belæꝼð among ðan ðe no godne
he iſ ilich oꝼ perkeſ. al ſpa lihdich e oðerþpile he*

《布道书》，公元 13 世纪早期

Goo ꝼoodneſ iſ laſe wiþ þ ſmijt denyſt to lepe

《因威特的艾茵比特人》，公元 1340 年

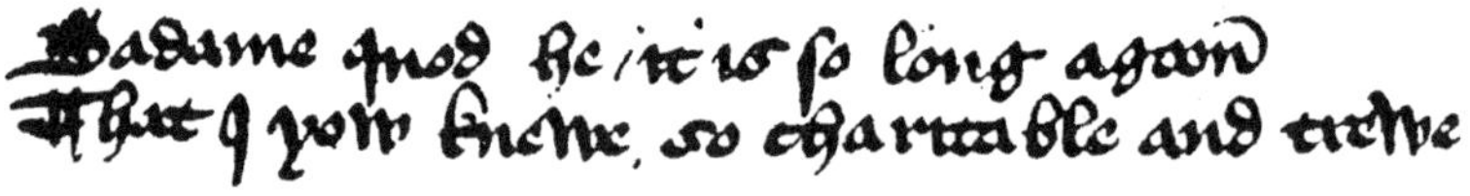

*Dadame quod He it iſ ſo long agon
That q your knewe, ſo charitable and trewe*

乔叟的《好女人的传说》，公元 15 世纪中期

图 7-13　英国中世纪盛期和晚期的英语手写体

英语手写体与英语印刷体毫无相似之处，这是我们大多数人认为理所当然的。但需要指出的是，大多数当代英国书写方式完全不同——尽管它们都"共用"拉丁字母作为书写系统。此外，草写体有其自身的写法，这是手写英语的规定写法，而不是大多数人的实际写法。在 21 世纪初，表达英语的手写体多达数百种。其中，我们可以区分出两种基本类型：英国（或联邦）型，也存在于以色列等受英国影响的教育体系中；以及美国型，也普遍存在于波多黎各、关岛和美属萨摩亚等受美国影响的地区。

在英语中，使用大写和小写字母意味着每个学生学习阅读和书写的不是 26 个字母（即书写系统中的不同符号），而是 42 个，此外还要加上规定的草写体形式，以及大量的重要缩写、表意符号和 &、8、+、=、@、£、$、% 这类其他标记等等。有些字母从大写到小写几乎没有变化，比如 C/ c、O/o 和 S/ s；其他的有多种形式，比如 A/a /a 和 F/ f/ f。目前，所有源自拉丁语的字母表都有这一特征。

字母文字在数千年的时间里被借用、改写、扩展，这反映在一个事实上：英语字母表的 26 个系统性字母（而不是 42 个功能性字母）中有近五分之一——F、U、V、W 和 Y——都来自一个腓尼基字母祖先Y或 wāw。

这是因为，wāw 的形状随着几千年来对希腊语、伊特鲁里亚语、拉丁语和英语的持续借用（其中也包括次生的内部借用）而一变再变。这样的改变是为了适应新的发音，这些发音在腓尼基语的源头和这些借用语言的后期都是未知的或无法用文字表达的。这一过程突显了拉丁字母无与伦比的适应性。而适应性是一个系统生存和发展的保证。

第四节　标　点

　　几乎所有古代的文士都把他们的文字连在一起，不分开。但在公元前 1600 年的克里特音节印记费斯托斯圆盘上，出现了用垂直笔画分隔由单词、短语甚至短句组成的"域"，这是一种罕见的例外。古人显然发现，单词之间缺乏分隔对阅读没有很大的障碍，否则早就系统地对单词加以分隔了。

　　早期的古希腊和拉丁文书吏也没有在单词之间留出空间，尽管有些人在碑铭和文学莎草纸上用小圆点标记分隔单词。只有段落通常作为独立的文本单位，用分段或隔符分开。例如，亚里士多德（公元前 384—前 322 年）在另起一行的开头画上一条短横画，以表示意义的中断或主题的结束。从公元 5 世纪开始，贯穿整个中世纪，一个新段落的第一行的第一个字母经常被拖至页边并放大。今天，我们保留这一惯例，并规定句子的首字母必须大写。而新段落的缩进可以追溯到 17 世纪。

　　早期的中世纪书吏几乎总是把他们的单位连缀在一起。只有当小写体成为文学体时，书吏们才意识到有必要把单词作为一个独立的单位来表现——也许是因为在中世纪的缮写室中，默读更为司空见惯了。然而，直到 9 世纪，在单词之间留出空间来标记单词的边界才成为西方社会的普遍做法。从那时起，世界上大多数文字的拼写都选择"将字母分组，组与组之间有一定的空间"。[22] 这些组通常被认为是"单词"。一些语族现在使用拉丁字母——如波利尼西亚语就通过特殊的分词来表达语法——"单词"的定义通常是不明晰，而一旦没有约定俗成的区域性拼写规则，就会产生歧义，譬如：夏威夷语用一个单词 *iāia* 表示的"他／她"，拉帕努伊语（复活节岛）中用 3 个单词 *iʻāia* 表示"他／她"，两者意思相同。即使在英语书写中，停顿也不总是与公认的单词边界一致。尽管如此，我们通常从特定语境下的语义性质和自主功能来认识一个"词"。

古老的传统会透过书写系统，有时会产生有趣的结果。譬如，英国购买的一台电动三明治烤面包机上贴着警告标签："Do not immerse in any liquid made in China."（"不要浸入中国制造的液体中。"其正确断句应该是 Do not immerse in any liquid / Made in China，意为"不要浸入液体中／中国制造"。）[23] 西方文字中最早的单位分隔并不是我们今天所理解的使文本更加清晰易懂的辅助标点符号，而是如我们在上面的逸事中很容易看到的那样，标点符号在西方字母书写系统中承担了重要的语义功能。柏拉图（公元前 427—前 347 年）使用冒号（：）来表示一段文本的结尾。约从公元 1480 年起，冒号才具有将一般性陈述与解释性陈述或示例分开的功能。埃及北部亚历山大图书馆的馆长——拜占庭（约公元前 180 年）的阿里斯托芬发明了一套标点符号系统：用高点（˙）来表示句号（北美的"句号"）；用中点（·）表示普通停顿；用低点或线点（.）表示两者之间的停顿，如同今天的分号一样。阿里斯托芬的标点符号系统在希腊时代被广泛使用，并一直持续到公元 1 世纪。然而，罗马的文士在使用这一系统时往往不加区分，从而混淆了这些点的本意。

拜占庭的阿里斯托芬也被认为是长音节（ˉ）和短音节（˘）标记以及连字符（‒）的发明者，最初是在字母下面画一条曲线或一条线来表示某种联系（如在复合词中）。在现存最古老的希腊语和拉丁语手稿中，还使用了许多其他阅读符号——分音符（如 naïve 中的 ï 和 coöperate 中的 ö）、引号、单字母标识符、空格填充符等。所有这些都揭示了当时书写的广泛性、活跃性和流畅性，与我们今天的书写方式非常相似。

在中世纪早期，阿里斯托芬的中点（·）消失了。呼吸音符（h'）和重音符在 7 世纪之前并没有系统地应用于希腊文本。逗号最初被写为一个高点，在公元 650 年左右被引入希腊语和拉丁语文本；两个世纪后，随着小写体的出现，它成了我们今天所知道的逗号。现代句号是在公元 800 年左右由约克的阿尔昆引入的，用来表示文本中长段的结束，这通常被写成（·7）或其他点符的组合。此时，分号（；）已经拥有了它现在的功能。稍晚一点，段落或章节的结尾用（：）或（:-）或（∴）来标记。

问号（？）最早出现在公元 8 世纪或 9 世纪的拉丁手稿中，但直到 1587 年菲利普·悉尼爵士的《阿卡狄亚》出版后才出现在英语中。这个标记来源于拉丁语 quaestio，意为"询问"，写在含有疑问的句子的末尾。早先被缩写为 Qo，Q 在 o 之上，后来被写成 ?。

同样，感叹号（！）也传达了拉丁语的 iō！，意为"好哇！"，字母 i 写在长 o 的上面，即 o:ᵢo。该符号于 1553 年首次出现在《爱德华六世的教理问答》中。

最后，同样出自阿里斯托芬之手的撇号（'），在古代、中世纪和后来的手稿中被用来表示字母的省略。18 世纪早期，它的用法在英国得到了扩展，成为英语特有的所有格符号。第二次世界大战后，德国也引入了这一做法，尽管它从未像英语那样成为规定的用法。

大多数标点符号现在几乎在所有的字母系统中使用。到了 20 世纪初，许多字母也被借用到非字母书写系统中。例如，句号、逗号、撇号、引号、问号、感叹号、段落缩进等在现代汉语、朝鲜语、日语书写中经常出现（图 5-15）。在日语中，甚至连"&"也被用于"片假名"文字中的外来词之间，表示"和"。

第五节　纸

公元 105 年，中国首次描述了造纸术；此后，造纸术成为严格保守的机密（见第五章）。几个世纪过去了，其他地区才成功地生产出纸。例如，日本从 7 世纪开始制造和使用纸张，可能是通过朝鲜为中介。西方是通过一条相当曲折和漫长的途径才学会造纸的。

在公元 751 年的中亚冲突（怛罗斯之战）中，撒马尔罕的穆斯林统治者俘获了许多中国人，其中一些人精通造纸术。从那时起直到公元 9 世纪末，由亚麻碎布而不是桑树皮制成的撒马尔罕纸成为一种价值不菲的出口商品。然而，造纸知识迅速传遍整个伊斯兰世界——约公元 793 年传到巴格达，公元 9 世纪传到大马士革，公元 900 年传到开罗，公元 1100 年传到非斯（Fez），公元 1100 年传到西西里。[24] 虽然阿拉伯人在公元 9 世纪就已经经常使用纸张，但直到不久之前，他们仍用犊皮纸抄写尊贵的《古兰经》。大约在公元 1150 年，穆斯林统治下的西班牙开始造纸，在公元 1200 年，阿拉伯商人将造纸技术引入印度，几乎完全取代了那里的传统书写材料。

公元 13 世纪的西班牙称纸为帕卡米德帕诺（pagamino de paño），或"布羊皮纸"，因为它的主要成分仍然是碎布。[25] 公元 1492 年穆斯林撤出西班牙后，造纸成为技艺较差的基督教手艺人的营生，纸张的质量迅速下降。与此同时，纸张在西欧的使用急剧增加。从公元 1338 年起，法国的特鲁瓦就有了造纸厂，德国的纽伦堡也从 1390 年起有了造纸厂。1690 年，费城附近的日耳曼敦开始发行北美第一张纸。早在 14 世纪后半叶，欧洲的纸张就开始与犊皮纸竞争，成为生产书籍的首选材料。在一个世纪之内，纸张几乎完全取代了羊皮纸和犊皮纸，这主要是因为印刷机的发明。

人们很少意识到纸张对西方文明的影响。羊皮纸不可能支持大规模扫盲、世界范围内的印刷、现代办公室、报纸、政府记录、普惠教育等。这些都是有纸张和印刷机的结果。事实上，印刷机本身之所以有实际意义，是因为纸张的可用性。在 19 世纪，由于普惠教育的结果，对纸张的需求增加，最终木材取代了碎布成为纸张的主要成分。这样就保证了全世界几乎无限量的纸张供应——但代价是质量和耐用性（比较一个 1780 年一卷精美的纸张与 1880 年一卷低劣的纸张，就不言自明了）。到 20 世纪初，纸张已经成为"现代信息存储中最重要、最高效、完全不可替代的媒介"。在经济和智力上，我们的社会已经变成了一个纸张的社会。[26]

直到现在，随着电子信息存储和个人电脑的出现，纸张的卓越地位才第一次受到公开的挑战：人们经常被告知，几张光盘就能装下整个图书馆。至少在目前，这很难表明纸张的衰落。电子邮件交流和上网极大地增加了个人信息和个人打印信息的频率，每个有电子邮件、网络和电脑打印机的人通常一天要打印好几次。新技术创造了自 19 世纪中期教育改革以来对纸张的空前需求。

第六节　印刷术

书吏抄写一本书需要很多时间。即使在今天，要抄写摩西五经，也需要一个犹太书吏一年多的时间，因为这部名著中有数百条律法。手写通常意味着非常昂贵的书和很少的读者。很少的读者意味着识字率低，这对一个社会来说是相当不利的。欧洲人是在 14 世纪中叶印刷机出现之后才大规模地成为读者的。欧洲是如何发展印刷术的是一个引人入胜的故事。

印刷是"通过倍增压印实现的图文传播"。[27] 印制一个文本比手抄每个符号要快得多。刻印还可以使原稿固化，避免那些频繁出现的错误和手抄导致的变异。通过这种方式，确保了印制过程的纯原性和真实性，实现了整个文本向权威印章的转换。早在公元前 2500 年，苏美尔书吏就已经使用单柱"滚筒印章"和双柱"转筒印章"将完整的文本"滚动"到软黏土上，其中的双柱"转筒印章"的两个圆柱分别朝相反方向倾斜，以便单独压印。

也许真实性是约公元前 1600 年古代克里特岛费斯托斯圆盘发明者的诉求，它可能是世界上已知的最早的活字印刷的例证（图 3–6）。尽管圆盘上的爱琴音节文字可能受到黎凡特的比布鲁斯音节文字的启发，但它分别在米诺斯希腊语独立词每个音节上打孔的灵感，也许源自同时代的印章。一枚以前只用于名称、地点或托运物品印章，现在变成了一个活字冲头，一个音节接着一个音节地构成完整的信息。因此，克里特希腊人堪称当之无愧的活字印刷术的原始发明人。[28] 与这项发明一样引人注目的是，古代地中海的居民显然并不需要它。印刷术显然只在当地有限地使用过，然后就消失了。

中国有着悠久的技术发明史，这最终促进了雕版印刷术的诞生。[29] 雕版印刷将整个文本面作为最小的可压印单元进行复制，而像费斯托斯圆盘一样，活字印刷使用单个的符号、音节或字母等更小的可互换单元来生成文本的一个面。公元前 1000 年，中国人采用浮雕法刻制印章，然后通过模具对铭文进行复制。公元 100 年，中国人发明了纸，他们于是通过拓印等技术在这种新材料上留下痕迹。

6 世纪的中国学士已经利用石头、陶土、木材和金属等材质的高仿真复制品制作出高质量的纸质文本。不过，这还不是雕版印刷，因为一直在使用原始文本。为了不损坏原始文本，学士们很快就开始在木板上制作精确的副本，先是采用负字（即反向字），然后用浮雕法切割成像原始文本一样的正字。再施以墨水，他们就在白纸上生产出了黑字。公元 868 年中国印刷的《金刚经》是世界上现存最早的完整雕版印刷品（见图 5-6）。

直到 19 世纪，木版印刷仍是中国、朝鲜国和日本的主要印刷方法。[30] 几百年来，木版印刷技术几乎没有什么变化。一个文本首先被写在薄纸上。然后把它翻过来放在一块木板上晾干。干了之后，把板面上的纸擦去，再在木板上涂油，字迹就显现出来了。然后，刻工把字"周围"的木头切掉，留下浮雕字模。然后用刷子将印度墨水涂在这些浮雕字模上。最后将潮湿的纸张铺在浮雕字模上，再用专用的竹纤维工具摩擦。当时也有使用金属板的雕版印刷，但这种印刷更昂贵，应用也不广泛。

公元第一个千年，印刷术在东亚的迅速传播是由于对佛教文本的巨大需求。[31] 随着识字率的提高，印刷术积极地满足了这一需求。这样，东亚产生的文学作品比欧洲同时产生的多得多。欧洲的书吏继续缓慢地手工抄写，而中国的图书出版商印刷出了数量空前的文本。例如，在公元764年，日本的正德皇后下令印刷100万件佛教符咒分发全国；这项任务花了6年时间才完成（图7-14）。公元839年，日本僧人圆仁在中国的圣山五台山上见到了1000部《佛经》印本。

中国还发明了活字印刷术。据说毕昇在公元1045年用陶土创造了汉字活字。后来，其他人用木头、金属和瓷器制造了活字。然而，在中国，木版印刷一直是首选的技术，因为书写系统中有大量的字符，这使得活字印刷变得不切实际。

图7-14　现存最早的东亚印刷品：约公元770年日本用汉字印刷的梵文佛教符咒

在朝鲜，从中国借用的木版印刷也很早就开始了。李氏朝鲜太祖李成桂（公元1392—1398年在位）印刷了一系列木版小册子。公元1403年，李氏朝鲜太宗李芳远（公元1400—1418年在位）颁布了一项王室法令，由宫廷财政资助铸造青铜活字。尽管这是一项缓慢而艰苦的工作——要拼出成千上万个字符，但这套字符从公元1409年就应用于王室印刷工场了。这家工场持续出版书籍到19世纪，使用雕刻木块的冲床在金属模具内的沙子中形成一个"模型"（母模）。然后把青铜（有时是铅）倒进模具，铸造出金属活字字符。朝鲜王室在15世纪末就有了自己的铸字工场。

普遍认为，李氏朝鲜世宗李祹（公元 1418—1450 年在位）正是由于认识到活字印刷的显著优势，以及用中文印刷的明显困难，才让他鼓励甚至可能监督了由 18 个辅音和 10 个元音构成的朝鲜文的发明和实施。事实上，现代朝鲜语只需要 164 个活字符，而不是几千个汉字。

日本在 16 世纪从朝鲜人和葡萄牙人那里学到了活字印刷术。日本人只使用了约 50 年，就创造出一批杰作。然而，活字印刷在东亚并没有流行起来。这个地区的书写系统和社会需求与西方有很大不同。雕版印刷仍然盛行，活字印刷在 17 世纪几乎消失。雕版印刷最适合于东亚文字，因为它们大约有 6000 个最常见的字符很难储存和作为活字使用。欧洲人在 19 世纪将活字印刷术重新引入东亚，活字印刷很快几乎完全取代了雕版印刷。

目前还不清楚欧洲对东亚印刷技术了解多少。然而，在 15 世纪的欧洲，书面文本的机械倍增技术不可能是欧洲人独立发现的。[32] 印刷术在西方的发展迟缓，也许更多的是由于西方的不妥协，而不是缺乏独创性。一旦时机成熟，印刷业在欧洲蓬勃发展起来，在东亚也发展到前所未有的程度，原因是欧洲的字母文字更为简单，非常适合活字印刷。

与东亚不同的是，西方印刷业几乎完全是私人和商业性质的，受利润的驱使和市场的驱动。在 15 世纪，由于个人收藏、教会需求，以及国际经济迅速发展所推动的世俗教育，书籍出版成为欧洲一项非常赚钱的生意。在 15 世纪早期，许多图书出版商意识到，手工抄写速度太慢，无法满足他们日益增长的订单，仅仅因为抄写一本书花费的时间太长，就会损失太多的钱。出版商需要一种更快捷、更便宜的技术。欧洲自 15 世纪早期开始就学会了木版印刷术（图 7-15）。然而，木版印刷术在 15 世纪中期，也即活字印刷兴起的同一时期，才得到充分发展。及至 16 世纪，因为过于耗时，木版印刷才最终被放弃。

尽管在 15 世纪欧洲出现了金属活字印刷术，但出于习惯、宗教信仰、贫穷或政治需要等原因，手工抄书业不仅没有绝迹，而且一直延续到今天。第一批印刷商只是简单模仿那些熟悉的中世纪书吏的笔体。[33] 书吏在最早的印刷书籍上手写大的首字母，而其他人则致力于设计全新的字体，以推进这种新技术。不久，印刷术开始发挥它自己的影响力，印刷机的字母最终从人类的手和笔中解放出来。

图 7-15　最早的注明日期的木版画：《圣克里斯托弗背着耶稣过河》（*Buxheimer St Christopher*），来自德国西南部，1423 年

图 7-16　马蒂亚斯·胡斯的木刻画《死亡之舞》（里昂，1499 年），其中有一个排字工、数个印刷工和一个书商

291

活字印刷的历史大致分为 3 个时期。1450 年到 1550 年是印刷术的发明时期（图 7-16）。[34] 1550 年到 1800 年是印刷术的巩固和改良时代。从 1800 年到现在，印刷技术的进步带来了生产方式和分配方式的变化，进而改变了生产者和读者的习惯。

这个进程始于德国的美因茨。

约翰·根斯弗莱什·祖姆·古登堡于 1394 年至 1399 年间出生在美因茨一个贵族家庭，是一名金匠，1440 年左右在斯特拉斯堡政治流放期间开始尝试印刷作品。类似的实验也在布鲁日、阿维尼翁和博洛尼亚进行，古登堡可能知道这一点。到 1450 年，他已经成功地将他的多种技术用于商业开发。作为一名金匠，他擅长在金属制品上刻字。他在大规模生产朝圣徽章方面也很有造诣，这一过程包括在模具中进行浅金属铸造。螺旋压榨机的创意可能是从欧洲各地小型家用榨油机或亚麻压平机中借鉴而来的。

在上述技术和设备的基础上，古登堡又发明了两样东西：一是复制铸模，它创造了一个字母的"矩阵"，熔化的铅可以注入其中，以产生任何数量的相同大小和高度的复制品；二是一种墨水，可以附着在金属活字上。正如 S.H. 斯坦伯格所观察到的：

> 也许古登堡最出名的地方在于，在我们一无所知的早期实验阶段之后，他的技术效率已经达到了直到 19 世纪初才被实质性超越的水平。古登堡时代首创的冲孔切割、矩阵装配、铅字铸造、排字印刷等技术在逾 300 年的时间里没有原则上的变化。[35]

就技术和印本而言，古登堡的几乎与本杰明·富兰克林不相伯仲。

古登堡的主要出版物是 42 行《圣经》（1452—1456 年）和 36 行《圣经》（1460 年）以及 1460 年版的约翰内斯·巴尔布斯于 13 世纪汇编的《灵丹妙药》（图 7-17），尽管后两本的真实性经常受到质疑。第一本活字印刷的 42 行《圣经》，至今仍是印刷史上最伟大的著作之一。在这本书中，古登堡采用了同时代德国手抄本的哥特式正方字体的风格和格式（甚至标准的抄写缩写和连体字也被复制成铅字）。然后书吏手书嵌入《圣经》页缘的首字母和其他字母，这些字母通常是红色的，以与文本的黑色形成对比。古登堡显然在 1460 年后放弃了印刷，可能是因为失明。他逝世于 1468 年。

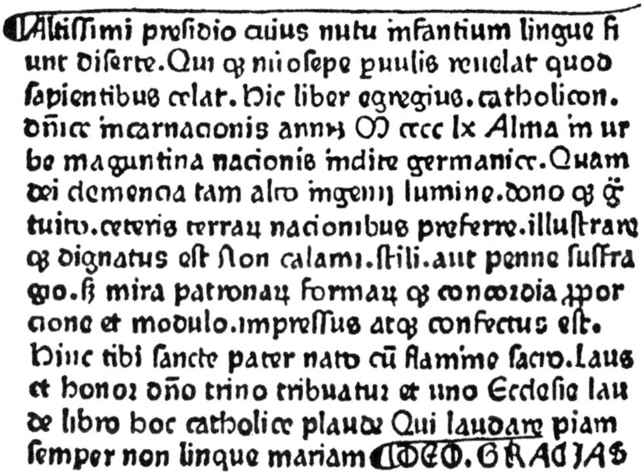
Altissimi presidio cuius nutu infantium lingue fi
unt diserte. Qui q3 nimosepe puulis reuelat quod
sapientibus celat. Hic liber egregius. catholicon.
dnice incarnacionis annis M cccc lx Alma in ur
be maguntina nacionis inclite germanice. Quam
dei clemencia tam alto ingenij lumine. dono q3 g̃
tuito. ceteris terrarum nacionibus preferre. illustrare
q3 dignatus est Non calami. stili. aut penne suffra
gio. s3 mira patronarum formarum q3 concordia ppor
cione et modulo. impressus atq3 confectus est.
Hinc tibi sancte pater nato cum flamine sacro. Laus
et honor dno trino tribuatur et uno Ecclesie lau
de libro hoc catholice plaude Qui laudare piam
semper non linque mariam DEO. GRACIAS

图 7-17 《灵丹妙药》版权页，或出版商题记，可能由古登堡于 1460 年在美因茨印刷

历史学家艾伯丁·高曾断言：

> 古登堡花了 20 年的时间来完善印刷术，标志着现代时期的开始，如果没有印刷机的使用和影响，所有随后的科学、政治、宗教、社会、经济和哲学的进步都是无法想象的。[36]

图书出版行业也发生了变化。个体赞助人不再必要，只有硬资本才重要。欧洲的主要商业中心——而不是宫廷、隐修院、修道院或牧师会礼堂，成为新的印刷和文学中心。围绕着个别抄写学校的一小群知识分子让位给匿名的有文化的公众。这反过来迫使印刷商将他们的文本标准化，以确保最广泛的理解，把地方方言变成国家语言；这种标准化引发了欧洲的“书面语言”，它变得更具影响力和规范性。为了达

到最大的易读性，打印机的字体不断简化。文本的印刷也更具大众吸引力，这就不可逆转地改变了公众的品位。整个西方社会都在这种商业、语言和文化同质化的协同作用下加速变化，这一过程一直持续到现在。

约翰·弗斯特和他的女婿彼得·施奥弗在 1457 年创作著名的美因茨诗篇时，使用了古登堡的印刷机和他的字体，再现了一种厚重庄严的哥特式正方字体，其中大的首字母涂上了两种颜色，小的大写字母则为红色的手写体（弗斯特的一些诗篇也印在犊皮纸上，这是一种罕见的工艺）。但 1462 年的美因茨动荡使得该城的印刷业偃旗息鼓，印刷商纷纷逃往其他欧洲中心。其中最重要的是威尼斯，那里的印刷商选择使用人文小写体，大写字母则取自 1500 年前的罗马方形大写字母。[37] 第一种罗马字模（今天使用最广泛的字模）是由法国人尼古拉斯·詹森于 1470 年生产的，他可能是经由美因茨来到威尼斯的，毫无疑问，这是最快捷、最优雅、最易读的早期字模之一（图 7-18）。

1473 年，阿尔道斯·曼努提乌斯（Aldus Manutius）在威尼斯开了一家印刷厂，并改进了詹森的印刷方法。弗朗西斯科·格里夫像曼努提乌斯一样，成为一名字模设计师，他创造了一种比常规字母上半部更短的大写字母（比如首字母 s 的大写字模），这就从书法的角度使文本页面看上去更为美观平衡。这种威尼斯式印刷方法被称为"白页"印刷术，它所建立的印刷模式直到 21 世纪仍在使用。格里夫还设计了一套法庭式斜体字模，它首次出现在 1501 年由曼努提乌斯印刷的维吉尔的《歌剧》一书中。整本书使用斜体字，这就大大压缩了正文，减少了页面数量，从而既节约了成本，又方便携带。当时的几个意大利书吏也出于类似的原因设计了斜体字模，其中就有著名的卢多维科·德格利·阿里吉。直到 16 世纪中期，斜体字模还被用来印刷整本书籍。

英国最早的金属活字印刷于 1476 年 12 月 13 日出现在威廉·卡克斯顿（William Caxton）的地处伦敦的工场中（在欧洲，只有英国把印刷术的引进归功于一个本地人）。与那个时代的其他欧洲印刷商不同，卡克斯顿是一位绅士和学者，并得到了贵族和同侪的支持。[38]

Hoc Conradus opus suueynheym ordine miro
Arnoldusq; simul pannarts una ede colendi

瑞伊恩海姆和潘纳茨，罗马，1468 年

F ormosam resonare doces amaryllida siluas. TI.
O meliboee deus nobis hæc ocia fecit.

法国出版的第一本书，弗莱伯格、格林和克兰兹合著，巴黎，1470 年

scriptas·Magnam tibi gratiã gasparinus

尼古拉斯·詹森，威尼斯，1475 年

T roianas ut opes, et lamentabile regnum
E ruerint Danai, quæque ipse miserrima uidi,

弗朗西斯科·格里夫斜体，阿尔道斯·曼努提乌斯，威尼斯，1510 年

Popolo d' Israel fusi schiauo in Egitto , & à conoscere la grande̅
& lo animo di Ciro, che i Persi fussero oppressi da Medi, & ad illu

安东尼奥·布拉多，罗马，1532 年

multo post carceris catenas fregit, ingentíque animi
virtute non semel cæsis Barbaris, vltus iniurias, patriã

罗伯特·埃斯蒂安，巴黎，1549 年

De L'Imprimerie & Robert Granfoy. A Lyon.

罗伯特·格兰乔恩，里昂，1557 年

Admonitiones ad spiritualem vitam vtiles.

皇家印刷体，巴黎，1640 年

图 7-18　几种重要的早期罗马字模

他于 1420 年或 1424 年出生于肯特郡，作为商人在布鲁日生活了大约 30 年，相当于英国的总领事。离职后（也许是身不由己），他就致力于把法国浪漫小说《特洛伊史》翻译成英文，然后开始学习新的印刷技术，以便自己出版译本。

1471 年至 1972 年间，卡克斯顿在科隆向一位德国印刷工学习了印刷艺术。回到布鲁日后，他于 1473 年创办了自己的出版社，并于 1474 年首次出版了《特洛伊史》，随后又出版了三部出版物。1476 年，卡克斯顿回到英国，在伦敦建立了该国的第一家印刷厂，最初离威斯敏斯特修道院礼堂很近，不久后迁到标有红白标记的施赈所旁边（图 7-19）。在那里，卡克斯顿也成为英国（不是荷兰、德国或法国）第一家印刷书籍零售商。1477 年 11 月 18 日，英国出版的第一本名为《厄尔·里弗斯的哲学名言》在卡克斯顿出版社问世。[39]

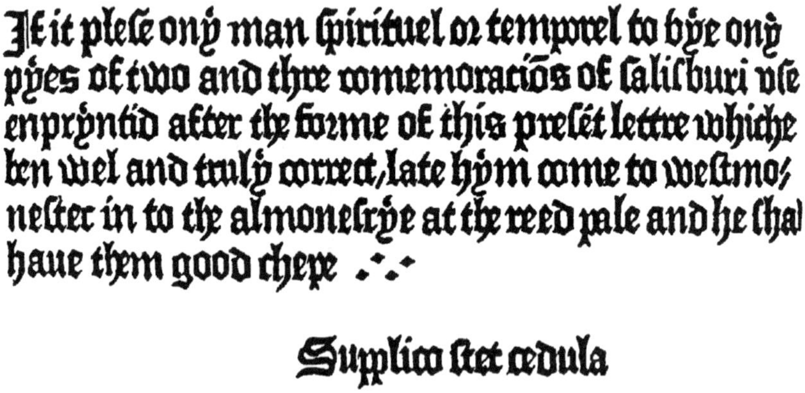
If it plese ony man spirituel or temporel to bye ony pyes of two and thre comemoracios of salisburi vse enpryntid after the forme of this preset lettre whiche ben wel and truly correct, late hym come to westmo-nester in to the almonesrye at the reed pale and he shal haue them good chepe

Supplico stet cedula

图 7-19 威廉·卡克斯顿的广告海报发布“索尔兹伯里使用纪念”，伦敦，约 1477 年

直到 1491 年去世，卡克斯顿的工场一直受到国王爱德华四世、国王理查三世和国王亨利七世等人的赞助。在 16 年的时间里，他总共出版了 90 多本书——其中 74 本是英文的，而当时拉丁语几乎是学术领域的唯一语言。其中大约有 20 本是卡克斯顿自己翻译的。他的产品还包括乔叟、高尔、利德盖特和马洛里等英国最伟大的作家的著作。

卡克斯顿去世后，他的生意交给了他在德国埃尔萨斯（现法国阿尔萨斯）的助手温金·德沃尔德（Wynkyn de Worde）。直到 1535 年去世，温金出版了大约 800 本书。其中约三分之二是针对迅速扩张的语法学校市场。到了 1500 年，温金从威斯敏斯特搬到了伦敦，那里活跃着威廉·福克斯和理查德·品森等其他著名印刷商（图 7-20）。在那里，从 1500 年到 1530 年，温金和理查德·品森出版了英国市场上大约三分之二的书籍。[40]

图 7-20　摘自理查德·品森出版的乔叟《坎特伯雷故事集》第 3 版，伦敦，1492 年

那时，有两种字体在整个西欧获得了显著的地位：罗马字体（或古罗马字体）和哥特字体（德文黑体字）（图 7-21）。接下来的几个

世纪里，罗马字体逐渐取代了哥特体：在 16 世纪取代了大部分罗曼语言的哥特体；在 17 世纪取代英国和美国的哥特体（有些例外）；在 19世纪取代了除了讲德语的国家之外的北欧大部分地区的哥特体；在 20世纪初，取代了讲德语的国家的哥特体。[41]

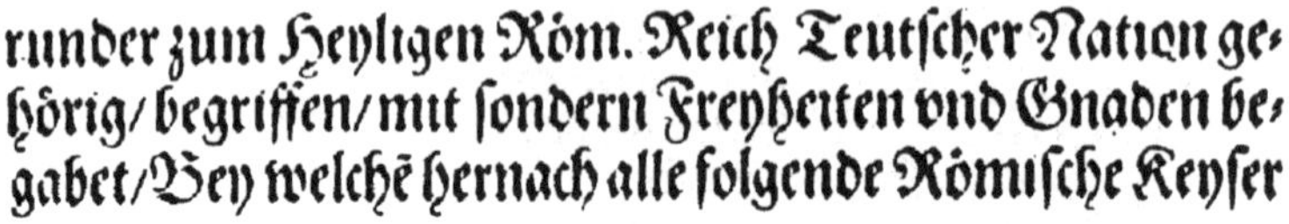

约翰·扎纳，乌尔姆，1476—1477 年

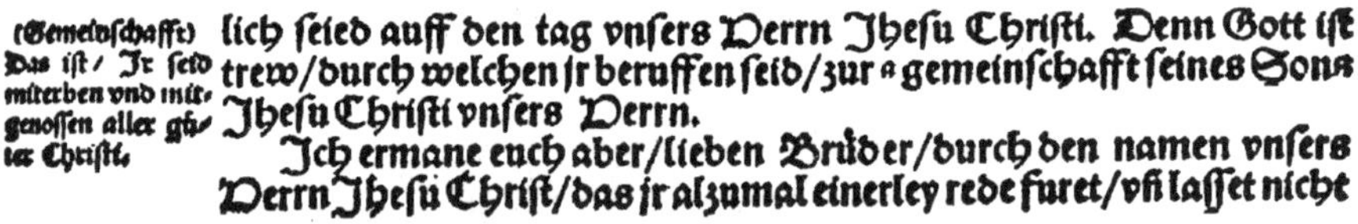

斯蒂芬·普朗克，罗马，1489 年

约翰·肖斯伯格，奥格斯堡，1512—1513 年

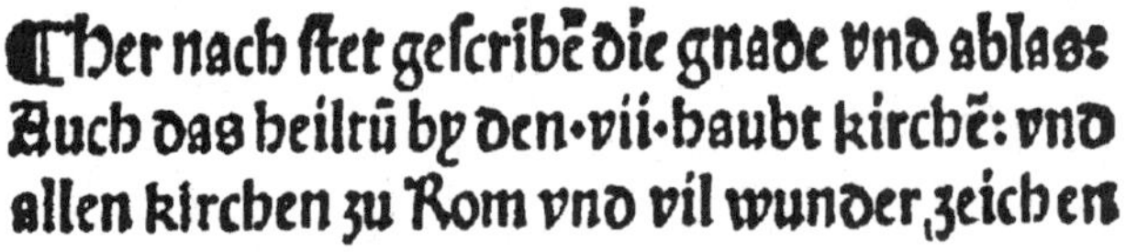

第一部完整的路德圣经，汉斯·卢夫特，维登堡，1534 年

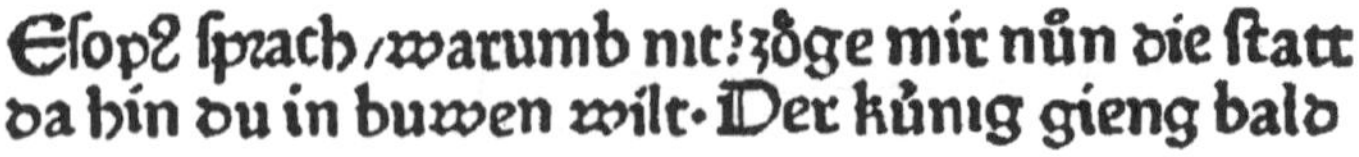

西格蒙德·费耶阿本德，法兰克福，1566 年

图 7-21　重要的早期哥特字体

　　在印刷业发展早期，哥特式字体比意大利的人文主义罗马字模（founts）更常用（fount 或 font 是一套具有统一风格和大小的字体）。

法国很早就开始接受更多的人文主义字模，随着法国变得更加富裕和强大，它的字模开始影响到其他欧洲国家。在 16 世纪上半叶，法国在排版方面占据了主导地位。字体创立者克劳德·加拉蒙德创造了一种新的罗马字体，外观上是威尼斯式的，但更加精致：字母连接更加和谐，大写、小写和斜体 3 种格式融为优美的统一体。罗马体和斜体被重新定义为"同心圆的两半"。[42] 和今天一样，作为罗马字体的补充，斜体字只用于区分和强调的特殊单词或短语（其他字体和字母没有这种斜体区别。例如，在希伯来文本中，要强调一个单词，只需在字母之间设置空格）。这就是至今仍在世界各地使用的著名的加拉蒙德风格的鼻祖。[43]

主要有 3 个罗马书体家族，即古体、现代体和无衬线体。

古体仍然接近 15 世纪的最早罗马字体（图 7-22）。有些古体实际上是最近才出现。世界上最受欢迎的古体见于斯坦利·莫里森 1931 年的《新罗马时报》。轻微地强调（有一个斜面），古体的括号括起来，竖的上端呈倾斜状。其他目前流行的古体有贝博（复制 1495 年的原作）、加拉蒙德（1621 年）和伊姆普林特（1912 年）。[44]

在 18 世纪，威廉·卡斯隆发明了一种英国比较流行的老字体。[45] 许多英国字体源自荷兰，在外观上倾向于厚重和"原始"。卡斯隆采用了源自加拉蒙德和格里夫的"英式设计"，他个性化了小写字母，并赋予了他的斜体字以独特的繁体字感，并使用尖笔书法来区分粗细笔画。

卡斯隆字体的特点是有一个又大又厚的"&"。卡斯隆的古体在英国北美洲尤其受欢迎，甚至在独立之后。本杰明·富兰克林坚持说，最初手写的《独立宣言》和《美国宪法》是用卡斯隆的罗马字体印刷的。

现代体是 18 世纪理性化的产物，尽管最早的"现代"或"罗曼·杜·罗伊"（romain du roi）是由法国路易十四任命的一个皇家委员会于 1692 年提出的，旨在为王室印刷创造新的字体。这项任务于 1745 年 4 月完成。[46] 委员会摒弃了古体，放弃了笔法中倾斜的、带括号的衬线，转而采用机械印刷的不带括号的水平衬线。它还利用最新技术在粗细线条之间形成应力对比。最薄的部分位于垂直轴上，例如，O 仅在顶部和底部较薄，其侧面较厚。

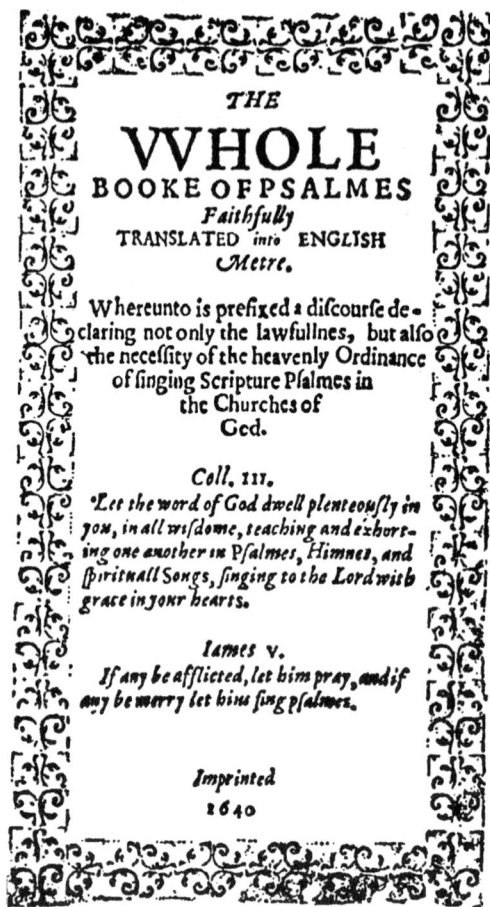

图 7-22　在英属北美出版的第一本书，1640 年由马萨诸塞州剑桥的斯蒂芬·戴伊用古体印刷

　　现代体最初只用于皇室，1750 年到 1830 年在欧洲流行起来。英国长期以来一直反对使用这种字体，因为那里的印刷商喜欢使用古字体和"过渡"字体，其中的过渡字体保留了倾斜的、带括号的衬线（如 1757 年的巴斯克维尔和 1788 年的贝尔）。一位英国字体创造者抱怨说，大众的品位迫使他熔化了价值数千英镑的比替代品更好的字

模。[47] 然而，在 19 世纪的大部分时间里，英国印刷商更喜欢现代体。在 20 世纪初，它找到了一个新的方向，特别是在美国，自动铸字机仍然被广泛印刷用于技术文献。今天，使用自动铸字机的人们正在逐渐适应全球化时代的新变化。

在非英语国家，像博多尼（最初设计于 1767 年），迪多（约 1784 年）和瓦尔鲍姆（约 1805 年）这样的现代派仍然很受欢迎。前两种字体在法国特别受欢迎，它们仍然更接近 18 世纪的原始字体，给现代法国印刷作品带来了一种"古色古香"的感觉。尽管如此，许多欧洲人喜欢用古体来描述具有吸引力的文学文本，用现代体来描述严肃的学术和科学文学。至少在英国，现代体被认为是"维多利亚式"的，现在已经很少使用了，人们更喜欢泰晤士罗马体。

在 19 世纪早期，无衬线字体（卡斯隆在 1816 年就已经生产了这种字体）开始作为"显示字体"（用于印刷公告、海报、通告等）出现，而在 1850 年之前只使用大写字母。[48] 无衬线字体字母当然没有衬线，通常是单线的——也就是说，笔画上没有粗细差别。在 19 世纪，商业广告极大地影响了印刷术的发展：顾客要求大的、粗体的字母，以确保它们在远处清晰可见。由此产生了 3 种基本的无衬线字体：埃及体，它们的衬线被夸张成巨大的黑色石板（类似于美国西部的通缉海报）；华丽字体（Ornates）和 胖体字（Fat Faces）；又粗又黑的"哥特系"（Gothics）。

无衬线字体在海报和标识中特别流行，例如伦敦交通系统的铁道字体的告示牌（1916 年）。第一次世界大战后，受建筑和设计上的包豪斯运动的影响，德国和瑞士的排印师开始使用无衬线字体作为书页。无衬线字体去掉了所有的装饰，公开与传统的哥特字体竞争，很快被视为"20 世纪人"的表达方式，并在日耳曼语系国家的期刊和实时通信中非常流行（尽管大多数仍然用哥特字体印刷）。20 世纪 70 年代，英国也开始在图书文本中使用无衬线字体。最流行的无衬线字体是 Helvetia 和 Univers，都是 1957 年的，现在经常作为个人电脑的标准字体使用。

无衬线字体在整个 20 世纪继续发展。设计师有意选择"回归本源"——复兴过去的著名字体或者独立创新。[49] 在第一组中比较著名的面孔有布鲁斯·罗杰的 Centaur（复兴尼古拉斯·詹森），斯林巴赫的 Garamond，路易斯·霍尔的 Bodoni 和阿德里安·弗鲁蒂格的 Univers，都代表了一个统一的无衬线字体"哥特系"。在这些创新作品中，有保罗·雷纳的 Futura，一款几何无衬线字体；埃里克·吉尔的 Gill Sans，一种大写罗马无衬线字体；吉尔的 Perpetua，一种衬线碑铭字体；赫尔曼·扎夫的 Melior，一种椭圆形字体；还有扎普夫的 Optima，一种无衬线罗马字体。[50]

然而，其简洁的无衬线字体不太可能取代泰晤士罗马古体这一世界上最受欢迎的字体。研究表明，用泰晤士体阅读较长的文本会更快更容易，而且大多数读者更喜欢它的优雅。尽管如此，今天仍有很大一部分读者只阅读用无衬线字体书写的道路标志、商店标志、包装标签和电视广告。

1941 年 1 月 3 日，德国终于放弃哥特字体，改用罗马字体，这是西欧文字史上的历史性时刻。在此之前，阿道夫·希特勒曾称赞哥特式是传统的北欧字体。后来他意识到，为了让更多人了解纳粹思想，必须让德语国家以外的人读懂。因此，他通过他的宣传部门正式宣布，"所谓的哥特体"是犹太人的发明，而罗马字体现在是德国人的"正常字体"。德意志帝国立即用罗马字母取代了哥特字母——用了一种改编的拉丁字母，与哥特体类似，但是罗马手写体的，其中包括了 ä、ö、ü 和 ß（ss）等特殊的德语音素。历史学家 S.H. 斯坦伯格写道："尽管其论证荒谬，但这是希特勒为德国文明做的一件好事。"[51] 二战后，德国和奥地利的盟军占领者维持了这种变化，因为罗马体也是他们的字体（当然，除了俄国人）。随着一个新的德意志国家的形成和最终的自治，罗马字体保留了下来。现在除了爱尔兰，整个西欧都正式使用罗马手写体和印刷体。

　　和印刷术一样，打字机的发明也改变了书写的方式、形式和社会角色——它的键盘奠定了今天电脑革命的基础。直到 19 世纪中期，所有的字体都是手工设置的。字符的数量并不重要，只要它们易于使用即可。书写类型学也不重要，无论是印刷符号，还是音节，抑或是字母系统。打字机完全改变了这种状况。[52]1867 年，美国人克里斯托弗·拉森·斯科尔斯发明了第一台实用的打字机，并在 1873 年由雷明顿公司出售。通过 44 个键，它可以输入所有的大写字母、数字和一些标点符号。不久之后，按键转换被发明出来，每个小写字母都可以在同一个打字杆上转换为大写字母。从那时起，所有的普通打字机都能打出 88—92 个字符，足以满足所有的普通需要。还可以通过插入复写纸来增加副本，这是 1880 年前发明的。美国的马克·吐温（1835—1910 年）是第一个以打字稿（而非手写）提交小说的作家（直到 20 世纪末，出版社仍接受手写作品）。这是第一次，不用钢笔和墨水的非印刷人员可以像专业人员一样从事印刷工作，尽管他们被限制在一台机器上并只能使用一种字体。

　　随后，又有新的发明出现。[53]19 世纪 80 年代，奥特玛·梅根塔尔发明了莱诺铸排机（Linotype），这是第一台成功的铸排机。1881 年，詹姆斯·B. 哈蒙德生产出了哈蒙德打字机，其中包括一台可以打印无限多种字体的穿梭式打字机。哈蒙德的发明被多种印字机瓦里铸排机（VariTyper）取代，这是一种模仿热金属排字能力的胶印复制机。这些机器一直使用到 1970 年左右，那时电子照相排版占据了市场。与此同时，复印机出现了。到 20 世纪 80 年代，配备有最早的打印机键盘的个人电脑出现了，进一步增加了书写的频率。

　　今天，每一个拥有个人电脑的人都能立即接触到世界上的文字和书写系统，包括许多古代的文字和书写系统。现代文字处理机、电子打字机和个人电脑通过提供各种排印选项，包括字体、大小、斜体、粗体、对齐设置和许多特殊符号。家庭和办公室的电脑桌已经变身为印刷工场。[54]

活字印刷改变了语言本身。直到印刷术时代，每一个书吏都是创造性地书写——不是机械复制，而是按照语音书写。他（很少是她）试着在说话的时候在头脑中重现每个单词（复制者按照当地修道院或大法官的指导方针书写）。随着印刷业的发展，新的标准得以确立。印刷商通常采用销售书籍的商业中心的语言。这样做是为了让最大数量的潜在客户理解，换句话说，是为了获得更大的利润。

为此，卡克斯顿选择用伦敦方言印刷。伦敦的印刷业有助于建立一种统一的英语语言，为伦敦及其周围各郡提供了一种从未被抛弃的人工标准化方言。[55] 作为伦敦最早的印刷商经常是有意为之的结果，词汇、语法和句法的形式在伦敦早期印刷业中就已经固化下来，并延续至今。甚至可以说，伦敦的"特有风格"（出版商偏爱的语言和惯例）创造了现代英语，因为伦敦的印刷商有意改变罕见的或方言的用法，以符合一种公认的模式，最终形成了标准英国英语。例如，早在 1495 年，温克恩·德沃德就修改了一份约 50 年前写好的手稿的文本，以使其符合他的老师卡斯顿采取的伦敦演说。就这样，twey 变成了 two，wend 变成了 go，clepe 变成了 call，等等。

首先在德国、意大利、法国、英国和西班牙，然后在全世界范围内，印刷文字已经以缩小语言差异的方式促进了标准国家书面语和口语的形成。几个世纪以来，印刷机一直是集中控制、缩小歧义、整齐划一的代名词。这无疑为数百种方言敲响了丧钟，尤其是在 19 世纪和 20 世纪，这些方言先是被印刷术边缘化，然后又因广播、电影和电视的出现而消亡。

对拉丁字母的改进一直持续到印刷术时代。尽管经历了加洛林改革，但 16 世纪使用罗曼语（意大利语、法语、西班牙语、葡萄牙语、加泰罗尼亚语等）的人们注意到因将拉丁字母 v 和 i 同时写成元音和辅音而导致的困惑。1524 年，罗马印刷商吉安戈里奥·特里西诺建议使用 V 的小写形式——也就是 u——来创建一个单独的元音 U，并用 V 来创建一个小写的辅音 v（这样就形成了两个独立的字母，既有大写字母，也有小写字母）。与此同时，特里西诺建议将两个拉丁字母 I 和 i 的变体 J 和 j 作为辅音使用，以代表罗曼语言自拉丁语衰落以来发展起来的各种声音。大多数欧洲字母，都采用了特里西诺的创新：今天，我们把 I 和 i 写成元音，J 和 j 写成辅音，U 和 u 写成元音，V 和 v 写成辅音。

1770 年左右，法国人在书面语言中添加了变音符号，以规范重音的使用，如变音符号（ç）、分音符号（如在 naïve 中）等。由于有了这些变音符号，法语中的一个字母 e 现在可以实现至少 e、é、è、ê 和 ë 等 5 个不同标记的功能。

S.H. 斯坦伯格写道："印刷的历史是整个文明历史不可分割的一部分。"[56] 印刷从根本上改变了社会。通过用机械（现在是电子）手段复制几乎无限的相同文本，它使社会获取知识的途径从有限变成几乎无限。印刷术使现代社会得以发展。可以毫不夸张地说，印刷术对人类的重要性与控制使用火和轮子一样重要。

印刷术与文字史的关系更为密切，它也提升了拉丁字母的地位。事实上，在过去的 5 个半世纪中，印刷术在拉丁字母中的使用越来越多，这似乎是拉丁字母在 21 世纪初成为地球上最主要的书写系统和文字的唯一最大因素。

第七节　受拉丁字母启发的创造

　　正如人们所看到的，书写系统和文字在历史上启发了模仿行为。特别是在 19 世纪和 20 世纪初，西方向以前与世隔绝地区的扩张鼓舞了大量复制拉丁字母的文字。传教士和商人所使用文字被大量借用，只是做了微小的改动或增加了变音符号。或改编的幅度比较大，如只使用了拉丁字母的形状，而没有使用它们的发音。换言之，只是学习和模仿了反映人类语言的图形艺术"观念"。就这样，迄今为止大多数没有文字的非洲、美洲、亚洲和大洋洲语言第一次有了文字。

　　值得注意的是，许多避开拉丁字母的西方舶来品，都是从表意文字发展到语素文字，再发展到表音文字（如果有时间发展的话），最终以音节谜告终。这一过程通常需要两代人的时间，代表了一种边界简化。在 19 世纪和 20 世纪初，大多数小型社会接触到西方人和他们的拉丁字母，并希望模仿他们的书写，而实际上并无必要。一旦他们模仿了拉丁字母，与西方人的商业往来增加了，他们对拉丁字母的熟悉程度也提高了。这种模仿缺乏当地传统的权威，而且永远无法与拉丁字母本身竞争，因此最终被抛弃了。

　　一些启示是简单的交流。例如，1928 年凯末尔·阿塔图尔克为了告别过去，面向未来，促进进步，放弃了一直与伊斯兰教紧密联系在一起的阿拉伯辅音字母，转而使用拉丁字母。这就必须创建几个带有变音符号的字母。于是，ǧ 变成了"柔和的"/g/，就像 y 一样。ş 变成了"sh"的音（为此，土耳其特意避免了 sch 德语的三字母一音）。不过，土耳其确实从德语中借用了 ö 和 ü 来表示相同的发音。今天，土耳其仍然使用拉丁字母的这种特殊形式。

其他从未被书写过的语言只需要拉丁字母的一半或更少。所罗门群岛的罗托卡斯语只有 11 个字母；它的字母表是世界上最小的。在天平的另一端，柬埔寨的高棉人有 74 个字母，是最大的字母表。拉丁字母非常适合这种借用。例如，当写波利尼西亚语时，只需要用长音符（‾）来标记元音的长度，而用一个（ʻ）来表示喉塞音（如英语中的 uh-uh）。许多波利尼西亚语言中的音素 /ŋ/（如英语中的 sing）通常用合成符 ng 来解析，就像在英语和德语中一样，甚至用简单的 g：例如，Pagopago（发音为 PANGOPANGO）是美属萨摩亚首都的名字。

本身为阿拉伯语的马耳他语也使用拉丁字母，这是唯一能做到这一点的阿拉伯语。自 1958 年以来，中国政府在不同程度上鼓励用拉丁字母的拼音系统。

国家文字的选择往往出于政治的需要。例如，索马里在 1960 年赢得独立，并立即意识到需要一种民族文字。索马里有几种语言：索马里语和阿拉伯语是本土语言（伊斯兰教是官方宗教），但意大利语和英语也很受欢迎。在仔细审查了 18 种文字后，一个政府委员会于 1961 年确定奥斯曼文字和改编的拉丁字母表为国家文字（奥斯曼语是奥斯曼·优素福在 20 世纪创作的，他结合了意大利语、阿拉伯语和埃塞俄比亚语的文字元素，后者对新文字外观的影响尤其大）。1969 年，索马里发生政变；4 年后，奥斯曼文字被摒弃，取而代之的是经过改编的拉丁字母，这更符合政变领导人的意识形态。

在北美洲，目前已知有几个人发明了文字。例如，英国卫理公会传教士约翰·埃文斯在 1840 年至 1846 年期间创建了哈德逊湾地区的克里语文字；加拿大东北部巴芬岛的因纽特人至今仍在使用其改良版。

因纽特人 Uyako（1860—1924）和其他人创造的阿拉斯加文字，比楚科奇牧羊人特内维尔在 1920 年创造的"文字"要复杂得多，后者仍然是象形文字。

切罗基文字具有重要的历史和社会意义。它是 1821 年至 1824 年间由锡克瓦伊（Sikwayi，塞阔亚或乔治·盖斯）创建的，他是易洛魁民族格鲁吉亚北部和北卡罗来纳部落的混血切罗基人。1821 年，锡克瓦伊已经学会了拉丁字母，并认识到类似系统对他的人民的潜在好处。最初，他为切罗基语中的每个单词创建了一个符号，一年后，几千个符号创造出来，但他发现这样的书写系统是不可行的，于是决定将这些单词分解成简单且更小的单位——切罗基语中最重要的音节、辅音、元音和辅音丛。然后，使用一本英语拼写书，锡克瓦伊随意指定字母表中的字母为这些重要的发音单位；没有一个英文字母与其给定的切罗基音值相对应。他还发明了符号，有些是根据字母表修改的，但大多数都是人工设计的。由此产生的切罗基文字是一种包括纯元音和辅音丛的音节文字。

不像印度把阿拉米语的辅音字母表和它的音值扩展成一个土著的音节表，切罗基文字具有独创性：锡克瓦伊的创造没有受到拉丁字母表的实质影响。除了借鉴一些拉丁字母的外形，完全没有采用拉丁字母的本义和声音。锡克瓦伊只借用了拉丁字母书写的理念，即线性地从左到右书写（与下面我们要谈到的复活节岛的居民书写朗格朗格文字一样）。

锡克瓦伊最初提出了 200 个符号，后来压缩到 85 个（图 7-23）。1827 年，波士顿的一个印刷工人设计了一种切罗基字体。很快，一份报纸和其他文学作品开始采用切罗基文字，许多切罗基人开始用他们自己的书写系统识字（据说大约 90% 的切罗基人曾经有读写切罗基文字的能力）。甚至在美国政府对切罗基族进行了悲剧性的种族清洗，并在 1830 年及其以后将他们驱逐到俄克拉何马州的外国领土之后，切罗基人仍坚持书写，而书写已经成为骄傲和民族身份的象征。后来，切罗基语遭到废弃，尽管它从未完全消失（因为宗教出版物和报纸仍在使用它）。事实上，人们正在努力振兴锡克瓦伊的伟大创造。

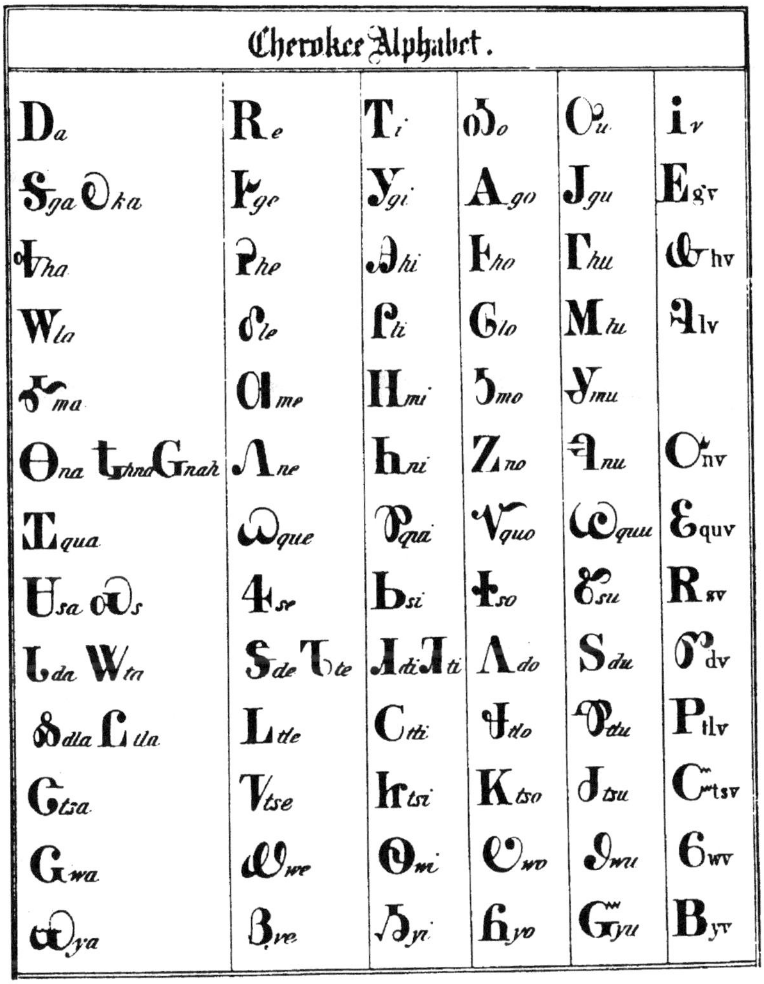

图 7-23　锡克瓦伊的切罗基"字母表"——一种包含纯元音和辅音丛的音节表

非洲也有类似的本土杰作。维埃文字似乎是 19 世纪早期的一种更古老的图画文字的语音化。塞拉利昂的门德文字据说是 20 世纪初一位穆斯林裁缝的作品。喀麦隆中部的巴姆文字是国王恩乔伊和他的顾问们在 1903 年到 1918 年间研发的。[57] 后者尤其具有说明性。在了解了传教士的著作后，国王恩乔伊认为他的人民需要类似的东西。据说，在梦中，他看到了他应该如何为巴姆王国的每一个物体或每一个动作创造一个画面。一觉醒来，他要他的臣民们提供画作，他想他只需选择其中的一些来书写。经过 5 次尝试后，他发现这种想法太不切实际，于是转向了谜画书写。事实证明这是非常成功的，因为大多数巴姆语单词碰巧都是单音节的 CV（C）型（有任意结尾的辅音）。而且，由于许多巴姆语的单词都有相同的形状，只是在音位上有所不同，因此需要非常少的（标志）音节符号，就能满足即使不完整的语言的传播需要。

另一个不同凡响的非洲创造是曼迪坎语的 N'ko（N'ko 在西非萨赫勒和南部地区的所有方言中的意思都是"我说"）字母表。[58]这个字母表是在第二次世界大战后不久由几内亚坎坎地区的苏莱曼·坎特人创造的，由右至左阅读，有 18 个辅音和 7 个元音。为了标记鼻化音，在相应的元音下面放一个点。放置在元音或音节鼻部以上的各种变音符号表示长度、音调和特殊的音调差别。

在 20 世纪初，太平洋上加罗林群岛（现在的密克罗尼西亚联邦）的沃莱艾语使用了两种不同的文字。[59]19 世纪中期，那里就已经有了图画书写。[60]1878 年，一位英国传教士把一个字母表带到特鲁克岛，1905 年这一字母表又传到沃莱艾岛。沃莱艾人对这个字母表的理解不够完美，所以只发明了一种仅有 19 个符号的音节文字，这些符号都源自拉丁字母。除纯元音外，音节都是 Ci 型（辅音加元音 /i/）的。然而，在几年的时间里，一个包含至少 78 个符号的更大的音节表在法罗莱普岛上诞生了。这样做是为了弥补沃莱艾文字不能传达除 /i/ 以外含有元音的音节的缺陷。大音节表中的符号来源复杂：有些是象形文字，有些似乎是日本片假名音节，还有一些肯定是本土发明的。这是一个开放式的系统，只要书写者觉得需要，他就可以自行创造新的符号。

除了西里伯的马卡萨 – 布吉尼斯文字和菲律宾的比萨亚语文字（一种从印度引进的次生文字），在 20 世纪初之前，人们一直认为大洋洲没有完整的书写系统。这也许是因为该地区不需要完整的书写系统，因为口头文献和记忆手段已经可以满足人们对信息存储的所有要求，包括对极其冗长的族谱的背诵。然而，在南太平洋东南部与世隔绝的复活节岛上，世界上最有趣的受拉丁字母启发的发明之一出现了，这显然与该岛于 1770 年被西班牙占领有关。[61] 不过，复活节岛的朗格朗格字体可能只是借用了西班牙人从左向右线性书写的理念，其他包括文字系统、符号、音值和社交应用等在内的发明权则是属于这个孤岛的。

使用鸟、鱼、神、植物、几何图形等约 120 个基本语标——接受各种各样的半象形图（不用语言的直接表达思想的符号）——和音标作为附件，19 世纪早期的复活节岛民使用一种由主要字形、融合、附件和组合构成的混合系统书写。在原始的复活节岛上，书写并不是突然之间变得"必要"的。西班牙人所表现出来的"法力"，或者说"社会精神力量"，被用来重新建立作为统治阶级的酋长和祭司们的权威。复活节岛的朗格朗格文通过图形艺术再现了人类的语言。然而，它并不是"完整的书写"，因为除了非常有限的修辞语句，在它的社交语言中不能复制"任何和所有的思想"。该系统甚至不打算充分传达语言的含义：它仍然被限制在一组显示有限的语言和结构特征的既有程式中。在保存下来的 25 件朗格朗格木刻铭文中，内容大部分是简单的陈词滥调，如"所有的鸟和鱼交尾，太阳就在那里出现了"（图 7-24）。朗格朗格文主要传达了复活节岛民和他们的岛屿世界神圣的"生生不息"，并通过外部灵感这一媒介保存了古老的口述传统。19 世纪 60 年代，由于疫病流行、火灾频发、禁忌消失、艺术失传等原因，朗格朗格活动沉寂下来。现在所有的复活节岛民都用拉丁字母书写智利语，只有少数人尝试用拉丁字母写土著的波利尼西亚拉帕努伊语。

西方的手稿最初是用大写字母或草书写成的。随着小写字母从安色尔大写字母演化出来，它很快就成为手稿书写的基本字体。大写字母有时会插入小写字母中，用来强调首字母或全名。大写字母与小写字母的奇怪结合一直从 9 世纪持续到 15 世纪。16 世纪，意大利字体设计师在罗马纪念碑大写字体的基础上正式定义了大写字体，而小写字体则近似地复制了小写字母。这种全新的大小写字体很快流行开来。这也解释了为什么在今天的英语字母表中有 42 个功能字母（如果加上斜体字，就更多了）。在英语中，除了 C/c、K/k、O/o 等 10 个字母，其他大多数字母的大小写差异极大，几乎是完全不同的符号，如 Aa、Bb、Dd 等。其他字母，如希腊语，借用了这种人本主义理念。其他国家则没有，比如大多数俄语大写字母只是大写的小写字母。

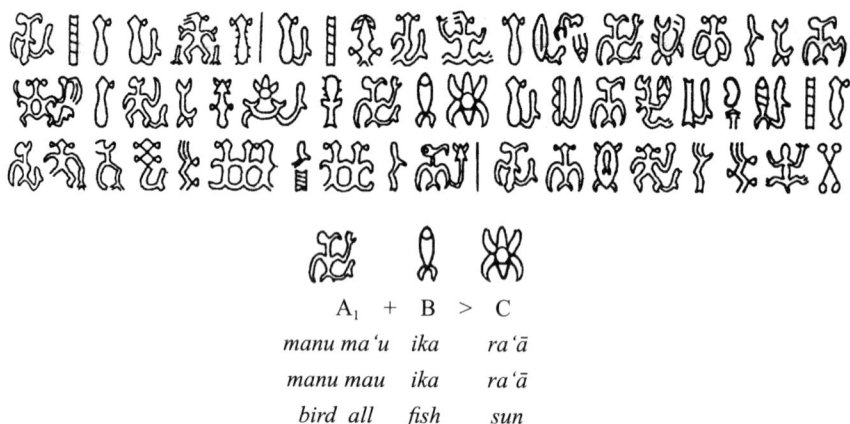

A_1	+	B	>	C
manu ma'u		*ika*		*ra'ā*
manu mau		*ika*		*ra'ā*
bird all		*fish*		*sun*

(Te) manu mau *[phallus：ki 'ai ki roto ki] (te(* ika：*(ka pū te)* ra'ā
"所有的鸟和鱼交尾，太阳就在那里出现了"

图 7-24 阅读复活节岛的朗格朗格手稿

今天，拉丁字母是地球上最重要的书写系统。[62] 作为世界上大多数语言的载体，它与 2000 多年前的罗马纪念碑和莎草纸的书写系统本质上是相同的，大写字母与罗马的大写字母完全相同（这里有一点讽刺意味。大多数非西方国家欣然接受拉丁字母，因为它被认为具有"现代性"，并将其与技术和未来的繁荣联系在一起）。也许对于书写的历史来说，最重要的是，这些字母的一般音标——考虑到不同地区的发音——仍然传达着它们从罗马读者那里得到的相同的一般发音。相比之下，文字虽然保留了它们古代的形状，但 2000 年过去了，读音完全不同了。因此，拉丁字母被认为是世界上最古老的持续使用的书写系统，它仍然保持着最初的符号和声音。[63] 由于本书英文原版的大写字母是罗马字母，小写字母是加洛林字母，所以查理大帝自己慢慢读出书中的每个印刷字几乎没有什么困难。

然而，打字和计算机打印几乎摧毁了书法。在 18 世纪的英属北美，继欧洲手抄本偏爱铜板风格的环状花饰、连体和华丽的大写字母之后，一个人的笔迹成为有教养的淑女或绅士的第一个标准。在 19 世纪，出现了一种适用在青铜板上书写的独特的"美国手写体"——斯宾塞体（商业草书），这种字体只是偶尔才使用粗笔。直到 20 世纪末期，两种斯宾塞简体一直统治着美国课堂，而书法作为一种"不必要的技能"，基本上被抛弃了。

英国也采用了简化的铜版版画模式，在这种情况下，这类从业者如维尔·福斯特在 20 世纪早期就采用了这种模式，直到被各种印刷体或手写体所取代。然而，英国也基本上停止了书法教学。事实上，由于教育者的决定，今天北美和整个英联邦的大多数书写都是潦草、丑陋和难以辨认的。只需点击一下鼠标，就可以在桌面搜索到心仪的一切。

就印刷文字而言，"羊皮纸键盘"延续了一种系统，而文字也不太可能被取代。拉丁字母的适应性优势之一是其紧凑性。[64] 拉丁字母非常简单，既有弹性又有韧性，这似乎确保了它能生存下来并持续了它的进一步扩张。500 多年前，活字印刷术的出现不仅有利于字母书写，而且改变了世界——个人电脑在字母的基础上建立了电子社会。

第八章　书写未来

法国哲学家伏尔泰在 18 世纪中期写道"书写是声音的绘画"，反映了他那个时代以人类为中心对书写的内在目的和范围的评价。250 多年后，又经历了一次电子革命，许多人承认书写甚至超越了人性。书写仍有持久的生命力。

经过了几千年的"不完整书写"，书写者们使用标记符号和其他技术，在软黏土和其他材料上使用图形，发展出了"完整书写"的概念。系统的语音系统定义了完整的书写，显然在公元前 4000—前 3500 年之间以各种形式首次出现在两河流域。通过"刺激扩散"——将想法或习俗从一个人传递到另一个人——书写的功能和技术激发相邻地区创造了类似的系统或文字。令人惊讶的是，纵观历史，主要的书写"传统"地区不外乎 3 个：非洲－亚洲（两河流域、古埃及和黎凡特及其周边地区）、东亚和美洲（图 8-1）。上述"传统"地区都可溯源至苏美尔语。3 种主要的书写系统也很盛行，有许多过渡的变体和组合——混合系统和混合文字（甚至两者兼而有之，如日语）：

◆ Logography（符号书写），字母或符号代表单词；
◆ Syllabography（音节书写），字母表示独立的音节；

◆字母文字，这些被称为"字母"的符号代表单个辅音（辅音字母，如阿拉伯语和希伯来语）或单个辅音和元音（完整的字母文字，如希腊语和拉丁语）。

随着时间的推移，大多数符号系统趋于音节化，它们早期的语义（意义）内容逐渐被语音（声音）内容所取代。字母的书写不会这样改变。一旦古埃及书吏创造它，塞浦路斯人"完善"了它，字母书写不会"系统性地"保持不变，尽管字母会有这样或那样的演进。如今，由于全球化和现代科技，字母书写开始挑战所有其他书写。

在 19 世纪，现代人类学的创始人之一（也许过于倾向达尔文主义地）拥护这样一种观点：社会从"野蛮"到"文明"的进化首先是由读写能力（阅读书面语言的能力）促成的。[1] 今天，人们可能更倾向于把语言看作社会的主要工具，以书面语言为中心的书写，即使没有能够激活社会的发展，也极大地促进了社会的发展。人们也可以避免在书写的使用中识别进化的"阶段"。符号、音节和字母这 3 种书写系统在特定的语言、社会和时代中都实现了功用的最大化。这 3 个系统既不是质量等级，亦非"书写进化"模型中的阶段（这是不存在的）。它们只是不同的形式，它们的出现适应了不同的语言和社会的需求。[2]

与流行观点相反，经济和简洁并不是书写系统或文字发展的驱动力：否则，印度的婆罗米语就永远不会从简单的辅音字母表"退步"到复杂的变音元音标记系统，从而创造出一系列伪音节符号。在文字史上，比经济和简洁更重要的是精确、更突出的语音、抗变性、明确的含义，以及更多的常见的因素。

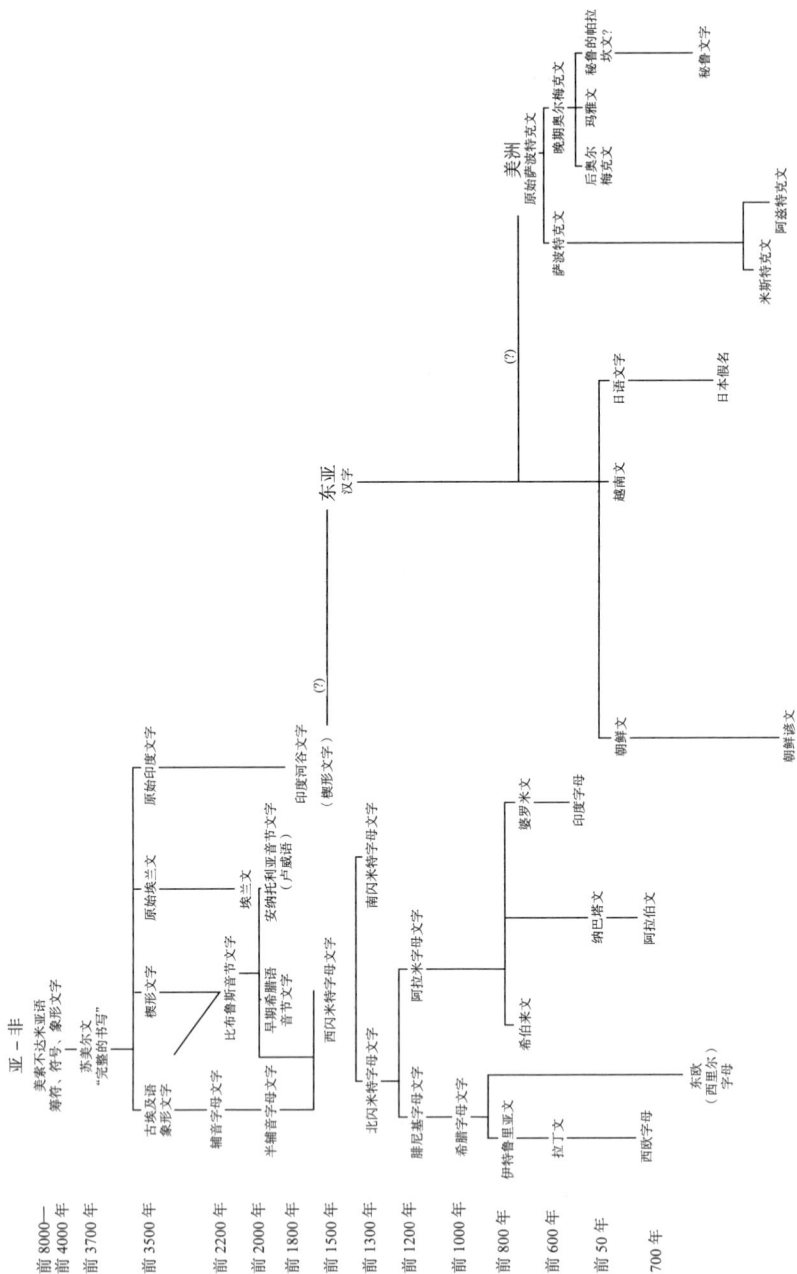

图 8-1　世界三大书写"传统"地区：非－亚、东亚和美洲

318

　　法国历史学家亨利－让·马丁宣称："所有的书写都与创造它的文明的思想形式息息相关，它的命运也与文明息息相关。"[3] 如果真是这样，那就再好不过了。令人遗憾的是，似乎没有自主的"思想形式"构成任何文明的基础；所有的书写都是借用和改编，而不是"创作"；这种"宿命"实际上使语音权宜之计的实用性与社会需求的变幻莫测处于彼此对立的境况。

　　在那些只有少数人识字的社会中，比如古埃及或传教士时代之前的复活节岛，文字似乎根本没有什么作用。[4] 然而，在普遍识字的社会里，书写的影响是深远的。它保留了口头语言；它对许多其他面向语言的进程进行了分级、标准化、规范、丰富，并产生了深远的社会影响。[5] 我们所知道的进步的人类社会，没有文字是不可能存在的。识字已经成为仅次于语言第二重要的东西。

　　如果我们能从书写的历史中得到一个教训的话，那就是书写并不是从无声的图画中逐渐"进化"出来的。它一开始就作为真实语言的图形表达，几千年来一直如此。然而，这种情况似乎正在改变。现代研究表明，阅读一系列的字符或字母——而不是书写它们——大脑会直接将它们与思维联系起来，完全绕过了言语。现代计算机如今可以独立于人类的调解而定期地相互通信。与其说是这些现象本身，不如说是我们对它们的新理解，为书写在功能、外观和技巧等方面的远景创造了无比广阔的遐想空间。

第一节　双语现象

一个民族的书面语言与口头语言差异明显，成为两种不同的语言，这就是双语现象（diglossia，源自希腊语 di"双"和 glōssa"语言"）。这种现象有几个原因。第一，在一个承认"正确"和"不正确"语言形式的社会中，只有文雅的语言才成为书面表达的对象。⁶第二，作为一种活的语言，口头语言继续进步，但是书面语言的变化要慢得多，或者根本没有变化——比较一下英语中 laugh（大笑）的拼写和它的发音。这种分离产生了类似于日历中的问题：为了避免混淆，必须定期进行调整。还有其他因素阻碍了书写的变革：传统、美学、尊敬、社会控制、有限的识字率等。这都使得双语现象成为现代文化中一个严重的社会问题。

双语现象直接涉及的不是书写系统或文字，而是它们所传达的"语言"，这种"语言"不再是某种口语。这种"语言"也不是方言。所有的书写系统，尽管在语音上不完善，但都至少允许一些方言的变化。例如，澳大利亚人在写 day（天）和说"die"（死亡），因为他们知道"正确的"die 读为 /doi/。在这里，英语字母包容地方内部规则。只有当外部规则侵入（例如美式英语规则进入澳大利亚英语规则）时，才会产生混乱。双语现象代表了这样一种混乱，但它的风格和时间有所不同。

一个世纪前，慕尼黑古典学家卡尔·克鲁巴切首次认识到双语现象。[7] 在研究现代希腊语与古典希腊语的关系时，他发现了同一种语言在书写和口语方面的巨大差异。从那时起，双语现象在世界上许多有着悠久文学传统的主要文字中被识别出来。[8] 从英语中的小古语到威尔士语中的"语言精神分裂症"，这种现象广泛存在。

印度的文学文化将双语现象视为"其最显著的特征之一"。[9] 该国大多数拥有书面语的语言泾渭分明地将书面（"高级"语言）和口语（"低级"语言）分开。[10] 每个识字的印度人实际上都是使用双语的，既会说图书馆的语言，也会讲市场上的语言。早在公元前 5 世纪，梵语已经成为学者的语言，根据严格的语法规则进行研究和维护，而人民所讲的普拉克语则继续发展。到公元前 3 世纪，梵语书写不再与口语有关系，因此需要特殊的教育来学习和练习。在接下来的几个世纪里，同样的事情在新的文字中又发生了很多次，因为学者们反复地将"正确"的语言形式固化，而这些形式又被习惯用语所改变。现在，在印度，"正确读写"的含义是读写感知到的"高级"语言，而"低级"语言的读写能力——人民的实际语言——被认为是低劣和不受欢迎的。其直接结果是，印度 50% 以上的人口仍然是文盲。

传统汉语的书面语——文言文不同于汉语口语，就像印度语"高级"和"低级"一样。学生现在必须逐字学习文言文，才能理解其意。

现代标准威尔士语，或 yr iaith safonol（"标准语言"），是唯一的文学语言，教育和出版的威尔士语。口语威尔士语，或 yr iaith lafar（"口语"），是威尔士社区的日常口语。例如，"我不知道你见过他"这句话，现代标准威尔士语写作 Ni wyddwn eich bod wedi ei weled，但口语威尔士语读作 O'ni'im wybod bo chi di weld e。如今的许多威尔士人只能接触到口语威尔士语，他们根本不会说、读或写现代标准威尔士语——尽管他们可以在每个星期天用它来唱赞美诗。这种情况更加复杂的事实是，从古老的《圣经》形式到官僚的官方形式，现代标准威尔士语的形态五花八门。口语威尔士语的形式同样呈现出极端的地域性。此外，近年来，有人提出创制一种标准化的威尔士语，也即"日常威尔士语"（Cymraeg Byw）的标准化威尔士语，以期借用这种非地区性的国家语言，来弥补现代标准威尔士语和口语威尔士之间的差异。这种新的形式正迅速被年轻人所采用，越来越多地抑制了当地语言形式的使用；它也越来越多地用于书面形式。然而，今天规定的现代标准威尔士语仍然是威尔士学校中几乎所有威尔士语教学的书面语。

在印度，由于文盲率高，与当地语言明显不同的书面语言显然将继续盛行，阻碍国家的发展。而在威尔士，"日常威尔士语"的最终成功可能会提高威尔士语的识字率——同时也提高了英语的识字率——并最终彻底消除双语现象。

大多数语言的书面语和口语之间差距巨大。一个受过教育的人的标志往往是其口语与书面语的接近程度。那些口语与书面语最为接近的人，通常是所在社会的主体。正是书写本身造成了这种现象。[11]

在许多情况下，消除双语现象是不可想象的。例如，在 14 世纪锡兰（斯里兰卡）的僧伽罗语作为文学标准出现。这种纯粹的书面语言仍然受到所有僧伽罗人的推崇，他们认为它比今天的口头语言更为漂亮，更有文化，更加"正确"。事实上，在斯里兰卡，有文学修养的僧伽罗语受到所有人的推崇，主要是因为这个国家是一个高文盲率国家。

一个社会有时会把书面语和口语之间的差异视为不必要的历史包袱。这种差异会阻碍社会的发展，因为这会导致文字令人困惑而又冗长，而这些文字对使用者很不友好，教会孩子也很费力，需要消耗大量时间和金钱。一旦人们在这一点上达成共识，拼写改革也就应运而生了。

第二节 正字法与拼写改革

所有的书写系统和它们的文字，无论多么受人尊敬或创新，都是不完美的和传统的，只是语言的近似，而不是复制。一语多义、模棱两可引起的含混不清，经常出现在音节和字母系统中。[12] 在英语中，正如我们所见，一个字母 a，根据方言的不同，可以代表多达 6 个不同的音素（最小的有意义的声音）。英语尤其不能再现它的超词——音高（Yes?/Yes！）、长音（英国英语 cot/cart）、重音（désert/desért）、音渡（Van Dyke/vanned Ike）和音调（eee！/duhhh）——因为它使用了一个有瑕疵的字母表。英语作家试图用不系统的标点、单词之间的空格、大写字母和其他方法来纠正这个问题。然而，标准的英语字母书写仍无法再现精确的英语口语。

最理想的情况是，字母应该代表所有的音素发音。但是，只有语言学家的特殊符号才能再现相当准确的发音，而这些符号对于公众使用来说太笨拙了。全世界使用的标准字母文字只是出于实用目的的近似，因此，许多歧义和巨大的发音差异不仅存在于使用基本相同文字系统的不同语言（德语和英语）之间，而且存在于同一语言的不同方言之间（英国英语和美国英语）。虽然简单的字母书写的显著功效已被世界上大多数人所接受，但相当一部分人仍对汉语和日语等语素音节书写情有独钟，因为他们发现这特别契合他们各自的语言。

在书写系统中，言语的"精确再现"是必要的吗？可能是不必要的。例如，全球范围内对书面英国的领悟是通过保持其语音和其他方式来保证的。换句话说，系统越松散，它的一般效用就越大。

尽管如此，在编写书写系统时经常发生更改。有两种基本类型：渐变的和突变的。"他们自己"的逐渐发生，通常是因为有人简化了某件事，而其他人却照搬它。

例如，直到 20 世纪 60 年代，英语国家的学校都坚持使用变音符号，然而如今 rôle 还是 role，naïve 还是 naive，coöperate 还是 co-operate 或 cooperate，几乎没有人注意到这项改革。通过改变现有单词的拼写方式，新词也在不断被创造出来：例如，lite 表示"低酒精含量"，源于 light。这种微小的正字法调整和补充是自然的，并得到普遍接受。

突然的改革是由政府（通常成功）、私人社会或个人（几乎总是不成功）引导的。这些变化是不自然的和值得商榷的。由于普遍的读写能力是现代国家的先决条件，大多数现代社会希望通过简化拼写来提高人们的读写能力，这是最常见的突然改革形式。

例如，英语经常被认为是一种需要进行拼写改革的语言，这将有助于提高读写能力，减少学习时间。经过 200 多年的精心指导的标准化，英语正字法仍然没有完全标准化。其中一个问题是英联邦英语和美国英语之间的差异，主要原因是标准化进程是在英属美洲定居地出现之后才开始的。虽然这些拼写系统之间的鸿沟正在缩小，但许多差异仍然存在（英联邦 / 美国）：litre/liter, colour/color, marvellous/marvelous, worshipping/worshiping, traveller/traveler, 等等。两种语言都允许使用双重拼写，但偏好不同：spelt/spelled, learnt/learned, gaol/jail, practise/practice（动词）, encyclopædia/encyclopedia。还有一些单词的区别不是系统性的：grey/gray, programme（computing除外）/program, licence/license（名词）, defence/defense, 等等。

即使一个字母也可以包含不同的声音值：z（ZED）/z（ZEE）。Spelt 和 learnt 正逐渐变成美国的 spelled 和 learned，后者现在与形容词 learned 已经没什么区别了（很少写作 learnèd），意思是"博学的"。英国的"-ies"和"-sation"结尾如今正让位给美国的"-ize"和"-zation"，但在澳大利亚和新西兰不是这样，那里的 s- 形式比英国拥有更大的地盘（新西兰目前正考虑采用美国拼写法）。

与语言差异相比，英联邦英语和美国英语的拼写差异是很少的。然而，无论是在正字法上还是在语言学上，这两种语言正在融合为一个共享的国际标准英语，一种新兴的语言，而不是产生在过去历史发展中可能产生的完全分离的子系统。

英语拼写的问题比国际变体更大，包括这个系统经常被认为是"笨拙"和难以学习的。在早期，24 个符号要代表 40 个音位，所以"双拼法"一直是英语拼写的特色。被诺曼人征服后，缮写室和档案室在英国土地上如雨后春笋般建立起来，诺曼－法国书吏开始用诺曼风格重新拼写英语单词。印刷术使语言更加规范化；它甚至还会在单词上添加额外的字母（比如 write 中的 e），只是为了在页边延伸一行。印刷术也固化了拼写，而英语口语则继续发生变化（如 light 只在拼写上保留了一个古老的印欧音，否则在英语中就会消失）。拉丁语和希腊语的拼写开始流行起来，使用了许多在英语中甚至不发音的字母。在 16—17 世纪，拼写方式与英语标准不兼容的大量外来词进入词典。

因此，英语拼写是盎格鲁－撒克逊语、法语和古典传统的混合产物，受诸多外部因素的影响。人们可以提出英语中任何数量的系统性拼写异常，其中一些可以归入多个类别，所有这些都使英语读写的学习过程复杂化。在下面的许多例子中（这个列表可以很容易地扩展），可见语言——书面单词——可以立即将一个语音歧义词放在适当的语义槽中，实际上提高了语音的充分性。在其他情况下，书面文字不能充分表达口语中所固有的必要的区别。

- **第一类**：相同的拼写，相同的发音，不同的意思

  bear：1. 熊；2. 承受，应付。

  can ：1. 金属罐；2.（表示有能力或能够发生）能。

  row ：1. 排，列；2. 划船。（第二类、第三类亦然）

- **第二类**：同样的拼写，不同的发音，不同的意思

  read：1. 阅读（一般现在时）；2. 阅读（过去时）。

  row ：1. 排，列；2. 吵架。

  tear ：1. 眼泪；2. 扯破。

- **第三类**：不同的拼写，相同的发音，不同的意思

  roe（鱼卵）/row（排，列）/rho（希腊字母表第 17 个字母）/Rowe（罗威，人名）

  so（所以）/sew（缝纫）/sow（播种）/soh（大调音阶的第 5 音）

  way（路）/whey（乳清）/weigh（称重）

- **第四类**：相同的拼写（但大小写不同），相同的发音，不同的意思

  Faith（费丝，人名）/faith（信念）

  Rugby（拉格比，城市名）/rugby（橄榄球）

  Sue（休，人名）/sue（提起诉讼）

- **第五类**：相同的拼写（除了标点符号），相同的发音，不同的意思

  chills（"寒冷"的复数）/chill's（寒冷的）

  its（它的）/it's（它是）

  were（are 的过去时）/we're（我们是）

- **第六类**：相同的拼写（除了标点符号），不同的发音，不同的意思

  coop（拘禁）/co-op（合作社）

  coward（懦夫）/co-ward（联合病房）

  learned（博学的）/learnèd（受过教育的）

- **第七类**：相同的拼写，不同的发音（不考虑方言），相同
  的意思
  data（数据）读作 /dæta/，/deta/ 或 /data/

此外，英语正字法的冗余频率约为 50%——wch mns tht abt hf of th ltrs n a rtn Eglsh sntnc r uncsry to achv fl cmprhnsn，mst of ths bng vwls。而书面阿拉伯语和希伯来语长期以来利用了辅音字母顺序的原则，并取得巨大成功。

尽管有缺点（而且冗长），英语拼写仍然基本上是音位的，也就是说，用英语最小的有意义的发音来书写。然而，音素并不总是存在于单个字母中，而是经常出现在字母的模式中。与汉语的"意符"一样，英语的拼写通常通过所谓的"不必要的字母"在单词之间的词根关系中保持视觉提示，比如在符号和签名中——与发音完全不同，这样就可以在不借助语音的情况下快速地视觉识别单词的意思。尽管如此，口语继续远离书面语，因此英语教师总是向学生解释 would of 和 'cause 要写成"would have"和"because"。

伴随着书面英语的发展，正字法的逐渐变化已经满足了大多数目的。然而，并不是每个人都这么想。早在 1551 年，英国人约翰·哈特就开始抱怨英语书写的"缺陷"，这导致了它"学得很苦，读起来很难受"。几个世纪以来，人们提出了许多不同的拼法。

尤其是 19 世纪，出现了 3 种基本类型的唐突改革：一是标准化，即要求更经常地使用熟悉的字母；二是补充，即在字母表中增加新字母；三是取代，即创造新的字母。

从 1828 年起，美国人诺亚·韦伯斯特成功地开始改革美国正字法，并用他自己的《美国英语词典》普及了这一标准；除其他变化外，他还引入了一些持久的创新，如：-our［如在 honour（荣誉）中的拼法］成为美国的 -or（honor），再如 -re［theatre（剧院）］成为美国的 -er（theater）。1844 年，艾萨克·皮特曼在英国提出了一种

补充的"音系"。美国人于 1876 年成立了拼写改革协会，1906 年成立了简化拼写委员会，1908 年英国成立了简化拼写协会。后一个协会在 1949 年向议会提交了一项标准化的拼写改革法案，以 87 票对 84 票被否决。4 年后，一项类似的法案实际上获得通过，但屈从于教育部的压力，无果而终。

目前的改革建议包括新的拼写、更简单的拼写、规范的英语和世界英语拼写等。萧伯纳（1856—1950 年）在遗嘱中留了一笔钱给英国公共受托人，让他为至少 40 个新字母组成的"拟议英国字母表"举行一次竞赛（这是一次替代性改革），从而使英语书写时既不需要字母组，也不需要变音符。虽然金斯利·里德的获奖作品很有独创性，但之后被遗忘了。

英语拼写改革有很多好处，比如减少学习时间，这可能会鼓励英语的国际传播。但似乎还有更多的缺点：不切实际、失去传统、成本高昂、语音拼写在方言之间造成太多歧义（回想一下澳大利亚语'die'），以及词源标记的丢失和对最佳改革方案无法达成共识等等。而且，英语也不像人们常说的那样不规则。一项研究表明，84% 的英语单词通常是按照规定的用法拼写的，只有 30% 的单词（大约 400 个最常用的书面单词）是不可预测的，只能死记硬背。[13]

书面法语保留了许多历史上的拼写，通常被认为是"不必要的"。例如，单词末尾的 –s 和 –t 通常不发音：les garçons（"男孩子"）和 petit garçon（"小男孩"）。但是，在元音字母前发音，如 les élèves（"学生们"）和 petit élève（"小学生"）。在第一个例子中，不发音的 –s 和 –t 似乎没有任何作用；尽管如此，他们还是以图形的方式标记了词汇——他们为词汇识别提供了超越语音现实的视觉线索。就因为这个原因，书面法语中那些"不必要的"字母几乎总是必要的。

"拼写缺陷与系统规范"的冲突亦出现在德语中，只是在德语中得到了类似的充分解决。德语拼写完全忽略了单词结尾的清音规则：Hund（"狗"，读作 HOONT），但复数 Hunde（"狗"，读作

HOONDEH）。它也忽略了开始元音前面和连接元音之间的喉音：
（'）alles（所有）和 The（'）ater（剧院）。德国人只是在大声朗读
时"填上这些"。清音规则和喉音规则适用于整个系统，所以在德语
书写中不需要特别标注。"语音保真度"在这里毫无意义。

　　然而，德语的拼写还有其他问题。首先，奥地利的拼写惯例与
德国不同，尽管没有达到如美国拼写与英联邦拼写那种系统性差异
的程度：德语 Abnutzung，奥地利语的 Abnützung（磨损）；德语的
karätig，奥地利语的 karatig（克拉）；德语的 fauchen，奥地利语的
pfauchen（嘘声）；等等。大多数差异很小，而且是零星的。最近的德
国拼写改革（近一个世纪以来的第一次）解决了大多数问题。

　　1996 年 7 月 1 日，代表所有德语国家的官方代表经过多年的仔
细规划，在维也纳召开会议，发表关于改革德语拼写的联合声明。
他们的意图是通过标准化改革简化书面德语的学习，并修改 1901 年
在柏林举行的第二次拼写会议制定的规则，以适应现代的要求。这项
改革直接影响了许多国家的一亿多读者和作家，但主要是在德国、奥
地利和瑞士。这项改革无意彻底改变像英语一样由拉丁字母派生出来
的传统德语文字。相反，它专注于消除违反德语词根原则的情况，力
求在其书面出现的所有可能组合中保持一个词根的相同拼写，以便于
视觉识别（如上面的英文示例）。许多其他的拼写变化和书写惯例也
受到影响，例如 ss 在所有情况下的旧的 ß 的缩写，或一般的动词组
合的分离。这样，旧的 Stengel（"茎"）变成了新的 Stängel［源于
Stange（地极）的词根］，旧的 Kuß（吻）变成了新的 Kuss，旧的
kaltbleiben（保持平静）变成了新的 kalt bleiben。

　　并不是所有人都对改革感到满意。除了拼写混乱，正如评论家
们几乎立刻指出的那样，它还导致了德语中重要区别的丧失。例如，
现在要写 kalt bleiben，过去是 kalt bleiben［保持寒冷（天气）］或
kaltbleiben。改革前的德语拼写使用空格 / 无空格来标记语义区别。到
目前为止，新的德语拼写改革只在动词复合词中使用空格，增加了歧

义。幽默家们指出，如果斯坦格尔一定是 Stängel，那么柏林不应该变成 Bärlin 吗？（Bär 在德语中是熊的意思。）在实行改革的一年之内，主要的德语出版物又开始使用旧的制度，声称造成了太多的混乱无序和含糊不清。

艾伦·赫伯特爵士曾在英国议会上断言："所有拼写改革家的'根本错误'在于，印刷或书写单词的功能是代表口语单词。印刷或书写的文字的真正功能是传达意思，并向尽可能多的人传达同样的意思。"[14] 拼写改革者确实习惯性地拥护口语，却不重视书面语言的特殊地位、特点和好处，因为书面语言与口语完全不同。书写系统通常有两种类型：浅表音和深表音。[15] 因为自然语言会随着时间的推移而变化，而书写固有的惰性会导致越来越保守，所以"浅"会自动变成"深"。当这种情况发生时，真的没有必要改变正字法，因为口语的变化已经拥有了先天的系统标记，允许流畅地阅读和书写。大多数衍生音韵 – 语言学家相信语言应从"深层结构"和"表层结构"两个组织层面加以分析。他们相信，在阅读和书写的过程中，人类的大脑会对心理词汇应用特定的规则，以便很容易地使用"不正确"的拼写。主要的拼写改革实际上可能适得其反：通过引入与长期开发的内部模式不兼容的特性，可能会造成更大的歧义。对于那些希望改革英语拼写以"提高"语言友好性的人，衍生音韵学家反驳道："传统的（英语）拼写是……一个表现英国单词词汇表征的近似最优系统。"[16]

的确，大多数字母文字在各自语言的元音上都存在缺陷。这是因为该语言中的元音音位几乎总是超过字母表中可用的字母，迫使"加倍弥补"（正如人们看到的英语 a）。然而，大多数字母文字设法在口语和书面语之间，在"口中的准确度和头脑的可理解性"之间达成了成功的妥协。[17] 很少需要对字母文字进行突然的改革，因为这些文字使用诸如逐步调整和冗余等一系列手段，能够在许多世纪里保持理解力和有用性。

拼写改革成功的最大障碍之一，也是最不为人所知的障碍之一，就是它未能解决阅读和书写之间的本质区别，认为两者是同一个过程。事实上，阅读和书写是分开处理的大脑活动。书写就是拼写，很多拼写能力好的人阅读能力很差，而很多阅读能力很好的人拼写能力很差。这是因为这些过程涉及人脑中不同的学习策略。书写是一种积极的语言活动，既需要视觉成分，也需要语音成分，直接诉诸语音要素。阅读是一种被动的视觉活动，将绘画艺术与意义直接联系起来，通常完全绕过言语。任何拼写改革都不可能充分调和这两种截然不同的神经功能。

第三节　速记、符号与"视觉语言"

　　速记是一种使用特殊符号或缩写来快速书写常用字母或单词的方法。它属于书写的一个单独类别，因为它仅限于特殊情况下——快速、短期地保存说话的能力——以及特殊的练习者。这是一种古老的做法。希腊历史学家色诺芬（Xenophon，公元前 430—前 354 年）用速记撰写了苏格拉底的回忆录。公元前 63 年，罗马自由人马库斯·图利乌斯·提洛（Marcus Tullius Tiro）发明了一种速记法，并用其记录西塞罗的演讲；这一拉丁版本被使用了 1000 多年。在中世纪的鼎盛时期，速记法受到忽视，直到 16 世纪才得以复兴。一个世纪后，人们发明了适用于学校和教堂的各种各样的速记法。18 世纪的工业革命见证了速记法对办公室工作的助益；在 19 世纪，一些主要速写法问世，至今仍然盛行。英语世界最流行的是艾萨克·皮特曼的速记法和约翰·罗伯特·格雷格的速记法，前者是英国的主要系统，后者是美国的主要系统，亦适用于其他几种语言。

　　专为英语设计的速记法已超过 400 种。今天，它最常用在新闻报道和文秘工作中。速记通常使用约 65 个字母，其中单辅音字母 25 个、双辅音字母 24 个、元音字母 16 个（尽管大多数元音字母被省略，因为它们的存在通常很明显）。1906 年，美国法院记录员 W.S. 爱尔兰发明了速记机，主要用于逐字记录法律程序和立法会议。很少有人习惯于使用速记，特别是由于新技术的出现，近年来速记的应用已经减少了。

一些学者想知道，如果引入更多的符号来创建一个像汉语语素音节书写那样的混合系统，字母书写是否会变得更有效率。德国哲学家和数学家戈特弗里德·威廉·莱布尼茨（1646—1716 年）认为，除了世界上的任何一种自然语言，人们可以精心设计一种通用的文字；与数学和音乐一样，它也应该具有普遍的操作性。这一直是那些不理解书写系统对速记表音符号的基本依赖的人的梦想。书写一直是，也将永远是基于特定语言的。历史上的每一种语言都是通过借用方式精心编制了"最佳"的文字来再现其独特的发音。甚至古埃及象形文字也包含相当大的语音成分，这是为避免歧义而不可或缺的。

随着 20 世纪 70 年代大规模国际旅行的开始，所有国家都意识到有必要使用普遍显而易见的符号——象形图——来交流基本设施，而不是基于语言的字符或符号（字母）。当时美国的一项主要研究发现，公共汽车、出租车、女人、男人这些容易识别的标志都很有效。效率较低的是指示某项活动的符号，例如机票销售、海关管制和护照管制；这些太模棱两可了。总的结论是，符号确实有帮助，但只能交流非常有限的东西。基于这些发现，国际符号书写随后在世界范围内被引入。这并不是试图"回归象形文字"，而只是对国际场所——机场、港口、火车站和其他地方——的正常书写进行了有益的补充，使用了非常有限的"词汇"，其中包含了容易识别的物体或情景。

一些现代研究人员现在正在寻找一种方法，将这个早期的系统扩展到莱布尼茨的通用书写系统中，他们相信有可能构建一种非语言象形文字来取代我们所知道的文字。这些研究人员认为，在我们的文化中，文字和图片已经变得相互依赖，在某种程度上，它们可以一起被视为一种自主语言：一种"视觉语言"。[18] 他们谨慎地指出，这将不是机场和火车站的符号书写，而是视觉和文字的结合，一种单独的混合现象。与我们目前的做法相比，视觉文本演示的过程可能是一种传达复杂想法的更有效的方式，因为它将使我们更好地应对那些每个人每天都必须回应的书面数据。他们认为，视觉语言可以通过大大缩短对复杂材料的消化时间来达到这一目的。

这些研究者认为信息超载不是一个量的问题，而是一个感知管理的问题，他们希望把复杂的思想简单地表达出来。他们坚持认为，这是可以实现的，不仅仅是结合文字、图片、图表和时间表。他们认为视觉语言是一种实际的语言——拥有正式的语法和语义规则，他们声称视觉语言可以自由表达规则，而是自然语言无法表现的，这就赋予了视觉语言以独特的力量。视觉语言的支持者得出的最重要的结论是，图像及其在文本中的标准化位置确实比传统的书写更能帮助传达复杂的思想。一些人认为，这可以归因于人类大脑使用不同的途径来处理语言和非语言信息——同时使用这两种途径的读者理解得更好、更快，并且能够回忆更多。

事实上，视觉语言现在无处不在。我们大多数人认为它是理所当然的，既没有意识到它的存在，也没有意识到它正在渗透到整个现代社会。仅仅坐在汽车里，我们就会被各种视觉语言包围：速度计、里程表、燃油表、电池指示器、安全带标志、电台节目、温度等。其中很多都是文字（字母、数）"读"为视觉语言，而不是口语文本。这样，大量的数据几乎可以一目了然地处理。视觉语言的缺点是细节性和准确性差。它当然不能传达人类思想的全部内容。然而，主要是由于新技术的出现，视觉语言已经成为完成书写的必要补充。有了它，世界上的书写系统获得了一个新的维度。

第四节 书写的未来

效率和简便并不能决定文字的未来，其他文字的人的威望和力量才是决定性的因素。语言是自然进化的，而书写系统和字母系统则不是。这些都是有目的地借用、改变和抛弃的，主要是因为社会和心理原因，与说话方式或拼写方法关系不大。这样，古代象形文字和楔形文字的使用者的后代现在使用阿拉伯辅音字母文字。雕刻和绘制中美洲象形文字的人现在用古罗马人曾经使用的字母书写。这两个例子都不代表一个高级书写系统的"胜利"。

政治在文字史上扮演了重要角色。例如，在 19 世纪初，俄罗斯获得了阿塞拜疆，那里的人们用阿拉伯辅音字母书写。

1929 年前后，约瑟夫·斯大林怀疑阿塞拜疆人的忠诚，积极寻求办法让他们放弃阿拉伯文，转而使用拉丁字母。但在 20 世纪 30 年代，斯大林确信阿塞拜疆人正在与土耳其人联系，因为土耳其人自己也采用了拉丁字母，因此他命令阿塞拜疆人改用俄罗斯的西里尔字母。自 1991 年独立的阿塞拜疆公民今天用两种文字书写他们的民族语言：所有的街道标志和商品标签都是拉丁字母，而所有报纸都采用西里尔字母（阿拉伯文已经消失）。阿塞拜疆现政权正计划鼓励更广泛地使用拉丁字母，以反映该国宣称的不分教派的开放政策。

其他形式的书写由于逐利的原因得以保存下来。大多数国家都有一项法律，要求在公共广播中播放制作日期。至少在西方国家，罗马数字仍然仅仅是因为很少有人能读懂电视和电影节目的制作日期，从而使观众无法意识到一个引进的节目到底有多陈旧——正如一位英国制片人最近承认的那样。[19]

尽管这样的事情总体来说无法预测，但就书写的未来而言，某些趋势是可以看出来的。尽管书写一直在沿袭过去采用的方向——从右到左、从上到下、螺旋式、牛耕式等——世界上的书写体系（包括汉语、朝鲜语和日语）越来越多地模仿拉丁语的排列方式，在一页纸上，水平地、从左到右、从上到下地用单向线书写。这显然是全世界在几个世纪内唯一的书写方式，尽管有些文字（如阿拉伯语和希伯来语）可能会一如既往地保留从右到左的书写传统。

对书写的未来更重要的是拉丁字母的进步，它始于2000多年前罗马帝国的征服，现在正以前所未有的速度加速发展。这与迄今为止无文字语言的拉丁字母化没有多大关系，人们保护这些语言，就如同保护濒危雨林中的物种一样，是一种附带活动。地球上主要的本土语言——汉语、英语、西班牙语和葡萄牙语，这些被大多数人类所使用的语言，很可能在未来的400年中幸存下来——将决定书写的未来，至少在计算机时代开始之时，显然是拉丁字母。

这有几个解释。首先，上述3种语言已经使用拉丁字母，中国也积极鼓励使用拼音。更进一步说，一种单一的世界语言——国际标准英语——正在出现，它是用拉丁字母书写的。而由拉丁字母文化发展而来的计算机，正在用这一字母系统重新定义我们的现代世界；任何想要分享这个工具的人都必须掌握它的键盘。

计算机和联机网络在拉丁字母文字中运行得最好，主要是因为它们的发明和传播，作为基于书写的程序，发生在拉丁字母表中。当然，其他字母表，甚至整个书写系统，都可以编程。然而，这些设备仍将是外围设备，因为它们通常与系统无关，并且与主流计算和网络不兼容，也就是说，与世界上大多数国家目前使用的拉丁字母表不兼容。如果未来取决于基于计算机的社会和经济，那么非拉丁字母系统将不得不适应或承受经济和社会后果。换句话说，计算机现在正在"迫使"世界罗马化。

拉丁字母当然不是书写的顶峰，但它显然是书写的波峰。现在，光是它就满足了我们现代社会前所未有的要求，而把所有其他的书写系统和脚本都抛在了后面——那些选择使用它并加入这一新技术的人受益匪浅。在历史的这个时刻，这是一次没有争议的选举。事实上，有人会说，这是一个最后通牒，可以理解，在许多民族中触动了类似于丧失母语的敏感神经。然而，正如汉语拼音揭示的，罗马化并不等于在采用一种全球语言的同时，必然会放弃母语和种族"认同"。相反，通过启用或继续阅读和书写各自的语言，一种文化和它的语言通过罗马化保存了下来，否则可能落入宗主国侵略者手中。在这种情况下，一种替代性的改革就成了保存一种文化的必要的社会机制……这正是中国人当前面临的现实。

然而，有可能的是，世界走向单一书写体系和字母系统的趋势，最终将成为英语"帝国主义"的根基。现在大约有 4000 种语言，100年后，也许只剩下 1000 种。[20] 所有的本土语言都在迅速地侵蚀着所有的非本土语言，英语显然比其他语言更具攻击性，原因有很多。罗马化最终可以参与这一历史进程。尽管有些国家积极支持罗马化，日本人也越来越频繁地使用"罗马字"，但阿拉伯语和希伯来语使用者似乎不太可能将自己的语言罗马化，这主要是出于宗教原因，也有实际原因。例如，没有元音，阿拉伯文字可以传播的方言数量远远超过拥有完整字母表的拉丁文字。许多文化在未来可能是双语的，即使用传统文字来满足当地的需要，而用拉丁字母来解决其他问题。然而，在未来两到三个世纪内，只有极少数的书写系统和文字能够幸存下来，而拉丁字母将主宰这个星球。这将是一种世界性文字。

一本 2301 年出版的书，无论是"硬"还是"软"格式，从外观上都可能与这本书几乎相同：相同的字母系统，在同一方位和方向上有相同的字母，字体甚至就是罗马式的。只是这种语言会显得"奇怪"，因为其中有许多生词。事实上，拉丁字母在国际上和在星际间使用的增加将意味着其自身的加速僵化。随着时间的推移，就像埃及象形文字一样，世界文字将成为一块书写的巨大化石。

然而，书写在社会中的应用将发生巨大变化。由于有了个人电脑，人们甚至可以目睹这种转变。越来越多的人每天花更多的时间使用书面语言，即键盘语言，而不是口语。[21] 学生、办公室职员、记者、编辑、作家、研究人员、计算机程序员、退休人员和许多其他人尤其如此。而在中世纪，占人口很小比例的书吏才能在缮写室找到。在几年内，计算机将使发达国家几乎家家户户都变得富裕起来。在这些国家，人们的生活正以电子文本和国际网络为中心，并逐渐缩小，而不再使用语言。很快，书面语可能比口语在世界范围内更加重要。一种不同的语言正从这种人为的界面中出现：一种在口语和书面语之间占据特殊位置的"口头书面语"。[22] 计算机现在也经常通过书写（也就是说，通过书面编程语言）相互通信，而无须人工干预。书写就这样超越了人类本身。我们重新定义了"书写"的含义。

21 世纪初，随着书写系统和文字数量的减少，书写量激增，书写材料和书写技巧大量涌现。现在我们用激光刻字来打字。半空全息书写装饰露天音乐会。电子墨水填满了由微观球体组成的薄片——一个半球带正电荷，另一个带负电荷——在电子脉冲的作用下会改变颜色。例如，现在只要点击一下鼠标，就可以瞬间将《圣经》变成《薄伽梵歌》。直到最近，我们的社会及其基本经济过程还主要依赖于物质的倍增，比如印刷文字。这种情况已不复存在，取而代之的是未知领域。我们不仅在重新定义书写，也在重新塑造它在社会中的地位。

有些人认为将来可能没有书写的空间了。在电子短信取代实体打印的同时，书写本身也面临挑战：计算机语音识别系统可能最终完全取代书写，只留下一个箭头——阅读（图 8-2）。一旦计算机语音应答系统完善，甚至阅读也可能消失。那就再也不用写自己的名字……或者读一首诗了。

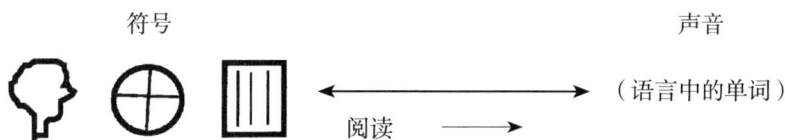

图 8-2　书写的未来：只剩下阅读了吗？（对比图 1-14、图 1-16）

　　然而，在许多世纪里，阅读和书写的好处和乐趣可能仍将超过计算机语音识别系统，因为书写在大多数文化中是与生俱来的。世界各地的现代社会几乎在人类交往的每一个方面都依赖于书面文字。诚然，24 世纪的星际飞船指挥官可能依靠声音命令飞船上主计算机的响应；但人们会期待她在自己的房间里，打开一本惠特曼、松尾芭蕉或者塞万提斯的书，与我们今天读到的书没有什么区别。

　　星际飞船的指挥官很可能就是那个人类第一次尝试通过文字与外星人沟通的人。先驱者 10 号宇宙飞船于 1972 年发射，它的天线上有一块 15 厘米 × 23 厘米的镀金阳极氧化铝板（图 8-3）由美国天文学家卡尔·萨根设计，并"用我们与接收者共享的唯一语言——科学——书写"。现在，在我们的太阳系之外，平板上的"文字"确定了飞船的确切起源，它与银河系的相关日期（1970 年）和制造者（男女皆有）。据我们所知，铭文并不完整，但通过象形文字和脉冲信号，传达了至少在人类科学家看来应该是"普遍可以理解的信息"。萨根指出，具有讽刺意味的是，"人类是这些信息中最神秘的部分"。

　　很有可能，等到先驱者 10 号的金属板被发现或找回时，几乎不会从根本上改变人类与文字最基本的关系。正如语言学家弗洛里安·库尔马斯所写的："阅读和书写的技能提供了获取知识的途径，而知识就是力量。"[23]

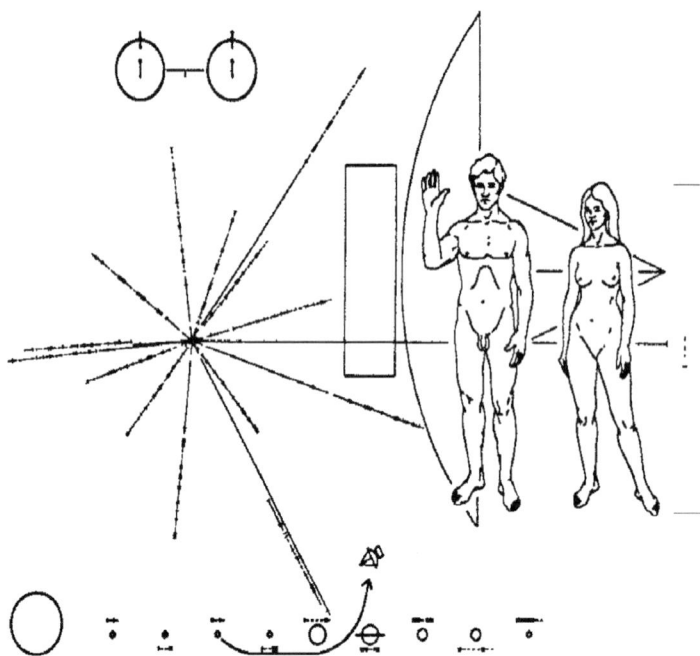

图 8-3　人类星际书信：1972 年开始的先驱铭文

　　所以书写不仅仅是"声音的绘画"。在西藏江孜的白居寺，朝圣者们仍然像过去几个世纪那样在一堆经文下面爬行，这一姿势被认为是吸收了佛经中的智慧。最近的研究表明，写下自己的感受，可以摆脱抑郁，增强免疫系统，降低血压——这让人想起亚里士多德的信念：书写可以表达灵魂的情感。太阳系以外的宇宙飞船现在可以对地球电脑发出的书面指令做出回应。无论多么不完美，书写已经成为我们这个社会物种不可或缺的表达方式，因为我们开始尝试超越所有已知的界限。然而，要在造物上留下印记，赋予它自身一种思想形式——这种冲动不仅是我们的特征，而且是我们几万年前的直接先驱者的特征（图 8-4）。随着书写继续以多种形式的奇迹服务和改善人类，它正在定义和创造一种新的人类。

　　无论未来书写的形式如何，它都将是人类体验的中心，赋予力量并予以记忆。大约 4000 年前，一位埃及书吏写道："一个人死了，他的躯体化为尘土，他所有的亲属都灰飞烟灭了，而书写让人们记住了他。"

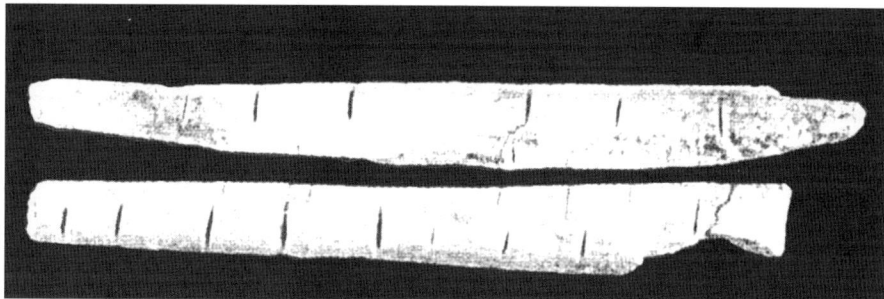

图 8-4 "在造物上留下一种思想形式的印记"：
大约 3 万年前尼安德特人按一定间隔切割的鸟骨管

参考文献

第一章　从刻痕到字板

1　Henri-Jean Martin, *The History and Power of Writing*, trans. Lydia G. Cochrane (Chicago and London, 1994).

2　John DeFrancis, *Visible Speech: The Diverse Oneness of Writing Systems* (Honolulu, 1989).

3　David Diringer, *Writing*(London, 1962).

4　改编自Florian Coulmas, The Writing Systems of the World(Oxford and New York, 1989), 他把这些作为"正式特征", 而非标准。

5　Steven Roger Fischer, *A History of Language* (London, 1999).

6　Marcel Cohen, *La Grande Invention de l'écriture et son évolution*, 2vols (Paris, 1958).

7　Leonhard Bloomfield, *Language*(New York, 1933).

8　Ignace J. Gelb, *A Study of Writing* (1952), rev. edn (Chicago and London, 1963).

9　Kaj Birket-Smith, "The Circumpacific Distribution of Knot Records", *Folk*, VIII(1966), pp. 15–24.

10　Hans Prem and Berthold Riese, "Authochthonous American Writing Systems: The Aztec and Maya Examples", in F. Coulmas and K. Ehlich, eds, *Writing in Focus*(Berlin, Amsterdam and New York, 1983), pp. 167–86.

11　Paul Bahn and Jean Vertut, *Images of the Ice Age*(London, 1988).

12　Robert Claiborne, *The Birth of Writing*(New York, 1974).

13　M. D. McLeod, *The Asante* (London, 1981), 转引自Albertine Gaur, *A History of Writing*, rev. edn (London, 1992)。

14　Carl Meinhof, "Zur Entstehung der Schrift", *Zeitschrift für ägyptische Sprache*,

XLIX(1911), pp. 1–14；Johannes Friedrich, *Geschichte der Schrift* (Heidelberg, 1966).

15 A. J. Abraham, *String Figures*(Algonac, MI, 1988).

16 Claiborne, *The Birth of Writing*.

17 J. D. Bernal, *Science in History*, 4vols (London, 1954).

18 Martin, *The History and Power of Writing*.

19 Shan M. M. Winn, *Pre-Writing in Southeast Europe: The Sign System of the Vinča Culture, ca. 4000 B.C.* (Calgary, 1981).

20 M. S. F. Hood, "The Tartaria Tablets", *Antiquity*, XLI(1967), pp. 99–113.

21 Janos Makkay, "The Late Neolithic Tordos Group of Signs", *Alba Regia*, X(1969), pp. 9–50.

22 Emilia Masson, "L' Ecriture" dans les civilisations danubiennes néolithiques', *Kadmos*, XXIII(1984), pp. 89–123.

23 Gelb, *A Study of Writing*.

24 Julius Jordan, "Uruk, vorläufige Berichte", *Abhandlungen der Preußischen Akademie der Wissenschaften, philosophisch-historische Klasse*(Berlin, 1932).

25 A. Leo Oppenheim, "On an Operational Device in Mesopotamian Bureucracy", *Journal of Near Eastern Studies,* XVIII(1959), pp. 121–8, 首先认识到了这个系统。Pierre Amiet, "Il y a 5000ans les Elamites inventaient l'écriture", Archeologia, XII(1966), pp. 20–22, 描述了最早的bullæ(信封)，并指出其外部标记类似其所包含内容。Denise Schmandt–Besserat一直是这一理论的主要拥趸；在她的许多出版物中，特别令人感兴趣的是 "The Earliest Precursors of Writing", *Scientific American,* CCXXXVIII(1978), pp. 50–59；和Before Writing, 2vols (Austin, 1992)。

26 Roy Harris, *The Origin of Writing*(London, 1986)；Piotr Michalowski, "Early Mesopotamian Communicative Systems: Art, Literature, and Writing", in Ann C. Gunther, ed., *Investigating Artistic Environments in the Ancient Near East*(Washington, DC, 1990), pp. 53–69；Piotr Michalowski, "Tokenism", *American Anthropologist*, XLV(1993), pp. 996–9；Paul Zimansky, "Review of Before Writingby Denise Schmandt-Besserat", *Journal of Field Archæology*, XX(1993), pp. 513–17.

27 Zimansky, "Review of Before Writing".

28 Coulmas, *The Writing Systems of the World*.

29 Gelb, *A Study of Writing*；*Friedrich, Geschichte der Schrift*；Hans Jensen, *Sign, Symbol and Script*(New York, 1969)；Geoffrey Sampson, *Writing Systems*(London, 1985)；Coulmas, *The Writing Systems of the World*.

30 Jensen, *Sign, Symbol and Script*.

31 Andrew Robinson, *The Story of Writing* (London, 1995)。关于语言单元与书写单元的

关系——如何通过图示来解析特定语言片段，见Coulmas在*The Writing Systems of the World*, pp. 37–54中的精当阐释。

第二章 交谈艺术

1   Andrew Robinson, *The Story of Writing*(London, 1995)。罗宾逊认为音韵学"将原始文字变成了完整的文字"。

2   Peter T. Daniels, "The First Civilizations", in Peter T. Daniels and William Bright, eds, *The World's Writing Systems*(New York, 1996), pp. 21–32.

3   Robert Claiborne, *The Birth of Writing* (New York, 1974).

4   W. V. Davies, *Egyptian Hieroglyphs, Reading the Past* (London, 1987).

5   Steven Roger Fischer, *A History of Language*(London, 1999).

6   John D. Ray, "The Emergence of Writing in Egypt", *World Archaeology*, XVII/3(1986), pp. 307–16.

7   Robert K. Ritner, "Egyptian Writing", in Daniels and Bright, eds, *The World's Writing Systems*, pp. 73–84.

8   在描述埃及象形文字的许多有用出版物中有E. A. Wallis Budge, *An Egyptian Hieroglyphic Dictionary,* 2vols (Mineola, NY, 1978)；Davies, *Egyptian Hieroglyphs*；David P. Silverman, *Language and Writing in Ancient Egypt, Carnegie Series on Egypt* (Oakland, CA, 1990)；Jaromir Malek, *The ABC of Hieroglyphs: Ancient Egyptian Writing* (Gilsum, NH, 1995)；Hilary Wilson, *Understanding Hieroglyphs: A Complete Introductory Guide* (Lincolnwood, IL, 1995)。

9   Davies, *Egyptian Hieroglyphs*.

10 Ritner, "Egyptian Writing".

11 Davies, *Egyptian Hieroglyphs*.

12 Robinson, *The Story of Writing*.

13 Maurice W. M. Pope, "The Origin of Near Eastern Writing", *Antiquity*, XL(1965), pp. 17–23；Thorkild Jacobson, *Toward the Image of Tammuz and Other Essays on Mesopotamian History and Culture*(Oslo, 1970)；Piotr Michalowski, "Mesopotamian Cuneiform", in Daniels and Bright, eds, *The World's Writing Systems*, pp. 33–6.

14 Henri-Jean Martin, *The History and Power of Writing*, trans. Lydia G. Cochrane (Chicago and London, 1994).

15 Marvin A. Powell, "Three Problems in the History of Cuneiform Writing: Origins, Direction of Script, Literacy", *Visible Language*, XV/4 (1981), pp. 419–40.

16 C. B. F. Walker, *Cuneiform, Reading the Past*, vol. III(Berkeley and Los Angeles, 1989).

17 M. W. Green, "The Construction and Implementation of the Cuneiform Writing System", *Visible Language*, XV/4(1981), pp. 345–72.

18 Florian Coulmas, *The Writing Systems of the World*(Oxford and New York, 1989).

19 Ignace J. Gelb, *A Study of Writing* (1952), rev. edn (Chicago and London, 1963).

20 Jerrold S. Cooper, "Sumerian and Akkadian", in Daniels and Bright, eds, *The World's Writing Systems*, pp. 37–57; M. Civil and R. Biggs, "Notes sur des textes sumériens archaïques", *Revue d'Assyriologie*, LX(1966).

21 David Diringer, *The Alphabet: A Key to the History of Mankind*, third edn (London, 1968).

22 Gene B. Gragg, "Other Languages", in Daniels and Bright, eds, *The World's Writing Systems*, pp. 58–72.

23 Christel Rüster, *Hethitische Keilschrift-Paläographie*(Wiesbaden, 1972).

24 Stanislav Segert, *A Basic Grammar of the Ugaritic Language*(Berkeley, 1984).

25 Coulmas, *The Writing Systems of the World*.

26 Friedrich Wilhelm König, *Die elamischen Königsinschriften*(Graz, 1965).

27 Johannes Friedrich, *Geschichte der Schrift*(Heidelberg, 1966).

28 Maurice Pope, *The Story of Decipherment: From Egyptian Hieroglyphic to Linear B*(London, 1975).

29 Hans Jensen, *Sign, Symbol and Script*(New York, 1969).

30 Coulmas, *The Writing Systems of the World*.

31 Carl C. Lamberg-Karlovsky, "The Proto-Elamites on the Iranian Plateau", *Antiquity*, LII(1978), pp. 114–20.

32 Robert K. Englund, "The Proto-Elamite Script", in Daniels and Bright, eds, *The World's Writing Systems*, pp. 160–64.

33 F. Vallat, "Les Documents épigraphiques de l'acropole (1969–1971)", *Cahiers de la délégation archéologique française en Iran*, I(1971), pp. 235–45; "Les Tablettes proto-elamites de l'acropole (campagne 1972)", *Cahiers de la délégation archéologique française en Iran*, III(1973), pp. 93–105; Piero Meriggi, *La scrittura proto-elamica*, 3vols (Rome, 1971–4).

34 Lamberg-Karlovsky, "The Proto-Elamites on the Iranian Plateau".

35 Asko Parpola, *Deciphering the Indus Script*(Cambridge, 1994).

36 Asko Parpola, "The Indus Script", in Daniels and Bright, eds, *The World's Writing Systems*, pp. 165–71.

37 Parpola, *Deciphering the Indus Script*。亦见Gregory L. Possehl, *The Indus Age: The Writing*

System (Philadelphia, 1996)。

38 Walter A. Fairservis, Jr, "The Script of the Indus Valley Civilization", *Scientific American* (March 1983), pp. 41–9.

39 Asko Parpola, "The Indus Script: A Challenging Puzzle", *World Archaeology*, XVII/3(1986), pp. 399–419.

40 Parpola, *Deciphering the Indus Script*.

41 Albertine Gaur, *A History of Writing*, rev. edn (London, 1992).

42 Archibald A. Hill, "The Typology of Writing Systems", in W. M. Austin, ed. *Papers in Linguistics in Honor of Léon Dostert* (The Hague, 1967), pp. 92–9.

第三章　语音系统

1   Henri-Jean Martin, *The History and Power of Writing*, trans. Lydia G. Cochrane (Chicago and London, 1994).

2   Florian Coulmas, *The Writing Systems of the World* (Oxford and New York, 1989).

3   Gordon Childe, *What Happened in History* (1942) (Harmondsworth, 1982).

4   George E. Mendenhall, *The Syllabic Inscriptions from Byblos* (Beirut, 1985).

5   Brian E. Colless, "The Proto-Alphabetic Inscriptions of Canaan", *Abr-Nahrain*, XXIX(1991), pp. 18–66; "The Byblos Syllabary and the ProtoAlphabet", *Abr-Nahrain*, XXX(1992), pp. 55–102.

6   Mendenhall, *The Syllabic Inscriptions from Byblos*.

7   见Colless科利斯的论文 "The Byblos Syllabary and the ProtoAlphabet"。

8   同上。

9   Ignace J. Gelb, *Hittite Hieroglyphs* (London, 1931); *A Study of Writing* [1952](Chicago and London, 1963).

10 H. Craig Melchert, "Anatolian Hieroglyphs", in Peter T. Daniels and William Bright, eds, *The World's Writing Systems* (New York, 1996), pp. 120–24.

11 同上。

12 Albertine Gaur, *A History of Writing*, rev. edn (London, 1992).

13 Martin, *The History and Power of Writing*.

14 这一部分遵循了最新学说，即希腊米诺斯人创造了克里特岛的象形文字和线形文字A，详见Steven Roger Fischer, *Evidence for Hellenic Dialect in the Phaistos Disk* (Berne et al., 1988)；更广为人知的版本见Steven Roger Fischer, *Glyphbreaker* (New York, 1997)。我们也鼓励读者了解传统规范的学说，这些学说认为希腊人借用

了希腊前米诺斯人的音节文字，概论性的著述有Emmett L. Bennett, Jr, 'Aegean Scripts', in Daniels and Bright, eds, *The World's Writing Systems*, pp. 125–33; John Chadwick, *Linear B and Related Scripts*, second edn (London, 1989)。

15 关于费斯托斯圆盘的完整描述，见Yves Duhoux, *Le Disque de Phaestos* (Louvain, 1977)。关于它的破译和内容，见Fischer, *Evidence for Hellenic Dialect in the Phaistos Disk*。

16 Fischer, *Evidence for Hellenic Dialect in the Phaistos Disk*.

17 Louis Godart and Jean-Pierre Olivier, *Recueil des inscriptions en linéaire A*, Etudes crétoises 21/1–5 (Athens, 1976–85).

18 Michael Ventris and John Chadwick, *Documents in Mycenæan* Greek, second edn (Cambridge, 1973).

19 Thomas G. Palaima, "Cypro-Minoan Scripts: Problems of Historical Context", in Yves Duhoux, Thomas G. Palaima and John Bennet, eds, *Problems in Decipherment, Bibliothèque des cahiers de l'Institut de Linguistique de Louvain 49*(Louvain, 1989), pp. 121–87.

20 Hans Jensen, *Sign, Symbol and Script* (New York, 1969).

21 G. R. Driver, *Semitic Writing: From Pictograph to Alphabet* (1948) (London, 1976).

22 W. V. Davies, *Egyptian Hieroglyphs, Reading the Past* (London, 1987).

23 David Diringer, *The Alphabet: A Key to the History of Mankind*, third edn (London, 1968).

24 M. O'Connor, "Epigraphic Semitic Scripts", in Daniels and Bright, eds, *The World's Writing Systems*, pp. 88–107.

25 Colless, "The Proto-Alphabetic Inscriptions of Canaan".

26 Coulmas, *The Writing Systems of the World*.

27 Johannes Friedrich, *Geschichte der Schrift* (Heidelberg, 1966); Diringer, *The Alphabet*.

28 O'Connor, "Epigraphic Semitic Scripts".

29 Coulmas, *The Writing Systems of the World*.

30 M. O'Connor, "The Berber Scripts", in Daniels and Bright, eds, *The World's Writing Systems*, pp. 112–16.

31 O'Connor, "Epigraphic Semitic Scripts".

32 S. A. Birnbaum, *The Hebrew Script* (Edinburgh, 1971).

33 Jensen, *Sign, Symbol and Script*.

34 Coulmas, *The Writing Systems of the World*.

35 D. Navon and J. Shimron, "Reading Hebrew: How Necessary is the Graphemic Representation of Vowels?", in L. Henderson, ed., *Orthographies and Reading* (London,

1984), pp. 91–102.

36 Diringer, *The Alphabet*.

37 Coulmas, *The Writing Systems of the World*.

38 F. E. Sommer, *The Arabic Writing in Five Lessons, with Practical Exercises and Key* (New York, 1942).

39 同上；Farhat J. Ziadeh and R. Bayly Winder, *An Introduction to Modern Arabic* (Princeton, 1957)；David Cowan, *An Introduction to Modern Literary Arabic* (Cambridge, 1964)；J. R. Smart, Arabic: *A Complete Course for Beginners* (London, 1986)。

40 Youssef Mahmoud, "The Arabic Writing System and the Sociolinguistics of Orthography Reform", PhD diss., Georgetown University, Washington, DC, 1979.

41 Friedrich, *Geschichte der Schrift*.

42 Coulmas, *The Writing Systems of the World*.

43 D. P. Pattanayak, "The Problem and Planning of Scripts", in G. Sambasiva Rao, ed., *Literacy Methodology* (Manasagangotri, Mysore, 1979), pp. 43–59.

44 V. Kannaiyan, *Scripts in and around India* (Madras, 1960).

45 同上。

46 Steven Roger Fischer, *A History of Language* (London, 1999).

47 Coulmas, *The Writing Systems of the World*.

48 Lachman M. Khubchandani, *Plural Languages, Plural Cultures* (Honolulu, 1983).

49 William Bright, "The Devanagari Script", in Daniels and Bright, eds, *The World's Writing Systems*, pp. 384–90.

50 Mary Haas, *The Thai System of Writing* (Washington, DC, 1956).

51 J. G. de Casparis, *Indonesian Palæography* (Leiden, 1975).

52 Wolfgang-Ekkehard Scharlipp, *Einführung in die tibetische Schrift* (Hamburg, 1984). 53 Francis Britto, Diglossia: *A Study of the Theory with Application to Tamil* (Washington, DC, 1986).

54 Fischer, *A History of Language*.

第四章 从 α 到 ω

1 Pierre Swiggers, "Transmission of the Phoenician Script to the West", in Peter T. Daniels and William Bright, eds, *The World's Writing Systems* (New York, 1996), pp. 261–70.

2 Geoffrey Sampson, *Writing Systems* (London, 1985).

3   Roger D. Woodard, *Greek Writing from Knossos to Homer: A Linguistic Interpretation of the Origin of the Greek Alphabet and the Continuity of Ancient Greek Literacy* (Oxford, 1997)。David Diringer, *The Alphabet: A Key to the History of Mankind*, third edn (London, 1968), 认为希腊人在公元前1000年左右借用了腓尼基字母。Florian Coulmas, *The Writing Systems of the World* (Oxford and New York, 1989), 支持公元前10世纪 "最迟" 说。早在1907年，W. Larfeld, *Handbuch der griechischen Epigraphik* (Leipzig, 1907), 估计的时间是公元前11世纪。 更为保守的古典学家，如Swiggers, 'Transmission of the Phoenician Script to the West', 认为这一借用发生在公元前800—前775年间的希腊。闪米特主义者通常假定的日期要早得多，即从公元前1750—前1100年；早期借用学说的主要倡导者（尽管是保守估计的公元前1100年）是Joseph Naveh, *Early History of the Alphabet*, second edn (Leiden, 1987)。

4   Edward Maunde Thompson, *Handbook of Greek and Latin Palæography* (London, 1906).

5   Lilian Hamilton Jeffery, *The Local Scripts of Archaic Greece: A Study of the Origin of the Greek Alphabet and Its Development from the Eighth to the Fifth Centuries B.C.*, second edn rev. A. W. Johnston (Oxford, 1990).

6   Michael S. Macrakis, ed., *Greek Letters from Tablets to Pixels* (New Castle, DE, 1996).

7   P. Kyle McCarter, Jr, *The Antiquity of the Greek Alphabet and the Early Phoenician Scripts* (Missoula, MT, 1975).

8   Coulmas, *The Writing Systems of the World.*

9   Leslie Threatte, "The Greek Alphabet", in Daniels and Bright, eds, *The World's Writing Systems*, pp. 271–80.

10 Sampson, *Writing Systems.*

11 See Hans Jensen, *Sign, Symbol and Script* (New York, 1969), 在希腊补充字母起源方面提供了大量资料。有两个主要的假说：它们代表现有希腊字母的区别，或者它们是从非希腊来源借来的。

12 Pierre Swiggers and Wolfgang Jenniges, "The Anatolian Alphabets", in Daniels and Bright, eds, *The World's Writing Systems*, pp. 281–7.

13 W. V. Davies, *Egyptian Hieroglyphs, Reading the Past* (London, 1987).

14 Karl-Heinz Priese, "Zur Entstehung der meroitischen Schrift", in Fritz Hintze, ed., *Sudan im Altertum,* Meroitica I (Berlin, 1973), pp. 273–306.

15 N. B. Millet, "The Meroitic Script", in Daniels and Bright, eds, *The World's Writing Systems*, pp. 84–6.

16 Robert K. Ritner, "The Coptic Alphabet", in Daniels and Bright, eds, *The World's Writing Systems*, pp. 287–90.

17 Walter C. Till, *Koptische Grammatik* (Leipzig, 1955).

18 Walter E. Crum, *A Coptic Dictionary* (Oxford, 1939).

19 Albertine Gaur, *A History of Writing*, vol. 2, rev. edn (London, 1992).

20 "Etruscan Text Find", in *Archaeology*, LII/5(1999), p. 16.

21 Larissa Bonfante, "The Scripts of Italy", in Daniels and Bright, eds, *The World's Writing Systems*, pp. 297–311.

22 Ambros Pfiffig, *Die etruskische Sprache: Versuch einer Gesamtdarstellung* (Graz, 1969).

23 Giuliano Bonfante and Larissa Bonfante, *The Etruscan Language: An Introduction* (Manchester, 1983).

24 Sampson, *Writing Systems*.

25 John F. Healey, *The Early Alphabet, Reading the Past* (London, 1990).

26 Sampson, *Writing Systems*.

27 W. S. Allen, *Vox Latina* (Cambridge, 1965).

28 Coulmas, *The Writing Systems of the World*.

29 Pierre Swiggers, "The Iberian Scripts", in Daniels and Bright, eds, *The World's Writing Systems*, pp. 108–12.

30 Jürgen Untermann, *Monumenta Linguarum Hispanisarum* (Wiesbaden, 1975–90).

31 Ernst Ebbinghaus, "The Gothic Alphabet", in Daniels and Bright, eds, *The World's Writing Systems*, pp. 290–93.

32 Ernst Ebbinghaus, "The Origin of Wulfila's Alphabet", *General Linguistics*, XIX (1979), pp. 15–29.

33 Erdmute Schultze, "Die Runen", in Bruno Krüger, ed., *Die Germanen*, vol. 2(Berlin, 1986), pp. 315–26.

34 Gaur, *A History of Writing*.

35 Ralph W. V. Elliott, "The Runic Script", in Daniels and Bright, eds, *The World's Writing Systems*, pp. 333–9.

36 Raymond I. Page, *Runes*, Reading the Past (London, 1987).

37 Raymond I. Page, *An Introduction to English Runes* (London, 1973).

38 Klaus Düwel, *Runenkunde*, second edn (Stuttgart, 1983).

39 Damian McManus, "Ogham", in Daniels and Bright, eds, *The World's Writing Systems*, pp. 340–45.

40 James Carney, "The Invention of the Ogom Cipher", *Ériu (Journal of the Royal Irish Academy)*, XXVI (1975), pp. 53–65.

41 Damian McManus, *A Guide to Ogam, Maynooth Monographs* 4 (Maynooth, 1991).

42 Paul Cubberley, "The Slavic Alphabets", in Daniels and Bright, eds, *The World's Writing Systems*, pp. 346–55.

43 Leon Stilman, *Russian Alphabet and Phonetics*, twelfth edn (New York, 1960).

44 Paul Cubberley, "Alphabets and Transliteration", in Bernard Comrie and Greville G. Corbett, eds, *The Slavonic Languages* (London, 1993), pp. 20–59.

第五章 东 亚

1   Herrlee G. Creel, *Chinese Writing* (Washington, DC, 1943).

2   Cheung Kwong-yue, "Recent Archaeological Evidence Relating to the Origin of Chinese Characters", in David N. Keightley, ed., *The Origins of Chinese Civilization* (Berkeley and Los Angeles, 1983), pp. 323–91.

3   William G. Boltz, *The Origin and Early Development of the Chinese Writing System*, American Oriental Series 78(New Haven, 1994).

4   Suzanne Wen-Pu Yao, *Ostasiatische Schriftkunst* (Berlin, 1981).

5   Bertrand Russell, *The Problem of China*(London, 1922).

6   Yuen Ren Chao, *Language and Symbolic Systems* (Cambridge, 1968).

7   Florian Coulmas, *The Writing Systems of the World* (Oxford and New York, 1989).

8   John DeFrancis, *The Chinese Language: Fact and Fantasy* (Honolulu, 1984).

9   Boltz, *The Origin and Early Development of the Chinese Writing System*.

10 Viviane Alleton, *L'Ecriture chinoise* (Paris, 1970).

11 Victor H. Mair, "Modern Chinese Writing", in Daniels and Bright, *The World's Writing Systems*, pp. 200–208.

12 Albertine Gaur, *A History of Writing*, rev. edn (London, 1992).

13 Mair, "Modern Chinese Writing".

14 同上。

15 Victor H. Mair, "Cheng Ch'iao's Understanding of Sanskrit: The Concept of Spelling in China", in *A Festschrift in Honour of Professor Jao Tsung-i on the Occasion of His Seventy-fifth Anniversary* (Hong Kong, 1993), pp. 331–41.

16 DeFrancis, *The Chinese Language*.

17 Nguyen Dinh-Hoa, "Vietnamese", in Daniels and Bright, eds, *The World's Writing Systems*, pp. 691–5.

18 Gaur, *A History of Writing*.

19 Lee Sangbaek, *A History of Korean Alphabet and Movable Types* (Seoul, 1970).

20 Ross King, "Korean Writing", in Daniels and Bright, eds, *The World's Writing Systems*, pp. 218–27.

21 Geoffrey Sampson, *Writing Systems* (London, 1985).

22 King, "Korean Writing".

23 Gari Keith Ledyard, "The Korean Language Reform of 1446: The Origin, Background and Early History of the Korean Alphabet", PhD diss., University of California at Berkeley, 1966.

24 Ross King, "The Korean Elements in the Manchu Script Reform of 1632", *Central Asiatic Journal*, XXXI (1987), pp. 197–217.

25 Coulmas, *The Writing Systems of the World*.

26 Insup Taylor, "The Korean Writing System: An Alphabet?", in Paul A. Kolers, Merald E. Wrolstad and Herman Bouma, eds, *Processing of Visible Language*, vol. 2(New York, 1980), pp. 67–82.

27 Lee Sangbaek, *A History of Korean Alphabet and Movable Types*.

28 Sampson, *Writing Systems*.

29 King, "Korean Writing".

30 Sampson, *Writing Systems*.

31 Janet S. Smith, "Japanese Writing", in Daniels and Bright, eds, *The World's Writing Systems*, pp. 209–17.

32 Hans Jensen, *Sign, Symbol and Script* (New York, 1969).

33 G. B. Sansom, *Japan: A Short Cultural History* (New York, 1962).

34 Smith, "Japanese Writing".

35 Sampson, *Writing Systems*.

36 在这方面，特别建议参见Coulmas, *The Writing Systems of the World*。

37 Smith, "Japanese Writing".

38 Sampson, *Writing Systems*.

39 Coulmas, *The Writing Systems of the World*.

40 同上。

第六章 美 洲

1 John S. Justeson and Terrence Kaufman, "A Decipherment of EpiOlmec Hieroglyphic Writing", *Science*, CCLIX (1993), pp. 1703–11.

2 Virginia Morell, "New Light on Writing in the Americas", *Science*, CCLI (1991), pp. 268–70.

3 Florian Coulmas, *The Writing Systems of the World* (Oxford and New York, 1989).

4 Steven Roger Fischer, *A History of Language* (London, 1999).

5 Joyce Marcus, *Mesoamerican Writing Systems: Propaganda, Myth, and History in Four Ancient Civilizations* (Princeton, 1992).

6 比如说Peter T. Daniels, "The Invention of Writing", in Peter T. Daniels and William Bright, eds, *The World's Writing Systems* (New York, 1996), pp. 579–86.

7 Michael D. Coe, cited in Morell, "New Light on Writing in the Americas".

8 Michael D. Coe, *Breaking the Maya Code* (London, 1992).

9 同上。

10 Joyce Marcus, "The First Appearance of Zapotec Writing and Calendrics", in Kent V. Flannery and Joyce Marcus, eds, *The Cloud People: Divergent Evolution of the Zapotec and Mixtec Civilizations* (New York, 1983), pp. 91–6.

11 Morell, "New Light on Writing in the Americas".

12 Janet Catherine Berlo, "Early Writing in Central Mexico: In Tlilli, In Tlapallibefore A.D. 1000", in Richard A. Diehl and Janet Catherine Berlo, *Mesoamerica after the Decline of Teotihuacan A.D. 700-900* (Washington, DC, 1989), pp. 19–47.

13 Marcus, *Mesoamerican Writing Systems*.

14 Justeson, 转引自Morell, "New Light on Writing in the Americas"。

15 Marcus, 转引自Martha J. Macri, "Maya and Other Mesoamerican Scripts", in Daniels and Bright, The World's Writing Systems, pp. 172–82。

16 Justeson and Kaufman, "A Decipherment of Epi-Olmec Hieroglyphic Writing".

17 同上。

18 Coe, *Breaking the Maya Code*.

19 Linda Schele and Nikolai Grube, *Notebook for the XIXth Maya Hieroglyphic Workshop at Texas, March 9–18, 1995*(Austin, tx, 1995).

20 John S. Justeson et al., *The Foreign Impact on Lowland Mayan Language and Script*, Middle American Research Institute, Publication 53(New Orleans, 1985).

21 Marcus, *Mesoamerican Writing Systems*.

22 Schele and Grube, *Notebook*.

23 Macri, "Maya and Other Mesoamerican Scripts".

24 Coe, *Breaking the Maya Code*.

25 Schele and Grube, *Notebook*.

26 Coe, *Breaking the Maya Code*.

27 Michael D. Coe, *The Maya Scribe and His World* (New York, 1973).

28 Michael D. Coe and Justin Kerr, *The Art of the Maya Scribe* (London, 1998).

29 Cecil H. Brown, "Hieroglyphic Literacy in Ancient Mayaland: Inferences from

Linguistic Data", *Current Anthropology*, XXXII (1991), pp. 489–96.

30　Coe, *Breaking the Maya Code.*

31　Marcus, *Mesoamerican Writing Systems.*

32　Coe, *Breaking the Maya Code.*

33　Christopher L. Moser, *Ñuiñe Writing and Iconography of the Mixteca Baja,* Vanderbilt University Publications in Anthropology 19(Nashville, 1977).

34　James C. Langley, "The Forms and Usage of Notation at Teotihuacan", *Ancient Mesoamerica*, II (1991), pp. 285–98.

35　Berlo, "Early Writing in Central Mexico".

36　Macri, "Maya and Other Mesoamerican Scripts".

37　这些引人入胜的图画手稿的完整文档见John B. Glass, "A Survey of Native Middle American Pictorial Manuscripts", in Howard F. Cline, ed., *Guide to Ethnohistorical Sources*, pt 3, Handbook of Middle American Indians 14(Austin, 1975), pp. 3–80; "A Census of Native Middle American Pictorial Manuscripts", in Cline, ed., *Guide to Ethnohistorical Sources*, pp. 81–252。

38　Morell, "New Light on Writing in the Americas".

39　Mary Elizabeth Smith, "The Mixtec Writing System", in Kent V. Flannery and Joyce Marcus, eds, *The Cloud People: Divergent Evolution of the Zapotec and Mixtec Civilizations* (New York, 1983), pp. 238–45.

40　Marcus, *Mesoamerican Writing Systems.*

41　Coulmas, *The Writing Systems of the World.*

42　Marcus, *Mesoamerican Writing Systems.*

43　Victoria de la Jara, "Vers le déchiffrement des écritures anciennes du Pérou", *Science progrès – La Nature*, XCV (1967), pp. 241–7.

44　Albertine Gaur, *A History of Writing*, rev. edn (London, 1992).

45　Marcel Cohen, 转引自de la Jara, "Vers le déchiffrement des écritures"。

46　Marcus, *Mesoamerican Writing Systems.*

第七章　羊皮纸键盘

1　*St. Augustine's Confessions, with an English Translation by William Watts, 1631*(Cambridge, MA, and London, 1989).

2　Joseph Balogh, "Voces paginarum", *Philologus*, LXXXII (1926–7), pp. 84–100; Bernard M. Knox, "Silent Reading in Antiquity", *Greek, Roman and Byzantine*

Studies, IX/4(1968), pp. 421–35.

3   R. Reed, *Ancient Skins, Parchments and Leather* (London, 1972).

4   Arthur S. Osley, ed., *Calligraphy and Palæography* (London, 1965).

5   Michelle P. Brown, *A Guide to Western Historical Scripts from Antiquity to 1600*(London, 1990).

6   John Woodcock and Stan Knight, *A Book of Formal Scripts* (London, 1992).

7   Henri-Jean Martin, *The History and Power of Writing*, trans. Lydia G. Cochrane (Chicago and London, 1994).

8   Stan Knight, *Historical Scripts* (London, 1984).

9   Geoffrey Sampson, *Writing Systems* (London, 1985).

10 同上。

11 Stan Knight, "The Roman Alphabet", in Peter T. Daniels and William Bright, eds, *The World's Writing Systems* (New York, 1996), pp. 312–32.

12 Martin, *The History and Power of Writing*.

13 S. Harrison Thomson, *Latin Bookhands of the Later Middle Ages* (Cambridge, 1969).

14 Albinia C. de la Mare, *The Handwriting of the Italian Humanists* (London, 1973).

15 James Wardrop, *The Script of Humanism* (Oxford, 1963).

16 Berthold L. Ullman, *The Origin and Development of Humanistic Script*, second edn (Rome, 1974).

17 Knight, *Historical Scripts*.

18 Martin, *The History and Power of Writing*.

19 Knight, *Historical Scripts*.

20 T. A. M. Bishop, *English Caroline Minuscule* (Oxford, 1971).

21 Alfred J. Fairbank, *A Handwriting Manual* (Leicester, 1932)；Joyce Irene Whalley, *English Handwriting, 1540–1853*(London, 1969).

22 Florian Coulmas, *The Writing Systems of the World* (Oxford and New York, 1989).

23 *New Scientist* (15 July 2000).

24 R. H. Clapperton, *Paper: An Historical Account* (Oxford, 1934).

25 Albertine Gaur, *A History of Writing*, rev. edn (London, 1992).

26 同上。

27 Beatrice Warde, "Foreword", in S. H. Steinberg, *Five Hundred Years of Printing*, second edn (London, 1961).

28 Steven Roger Fischer, *Glyphbreaker* (New York, 1997).

29 Thomas Francis Carter, *The Invention of Printing in China and Its Spread Westwards* (New York, 1925).

30 David Chibbett, *The History of Japanese Printing and Book Illustration* (Tokyo, 1977).

31 Gaur, *A History of Writing*.

32 同上。

33 Knight, *Historical Scripts*.

34 Steinberg, *Five Hundred Years of Printing*.

35 同上。

36 Gaur, *A History of Writing*.

37 Knight, *Historical Scripts*.

38 Steinberg, *Five Hundred Years of Printing*.

39 W. L. Heilbronner, *Printing and the Book in 15th-Century England* (Charlottesville, 1967).

40 Steinberg, *Five Hundred Years of Printing*.

41 Arthur S. Osley, ed., *Calligraphy and Palæography* (London, 1965).

42 Stanley Morison, *A Tally of Types* (Cambridge, 1973).

43 Joseph Blumenthal, *Art of the Printed Book, 1455–1955*(New York and Boston, 1973).

44 Daniel Berkeley Updike, *Printing Types: Their History, Forms, and Use*, second edn (Cambridge, 1937).

45 Warren Chappell, *A Short History of the Printed Word* (New York, 1970).

46 同上。

47 A. F. Johnson, *Type Designs*, third edn (London, 1966).

48 Updike, *Printing Types*.

49 Sebastian Carter, *Twentieth Century Type Designers* (New York, 1987).

50 同上。

51 Steinberg, *Five Hundred Years of Printing*.

52 Wilfred A. Beeching, *Century of the Typewriter* (New York, 1974).

53 Peter T. Daniels, "Analog and Digital Writing", in Daniels and Bright, eds, *The World's Writing Systems*, pp. 883–92.

54 Elizabeth L. Eisenstein, *The Printing Press as an Agent of Change: Communications and Cultural Transformations in Early-Modern Europe* (Cambridge, 1979).

55 Steinberg, *Five Hundred Years of Printing*.

56 同上。

57 Alfred Schmitt, "Die Bamum-Schrift", *Studium Generale*, XX (1967), pp. 594–604.

58 David Dalby, "Further Indigenous Scripts of West Africa: Manding, Wolof and Fula Alphabets and Yoruba 'Holy' Writing", *African Language Studies*, X (1969), pp. 161–81.

59 Saul H. Riesenberg and Shigeru Kaneshiro, *A Caroline Islands Script*, Smithsonian Institution Bureau of American Ethnology Bulletin 173；Anthropological Papers 60(Washington, DC, 1960), pp. 273–333.

60 J. Park Harrison, "Note on Five Hieroglyphic Tablets from Easter Island", *Journal of the Royal Anthropological Institute of Great Britain and Ireland*, V(1876), pp. 248–50.

61 Steven Roger Fischer, *Rongorongo: The Easter Island Script: History, Traditions, Texts*, Oxford Studies in Anthropological Linguistics 14 (Oxford, 1997)；*idem, Glyphbreaker*.

62 Steven Roger Fischer, *A History of Language* (London, 1999).

63 Knight, *Historical Scripts*.

64 John Man, *Alpha Beta: How Our Alphabet Changed the Western World* (London, 2000).

第八章　书写未来

1 Edward S. Tylor, *Anthropology* (New York, 1881).

2 David Diringer, *The Alphabet: A Key to the History of Mankind*, third edn (London, 1968).

3 Henri-Jean Martin, *The History and Power of Writing*, trans. Lydia G. Cochrane (Chicago and London, 1994).

4 Geoffrey Sampson, *Writing Systems* (London, 1985).

5 Steven Roger Fischer, *A History of Language* (London, 1999).

6 M. W. Sugathapala De Silva, *Diglossia and Literacy* (Manasagangotri, Mysore, 1976).

7 Karl Krumbacher, *Das Problem der neugriechischen Schriftsprache* (Munich, 1902).

8 对双语现象最好的综述见Francis Britto, *Diglossia: A Study of the Theory with Application to Tamil* (Washington, DC, 1986)。

9 Florian Coulmas, *The Writing Systems of the World* (Oxford and New York, 1989).

10 Madhav M. Deshpande, *Critical Studies in Indian Grammarians*, Michigan Series in South and Southeast Asian Languages and Linguistics, No. 2 (Ann Arbor, 1979).

11 Florian Coulmas, "What Writing Can Do to Language", in S. Battestini, ed., *Georgetown University Roundtable on Languages and Linguistics 1986* (Washington, DC, 1987), pp. 107–29.

12 Fischer, *A History of Language*.

13 P. R. Hanna, R. E. Hodges and J. S. Hanna, *Spelling: Structure and Strategies* (Boston, 1971).

14 S. H. Steinberg, *Five Hundred Years of Printing*, second edn (London, 1961).

15 Sampson, *Writing Systems*.

16 Noam Chomsky and Morris Halle, *The Sound Pattern of English* (New York, 1968).

17 Andrew Robinson, *The Story of Writing* (London, 1995).

18 Robert Horn, *Visual Language* (Bainbridge Island, WA, 1998).

19 *New Scientist* (12 February 2000).

20 Fischer, *A History of Language*.

21 同上。

22 Seppo Tella, Talking Shop Via E–Mail: *A Thematic and Linguistic Analysis of Electronic Mail Communication* (Helsinki, 1992).

23 Coulmas, *The Writing Systems of the World*.

精选书目

Albright, W. F., *The Proto-Sinaitic Inscriptions and Their Decipherment* (Cambridge, MA, 1966)

Albrow, K. H., *The English Writing System: Notes towards a Description* (London, 1972)
    Allen, W. S., *Vox Latina* (Cambridge, 1965)

Alleton, Viviane, *L'Ecriture chinoise* (Paris, 1970)

André, Béatrice, *L'Invention de l'écriture* (Paris, 1988)

Arntz, H. *Die Runenschrift* (Halle, 1938)

Augst, Gerhard, ed., *New Trends in Graphemics and Orthography* (Berlin and New York, 1986)

Bahn, Paul, and Jean Vertut, *Images of the Ice Age* (London, 1988)

—, *Journey through the Ice Age* (London, 1997)

Ball, C. J., *Chinese and Sumerian* (London, 1913)

Bankes, George, *Moche Pottery from Peru* (London, 1980)

Barthel, Gustav, *Konnte Adam Schreiben: Weltgeschichte der Schrift* (Köln, 1972) Beeching, Wilfred A., *Century of the Typewriter* (New York, 1974)

Benson, Elizabeth P., and Gillett G. Griffin, eds, *Maya Iconography* (Princeton, 1988)
    Birnbaum, S. A., *The Hebrew Script* (Edinburgh, 1971)

Bishop, T. A. M., *English Caroline Minuscule* (Oxford, 1971)

Bloomfield, Leonhard, *Language* (New York, 1933)

Blumenthal, Joseph, *Art of the Printed Book, 1455–1955* (New York and Boston, 1973)

Boltz, William G., *The Origin and Early Development of the Chinese Writing System*, American Oriental Series 78 (New Haven, 1994)

Bonfante, Giuliano, and Larissa Bonfante, *The Etruscan Language: An Introduction* (Manchester, 1983)

Bonfante, Larissa, *Etruscan* (London, 1990)

Britto, Francis, *Diglossia: A Study of the Theory with Application to Tamil* (Washington, DC, 1986)

Brown, Michelle P., *A Guide to Western Historical Scripts from Antiquity to 1600*(London, 1990)

Budge, E. A. Wallis, *An Egyptian Hieroglyphic Dictionary*, 2vols (Mineola, NY, 1978)

Campbell, George L., *Handbook of Scripts and Alphabets* (London, 1997)

Carter, Sebastian, *Twentieth Century Type Designers* (New York, 1987)

Carter, Thomas Francis, *The Invention of Printing in China and Its Spread Westwards* (New York, 1925)

Casparis, J. G. de, *Indonesian Palæography* (Leiden, 1975)

Chadwick, John, *Linear B and Related Scripts*, 2nd edn (London, 1989)

Chappell, Warren, *A Short History of the Printed Word* (New York, 1970)

Chibbett, David, *The History of Japanese Printing and Book Illustration* (Tokyo, 1977)

Chiera, Edward, *They Wrote on Clay* (Chicago and London, 1938)

Chomsky, Noam, and Morris Halle, *The Sound Pattern of English* (New York, 1968)

Claiborne, Robert, *The Birth of Writing* (New York, 1974)

Clapperton, R. H., *Paper: An Historical Account* (Oxford, 1934)

Coe, Michael D., *The Maya Scribe and His World* (New York, 1973)

—, *Breaking the Maya Code* (London, 1992)

—, and Justin Kerr, *The Art of the Maya Scribe* (London, 1998)

Cohen, Marcel, *La Grande Invention de l'écriture et son évolution*, 2vols (Paris, 1958)

Coulmas, Florian, *The Writing Systems of the World* (Oxford and New York, 1989)

—, *The Blackwell Encyclopædia of Writing Systems* (Oxford, 1996)

—, and K. Ehlich, eds, *Writing in Focus* (Berlin, Amsterdam and New York, 1983)

Cowan, David, *An Introduction to Modern Literary Arabic* (Cambridge, 1964)

Coyaud, Maurice, *L'Ambiguité en japonais écrit* (Paris, 1985)

Creel, Herrlee G., *Chinese Writing* (Washington, DC, 1943)

Crum, Walter E., *A Coptic Dictionary* (Oxford, 1939)

Daniels, Peter T., and William Bright, eds, *The World's Writing Systems* (New York, 1996)

Davies, W. V., *Egyptian Hieroglyphs, Reading the Past* (London, 1987)

DeFrancis, John, *The Chinese Language: Fact and Fantasy* (Honolulu, 1984)

—, *Visible Speech: The Diverse Oneness of Writing Systems* (Honolulu, 1989)

Desbordes, Françoise, *Idées romaines sur l'écriture* (Lille, 1990)

Deshpande, Madhav M., *Critical Studies in Indian Grammarians*, Michigan Series in South and Southeast Asian Languages and Linguistics, No. 2 (Ann Arbor, 1979)

De Silva, M. W. Sugathapala, *Diglossia and Literacy* (Manasagangotri, Mysore, 1976)

    Dietrich, M., and O. Lorentz, *Die Keilalphabete: Die phoenizisch-kanaanäischen und altarabischen Alphabete in Ugarit* (Münster, 1988)

Diringer, David, *Writing* (London, 1962)

—, *The Alphabet: A Key to the History of Mankind*, 3rd edn (London, 1968)

—, *A History of the Alphabet*, 2nd edn (London, 1977)

Dreyfuss, Henry, *Signs, Images, Symbols* (New York, 1966)

Driver, G. R., *Semitic Writing: From Pictograph to Alphabet*, rev. edn (London, 1976)

    Duhoux, Yves, *Le Disque de Phaestos* (Louvain, 1977)

Düwel, Klaus, *Runenkunde*, 2nd edn (Stuttgart, 1983)

Eisenstein, Elizabeth L., *The Printing Press as an Agent of Change: Communications and Cultural Transformations in Early-Modern Europe* (Cambridge, 1979)

Evans, Arthur, *Scripta Minoa I* (Oxford, 1909)

—, *Scripta Minoa II* (Oxford, 1952)

Fairbank, Alfred J., *A Handwriting Manual* (Leicester, 1932)

Falkenstein, A., *Das Sumerische* (Leiden, 1964)

Feldbusch, Elisabeth, *Geschriebene Sprache: Untersuchungen zu ihrer Herausbildung und Grundlegung ihrer Theorie* (Berlin and New York, 1985)

Février, J.-G., *Histoire de l'écriture* (Paris, 1959)

Fischer, Steven Roger, *Evidence for Hellenic Dialect in the Phaistos Disk* (Berne et al., 1988)

—, *Glyphbreaker* (New York, 1997)

—, *Rongorongo: The Easter Island Script: History, Traditions, Texts*, Oxford Studies in Anthropological Linguistics 14 (Oxford, 1997)

—, *A History of Language* (London, 1999)

Fishman, Joshua A., ed., *Advances in the Creation and Revision of Writing Systems* (The Hague, 1977)

Földes-Papp, K., *Vom Felsbild zum Alphabet* (Stuttgart, 1966)

Follick, M., *The Case for Spelling Reform* (London, 1965)

Friedrich, Johannes, *Geschichte der Schrift unter besonderer Berücksichtigung ihrer geistigen Entwicklung* (Heidelberg, 1966)

Frith, Uta, ed., *Cognitive Processes in Spelling* (London, 1980)

Gardiner, A. H., and T. A. Peet, *The Inscriptions of Sinai* (London, 1955)

Gaur, Albertine, *A History of Writing*, rev. edn (London, 1992)

Gelb, Ignace J., *Hittite Hieroglyphs* (London, 1931)

—, *A Study of Writing: The Foundations of Grammatology*, rev. edn (Chicago and London,

1963)

Gibson, E. J., and A. Levin, *The Psychology of Reading* (Cambridge, MA, 1975)

Green, Margaret W., and Hans J. Nissen, *Zeichenliste der archaischen Texte aus Uruk*, Ausgrabungen der Deutschen Forschungsgemeinschaft in UrukWarka 11(Berlin, 1987)

Günther, K. B., and H. Günther, eds, *Schrift, Schreiben, Schriftlichkeit* (Tübingen, 1983)

Haas, Mary, *The Thai System of Writing* (Washington, DC, 1956)

Haas, W., ed., *Alphabets for English* (Manchester, 1969)

—, ed., *Standard Languages, Spoken and Written*(Manchester, 1982)

Hanna, P. R., R. E. Hodges and J. S. Hanna, *Spelling: Structure and Strategies* (Boston, 1971)

Harris, Roy, *The Language Makers* (Ithaca, NY, 1980)

—, *The Origin of Writing* (London, 1986)

—, *Signs of Writing* (London, 1995)

Healey, John F., *Early Alphabet, Reading the Past* (London, 1990)

Heilbronner, W. L., *Printing and the Book in 15th-Century England* (Charlottesville, 1967)

Henderson, L., *Orthography and Word Recognition in Reading* (London and New York, 1982)

—, ed., *Orthographies and Reading* (London, 1984)

Horn, Robert, *Visual Language* (Bainbridge Island, WA, 1998)

Hosking, R. F., and G. M. Meredith-Owens, eds, *A Handbook of Asian Scripts* (London, 1966)

Houston, S. D., *Maya Glyphs* (London, 1989)

Irwin, C., *The Romance of Writing* (New York, 1956)

Isaac, Peter C., *Development of Written Language and Early Writing Materials* (Newcastle upon Tyne, 1989)

Jackson, Donald, *The Story of Writing* (New York, 1981)

Jean, Georges, *L'Ecriture: Mémoire des hommes* (Paris, 1987)

Jeffery, Lilian Hamilton, *The Local Scripts of Archaic Greece: A Study of the Origin of the Greek Alphabet and Its Development from the Eighth to the Fifth Centuries B.C.*, 2nd edn rev. A. W. Johnston (Oxford, 1990)

Jensen, Hans, *Geschichte der Schrift* (Hannover, 1925)

—, *Sign, Symbol and Script* (New York, 1969)

Johnson, A. F., *Type Designs*, 3rd edn (London, 1966)

Justeson, John S., et al., *The Foreign Impact on Lowland Mayan Language and Script*, Middle American Research Institute, Publication 53(New Orleans, 1985)

Kannaiyan, V., *Scripts in and around India* (Madras, 1960)

Kéki, Bela, *5000 Jahre Schrift* (Leipzig, 1976)

Khubchandani, Lachman M., *Plural Languages, Plural Cultures* (Honolulu, 1983)

Kindaichi, Haruhiko, *Nihongo [Japanese]* (Tokyo, 1957)

Knight, Stan, *Historical Scripts* (London, 1984)

Koenig, Viviane, and Claire Laporte, *Vers 3000 av.J.-C.: La Naissance de l'écriture* (Paris, 1990)

Kohrt, M., *Theoretische Aspekte der deutschen Orthographie* (Tübingen, 1987)

König, Friedrich Wilhelm, *Die elamischen Königsinschriften* (Graz, 1965)

Krumbacher, Karl, *Das Problem der neugriechischen Schriftsprache* (Munich, 1902)

Labat, R., and F. Malbran-Labat, *Manuel d'épigraphie akkadienne*, 6th edn (Paris, 1988)

Larfeld, W., *Handbuch der griechischen Epigraphik* (Leipzig, 1907)

Ledyard, Gari Keith, "The Korean Language Reform of 1446: The Origin, Background and Early History of the Korean Alphabet", PhD diss., University of California at Berkeley, 1966

Lee Sangbaek, *A History of Korean Alphabet and Movable Types* (Seoul, 1970)

Lülfing, Hans, *An der Wiege des Alphabets* (Leipzig, 1977)

McCarter, P. Kyle, Jr, *The Antiquity of the Greek Alphabet and the Early Phoenician Scripts* (Missoula, MT, 1975)

McManus, Damian, *A Guide to Ogam*, Maynooth Monographs 4 (Maynooth, 1991) Macrakis, Michael S., ed., *Greek Letters from Tablets to Pixels* (New Castle, DE, 1996) Mahmoud, Youssef, "The Arabic Writing System and the Sociolinguistics of Orthography Reform", PhD diss., Georgetown University, Washington, DC, 1979 Malek, Jaromir, *The ABC of Hieroglyphs: Ancient Egyptian Writing* (Gilsum, NH, 1995)

Mallery, Garrick, *Picture-Writing of the American Indians* (Washington, DC, 1893)

Man, John, *Alpha Beta: How Our Alphabet Changed the Western World* (London, 2000) Marcus, Joyce, *Mesoamerican Writing Systems: Propaganda, Myth,and History in Four Ancient Civilizations*(Princeton, 1992)

Mare, Albinia C. de la, *The Handwriting of the Italian Humanists* (London, 1973)

Martin, Henri-Jean, *The History and Power of Writing*, trans. Lydia G. Cochrane (Chicago and London, 1994)

Massey, W., *The Origin and Progress of Letters* (London, 1963)

Masson, O., *Les Inscriptions chypriotes syllabiques* (Paris, 1961)

Mendenhall, George E., *The Syllabic Inscriptions from Byblos* (Beirut, 1985)

Mercer, S. A. B., *The Origin of Writing and the Alphabet* (London, 1959)

Miller, D. Gary, *Ancient Scripts and Phonological Knowledge, Amsterdam Studies in the Theory and History of Linguistic Science* (Amsterdam, 1994)

Miller, Roy Andrew, *The Japanese Language* (Chicago and London, 1967)

Moltke, E., *Runes and Their Origin* (Copenhagen, 1985)

Moorhouse, A. C., *The Triumph of the Alphabet* (New York, 1953)

Morison, Stanley, *A Tally of Types* (Cambridge, 1973)

Moser, Christopher L., *Ñuiñe Writing and Iconography of the Mixteca Baja*, Vanderbilt University Publications in Anthropology 19 (Nashville, 1977)

Naveh, Joseph, *Early History of the Alphabet*, 2nd edn (Leiden, 1987)

Ogg, O., *The 26 Letters*, 2nd edn (London, 1961)

Okii, Hayashi, ed., *Zusetsu Nihongo [Graphic Japanese]* (Tokyo, 1982)

Osley, Arthur S., ed., *Calligraphy and Palæography* (London, 1965)

Page, Raymond I., *An Introduction to English Runes* (London, 1973)

—, *Runes*, Reading the Past (London, 1987)

Parpola, Asko, *Deciphering the Indus Script* (Cambridge, 1994)

Petrucci, A., *Breve storia della scrittura Latina* (Rome, 1989)

Pettersson, John Sören, *Critique of Evolutionary Accounts of Writing* (Uppsala, 1991)

Pfiffig, Ambros, *Die etruskische Sprache: Versuch einer Gesamtdarstellung*(Graz, 1969)

Pope, Maurice, *Aegean Writing and Linear A* (Lund, 1964)

—, *The Story of Decipherment: From Egyptian Hieroglyphic to Linear B* (London, 1975)

Possehl, Gregory L., *The Indus Age: The Writing System* (Philadelphia, 1996)

Ramsey, S. Robert, *The Languages of China* (Princeton, NJ, 1990)

Reed, R., *Ancient Skins, Parchments and Leather* (London, 1972)

Reynolds, Joyce, *Latin Inscriptions* (London, 1991)

Riesenberg, Saul H., and Shigeru Kaneshiro, *A Caroline Islands Script*, Smithsonian Institution Bureau of American Ethnology Bulletin173 (Washington, DC, 1960)

Robinson, Andrew, *The Story of Writing* (London, 1995)

Rüster, Christel, *Hethitische Keilschrift-Paläographie* (Wiesbaden, 1972)

Saas, B., *The Genesis of the Alphabet and Its Development in the Second Millennium BC*(Wiesbaden, 1988)

Sampson, Geoffrey, *Writing Systems: A Linguistic Introduction* (London, 1985)

Sansom, G. B., *Japan: A Short Cultural History* (New York, 1962)

Sato Habein, Yaeko, *The History of the Japanese Written Language* (Tokyo, 1984)

Scharlipp, Wolfgang-Ekkehard, *Einführung in die tibetische Schrift* (Hamburg, 1984)

Schele, Linda, and Nikolai Grube, *Notebook for the XIXth Maya Hieroglyphic Workshop at Texas,March 9–18,1995*(Austin, TX, 1995)

Schmandt-Besserat, Denise, *Before Writing: From Counting to Cuneiform* (Austin, TX, 1992)

—, *How Writing Came About* (Austin, TX, 1997)

Schmitt, Alfred, *Untersuchungen zur Geschichte der Schrift* (Leipzig, 1940)

—, *Entstehung und Entwicklung der Schriften*, ed. Claus Haebler (Cologne, 1980)

Schneider, Stuart, and George Fischler, *The Illustrated Guide to Antique Writing Instruments* (New York, 1997)

Scholderer, Victor, *Johann Gutenberg, the Inventor of Printing*, 2nd edn (London, 1970)

Scragg, D. G., *A History of English Spelling* (Manchester, 1974)

Senner, Wayne M., ed., *The Origins of Writing* (Lincoln, NB, 1991)

Sethe, Kurt, *Vom Bild zum Buchstaben: Die Entstehungsgeschichte der Schrift*, Untersuchungen zur Geschichte und Altertumskunde Ägyptens 12 (Leipzig, 1939)

Seyboldt, Peter, and Gregory K. Chiang, *Language Reform in China: Documents and Documentary* (White Plains, NY, 1979)

Silverman, David P., *Language and Writing in Ancient Egypt, Carnegie Series on Egypt* (Oakland, CA, 1990)

Smart, J. R., *Arabic: A Complete Course for Beginners* (London, 1986)

Sommer, F. E., *The Arabic Writing in Five Lessons, with Practical Exercises and Key*(New York, 1942)

Söden, W. von, *Das akkadische Syllabar* (Rome, 1967)

Steinberg, S. H., *Five Hundred Years of Printing*, 2nd edn (London, 1961)

Steindorff, G., *Lehrbuch der koptischen Grammatik* (Chicago, 1951)

Stilman, Leon, *Russian Alphabet and Phonetics*, 12th edn (New York, 1960)

Stubbs, Michael, *Language and Literacy* (London, 1980)

Taylor, Isaac, *The History of the Alphabet: An Account of the Origin and Development of Letters*, 2vols (London, 1899)

Tella, Seppo, *Talking Shop Via E-Mail: A Thematic and Linguistic Analysis of Electronic Mail Communication* (Helsinki, 1992)

Thompson, Edward Maunde, *Handbook of Greek and Latin Palæography* (London, 1906)

Thomson, S. Harrison, *Latin Bookhands of the Later Middle Ages* (Cambridge, 1969)

Till, Walter C., *Koptische Grammatik* (Leipzig, 1955)

Tsien, Tsuen-hsuin, *Written on Bamboo and Silk* (Chicago, 1962)

Tylor, Edward S., *Anthropology* (New York, 1881)

Ullman, Berthold L., *The Origin and Development of Humanistic Script*, 2nd edn(Rome, 1974)

Untermann, Jürgen, *Monumenta Linguarum Hispanisarum* (Wiesbaden, 1975–90)

Updike, Daniel Berkeley, *Printing Types: Their History, Forms,and Use*, 2nd edn (Cambridge, 1937)

Vachek, J., *Written Language: General Problems and Problems of English* (The Hague, 1973)

Venezky, R. L., *The Structure of English Orthography* (The Hague, 1972)

Ventris, Michael, and John Chadwick, *Documents in Mycenæan Greek*, 2nd edn (Cambridge, 1973)

Vervliet, Hendrik, ed., *The Book Through Five Thousand Years* (London, 1972)

Walker, C. B. F., *Cuneiform*, Reading the Past, III (Berkeley and Los Angeles, 1989)

Wardrop, James, *The Script of Humanism* (Oxford, 1963)

Wellisch, Hans H., *The Conversion of Script: Its Nature, History and Utilization* (College Park, MD, 1978)

Wen-Pu Yao, Suzanne, *Ostasiatische Schriftkunst* (Berlin, 1981)

Whalley, Joyce Irene, *English Handwriting,1540–1853* (London, 1969)

White, John L., ed., *Studies in Ancient Letter Writing* (Atlanta, GA, 1983)

Widmann, H., ed., *Der gegenwärtige Stand der Gutenberg-Forschung* (Stuttgart, 1977)

Wilson, Hilary, *Understanding Hieroglyphs: A Complete Introductory Guide* (Lincolnwood, IL, 1995)

Winn, Shan M. M., *Pre-Writing in Southeast Europe: The Sign System of the Vinc^a Culture, ca.4000 B.C.* (Calgary, 1981)

Woodard, Roger D., *Greek Writing from Knossos to Homer: A Linguistic Interpretation of the Origin of the Greek Alphabet and the Continuity of Ancient Greek Literacy* (Oxford, 1997)

Woodcock, John, and Stan Knight, *A Book of Formal Scripts* (London, 1992)

Yuen Ren Chao, *Language and Symbolic Systems* (Cambridge, 1968)

Ziadeh, Farhat J., and R. Bayly Winder, *An Introduction to Modern Arabic* (Princeton, 1957)

插图致谢

作者和出版商希望对下列插图文献来源和复制许可深表谢忱（如果插图选取自之前的出版物，请详见精选书目）。

比利时皇家自然科学研究所，布鲁塞尔，图 1-2；参照阿贝·亨利·布雷尔的《洞穴艺术四百年》原作绘制（1952），图 1-3；摘自加里克·马利的《美洲印第安人的图画书写》（1893），图 1-4；改编自乔治·穆勒的《古文字学》（1936），图 2-8；摘自《埃及垂饰观察与研究——维维·德农埃及探险记（1809—1830 年）》，图 2-9；大英博物馆，伦敦，图 2-11、图 2-15、图 2-24、图 5-6；改编自格林和尼森（1987），图 2-13；摘自 M. 西维尔和 R.D. 比格斯，《亚述评论》，LX（1966），图 2-17；伊拉克利翁考古博物馆，克里特岛，图 3-5；由 H. 路恩斯公爵复制自《塞浦路斯古币与铭文》（1852），图 3-9；改编自迪林格（1968），图 3-26；改编自詹森（1969），图 3-32、图 5-2；改编自詹森（1925），图 3-33；德国考古研究所，雅典：图 4-2；摘自邦芬特和邦芬特（1983），图 4-12；人类学博物馆，夏拉帕，韦拉克鲁斯，墨西哥，图 6-1；参照斯蒂芬·D. 休斯顿的《玛雅象形文字》原作绘制（1989），图 6-4；摘自费舍尔（1999），图 7-24。